広中一成著

冀東政権と日中関係

汲古書院

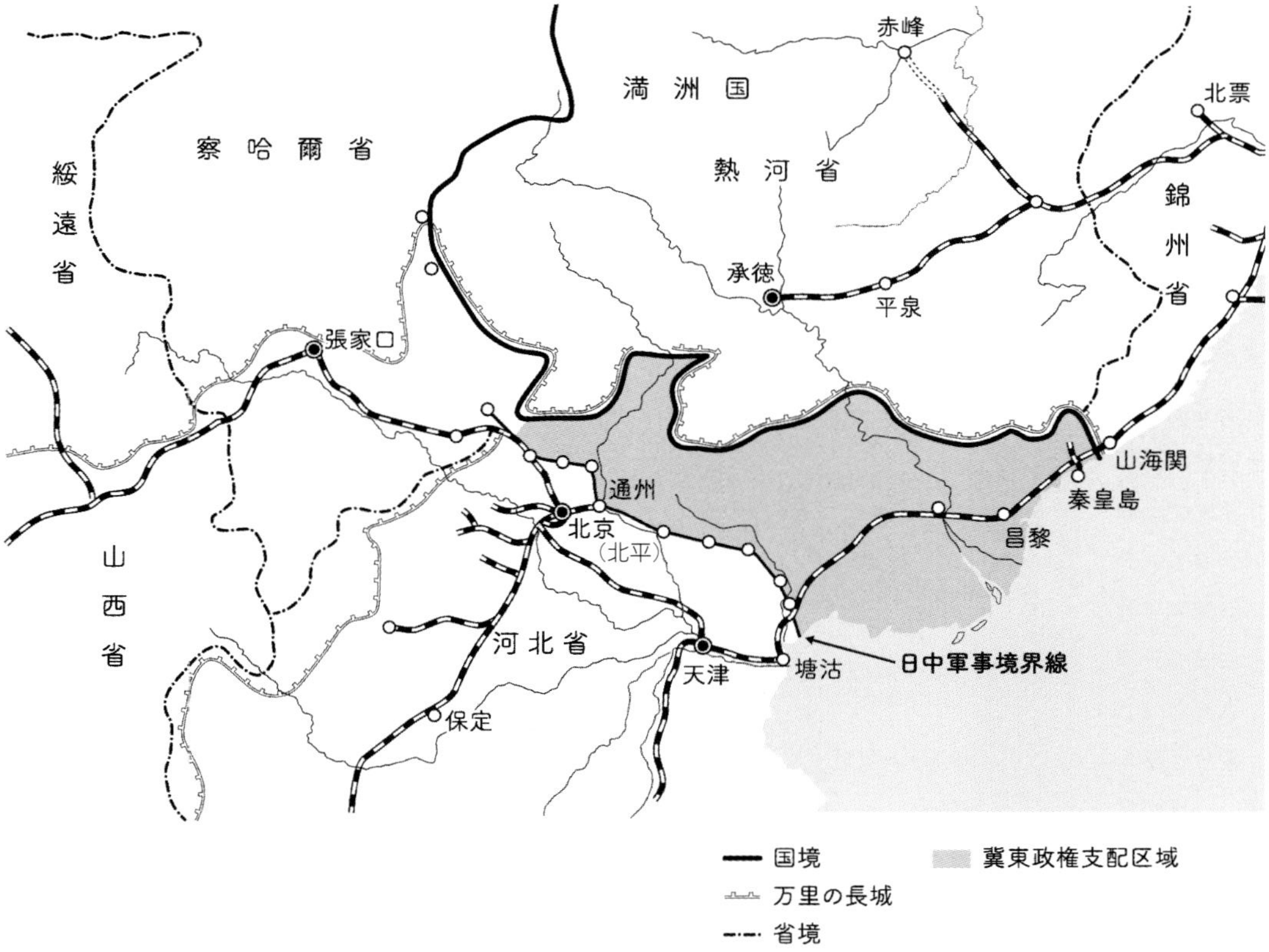

冀東及び周辺図―1935年末（拙著『通州事件　日中戦争泥沼化への道』〔星海社、2016年〕より。地図作成：山田知子）

冀東防共自治政府組織系統表（一九三六年～一九三七年前半頃）

注：王文続「短命的偽冀東防共自治政府」北京市政協文史資料委員会編『北京文史資料精選・通州巻』（北京出版社、二〇〇六年）一三〇頁をもとに作成。

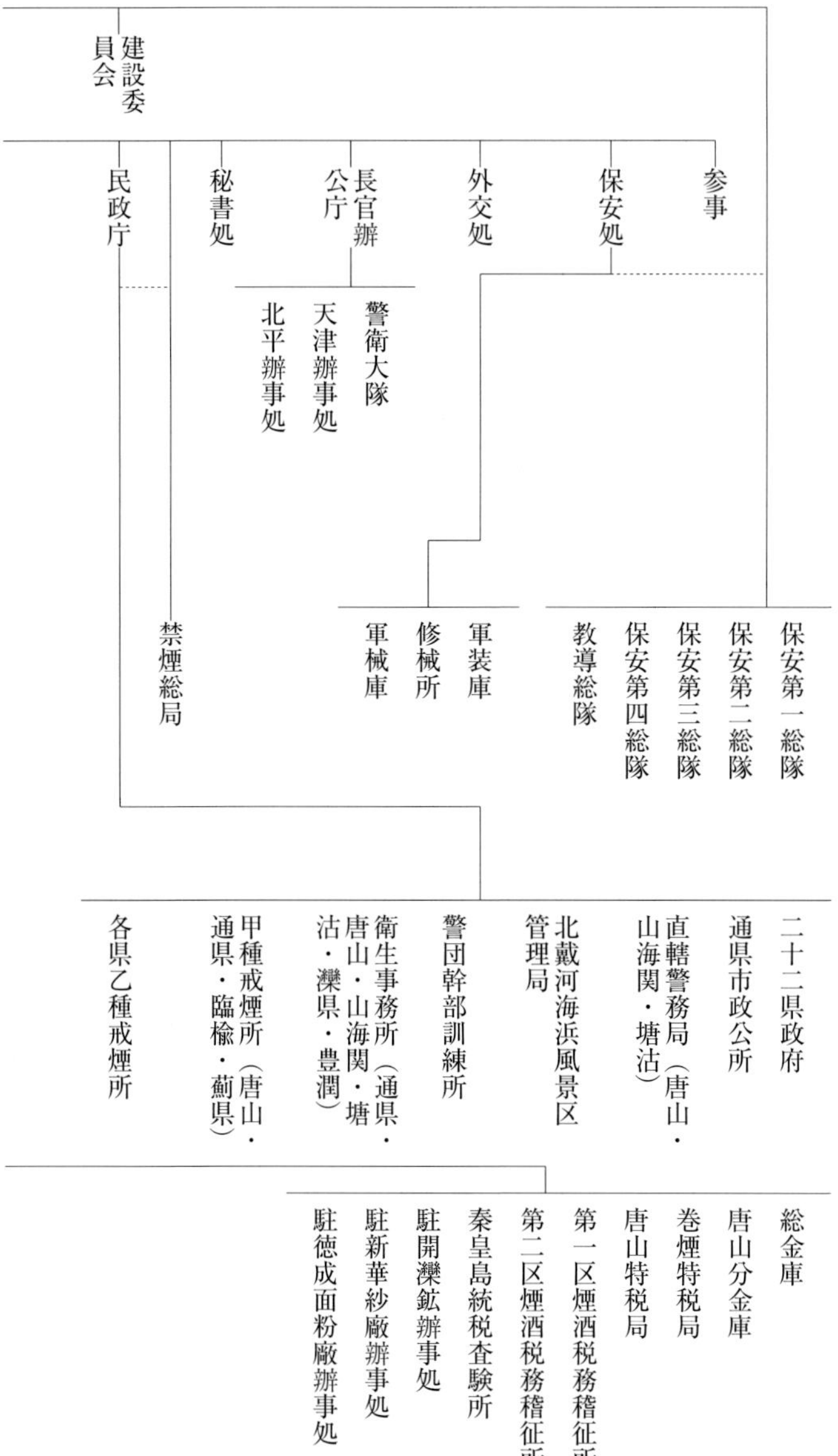

- 政務長官
  - 参政
  - 秘書長
    - 冀東銀行
    - 沿海輸出入貨物検査所
    - 特別会計管理処
    - 財政庁
    - 教科書統制編纂委員会
    - 教育庁
      - 通県師範学校
      - 通県女子師範学校
      - 灤県師範学校
      - 通県初級農科職業学校
      - 唐山中学
      - 遵化初級中学
      - 新集初級中学
      - 牛欄山初級中学
      - 通県師範附属小学
      - 通県女師範附属小学
      - 第一民衆教育館
      - 第二民衆教育館
      - 義務教育委員会
      - 体育委員会
      - 通県公共体育場
    - 水利委員会
    - 建設庁
      - 大清河臨時調査処
      - 蘇庄閘管理処
      - 長途電話網臨時工程処
      - 長途電話事務所
      - 北運河造林区
      - 北運河第一工巡段
      - 北運河第二工巡段
      - 広播無線電台
    - 実業庁
      - 興隆第一農場
      - 昌平第一林場

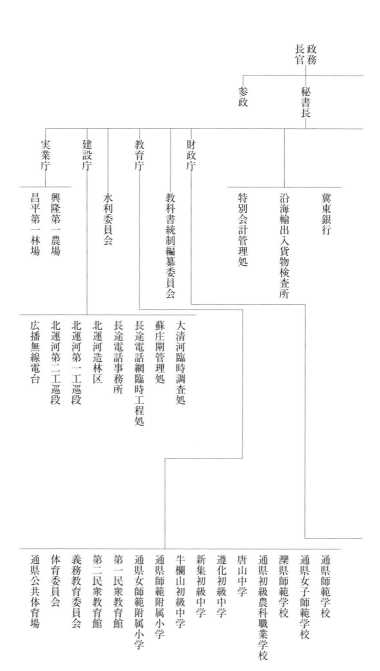

冀東政権と日中関係　目次

はじめに

本書の目的は、一九三五年一一月二五日から一九三八年一月末まで、中国河北省通州（正式名は通県。現北京市通州区）にあった冀東《きとう》防共自治政府（成立時は冀東防共自治委員会以下、冀東政権）について、その成立過程から主要な政策、そして、政権を事実上崩壊に導いた通州事件の展開などをたどりながら、冀東政権の実像を探ることにある。

一九三一年九月一八日、満洲事変を起こした関東軍は、翌一九三二年三月一日、満洲国を成立させると、侵略の矛先を中国本土へ向けた。

一九三三年二月から始まった熱河《ねっか》作戦で、関東軍は長城線を越えないという昭和天皇の意向に反して、河北省東部、通称冀東（冀は河北省の略称）へ兵を進めた。当時、中国国内では、中国国民党独裁の中国国民政府とその支配に反発した中国共産党が激しい内戦を繰り広げていた。

国民政府を率いた蒋介石《しょうかいせき》は、中国国内の統一を優先し、同年五月三一日、関東軍と塘沽《タンクー》停戦協定を結び、冀東地区を非武装中立の緩衝地帯とした。通州はこの緩衝地帯のなかにあった。

一九三五年に入ると、中国に強硬的な板垣征四郎《いたがきせいしろう》参謀副長ら関東軍幕僚の一部から、冀東地区の国民政府からの分離を求める動きが起きた。そして、板垣は、土肥原賢二《どいはらけんじ》関東軍奉天特務機関長に命じて、同地帯を実質的に支配していた殷汝耕《いんじょこう》を説得し冀東政権を成立させた。殷汝耕は早稲田大学に留学し、日本人の妻を持つ、中国きっての親日家として知られていた。

冀東政権は、華北自治を掲げて国民政府の支配からの離脱を宣言した。そして、いくつもの親日反中政策を実行して日中関係を悪化させた。日中両政府は、関係の改善を図るため、その障害となった冀東政権を解消させるための方策、いわゆる冀東政権解消問題を検討した。しかし、適切な解決案が見いだせないまま、盧溝橋事件が発生し、八年に及ぶ日中戦争に突入した。

冀東政権のあった通州には、日本軍通州守備隊が駐留し、冀東政権の治安維持部隊である保安隊を指導しながら、防衛体制を強化していた。保安隊員の一部は、以前から日本の中国侵略と、それに協力する冀東政権に反感を抱いていた。

盧溝橋事件から三週間後の一九三七年七月二九日、保安隊は冀東政権に反旗を翻し、通州守備隊や通州在住の日本居留民を襲った。この通州事件は、日本のメディアに大きく取り上げられ、日本人の反中感情を高め、世論を戦争支持へと向かわせた。そして、冀東政権は通州事件の責任を負わされ、日本側に多額の賠償金を支払った。

通州事件により、冀東政権は事実上崩壊し、一九三八年一月末、日本軍占領下の北京に成立した中華民国臨時政府と合併して解消された。

冀東政権は、その親日的性格から一般的に日本の傀儡政権（Puppet Regime, 中国では偽政権）、または対日協力政権（Collaboration）と評されている。(1) そして、冀東政権は日中戦争に至る一九三〇年代中期の日中関係悪化の大きな要因となったことから、これまで数多くの研究成果が発表された。ここでその先行研究を簡単に振り返る。

日本では、一九六〇年代に秦郁彦(2)と島田俊彦(3)が、日中戦争に至る日中の外交関係を論じるなかで、冀東政権の問題を取り上げた。具体的には冀東政権の成立過程、冀東密貿易、冀東政権解消問題の三点であった。

冀東密貿易（冀東特殊貿易）は、関東軍の指導のもと、冀東政権の財源確保と、国民政府の高関税政策に打撃を与えるために行われた政策で、冀東地区で横行していた日本製品の密貿易に低率の特別税を課すことで「合法化」し、商品を中国国内に流通させた。冀東密貿易により、国民政府の関税（海関税）は大きく減少し、日中関係に悪影響を及ぼしただけでなく、関税を中国への外債の担保にしていたイギリスなど列強と日本との関係も悪化させた。

秦と島田の研究は、冀東政権を通して、日本がどのように中国に影響力を延ばしていったのかを日本軍や外務省の一次史料を用いて実証的に論じた。この秦と島田の研究成果を基礎に、冀東政権研究は進展した。

たとえば、冀東密貿易について、代表的なものだけあげれば、日本では今井駿[4]や藤枝賢治[5]、台湾では孫準植[6]の研究がある。今井は日本が冀東密貿易によって華北を経済的に植民地化しようとしたことに、中国の都市民族ブルジョワジー階級が反発し、抗日民族統一戦線を加速させたと論じた。藤枝は日本における冀東密貿易推進派と反対派の言説を比較し、冀東密貿易をめぐる日本側の対応の変化について分析した。孫準植は、冀東密貿易が始まった背景と原因、その方法、ならびに密貿易をめぐる日本と諸外国との対立を考察しながら、冀東密貿易が日中戦争に至るまでの日中関係にいかなる影響を及ぼしたのか論じた。

冀東政権解消問題については、井上寿一が日本外交史の視点から分析し、日中関係が行き詰まるなかで、外務省が陸軍中央に対ソ「防共」の重要性を訴えることで陸軍の軍事目標を中国からソ連に向けさせると同時に、華北問題解決の気運を高めたこと、対中関係改善を目指す外務省のこの「防共」外交の一環に冀東政権解消問題の解決があったことを論じた[7]。劉傑は現地軍の一部と現地外交官の間で冀東政権解消の意見が持ち上がっていたことや外務省と陸軍中央が冀東政権解消の具体案として立案した「北支五省特政会」構想の成立経緯とその内容について詳細に検討している[8]。臧運祜は冀東政権解消問題が論議された「川越・張会談」について、日本側の一次史料を用い、その経過をたどった[9]。

冀東政権の成立を受け、国民政府はこれ以上華北自治の動きを広げないようにするため、一九三五年一二月一八日、北京（当時の呼称は北平）に冀察政務委員会（以下、冀察政権）を設置し、関東軍に妥協した。軍事史的視点から冀察政権にも目を向けた藤枝賢治の研究[10]では、冀東政権を解消させる目的で進められた冀東政権の冀察政権への合流が実現できなかった原因は、冀東政権解消の前提条件となっていた冀察政権の親日化に失敗したためであったと述べている。

冀察政権の動きを中心に研究した内田尚孝[11]は、領土問題でもあった冀東政権の解消が国民政府や冀察政権にとって大きな外交課題であり、その状況下で日本軍が冀東政権解消問題を当時冀察政権と協議中であった「防共協定」の交渉カードに利用していたと論じた。そして、冀東政権が解消されなかったのは、日本軍が最終的に冀察政権を意のままに操ることができなかったからであったと結論づけた。

このほか、日本では一九八〇年代末から、通州事件をどのように評価するかという問題について議論が始まった。一九八二年に通州事件の首謀者の張慶余が手記を発表し、事件の顚末が明らかとなると、事件の責任を日中どちらに求めるかという点について、歴史評論家やジャーナリストの間で意見が分かれた。たとえば、岡野篤夫[12]は日中関係を損なうような通州事件の問題を取り上げようとしない日本側研究者の態度を批判した。これに対し、本多勝一[13]は、「南京大虐殺」など日本の戦争責任の清算をしないなかで、通州事件が中国側に責任があると主張しても説得力がないと、事件の評価を見直す動きを批判した。

一方、台湾では一九八一年に、日中戦争期の傀儡政権に関する史料集[14]が刊行され、そのなかに冀東政権にまつわる史料が収められた。中国でも一九九二年に冀東政権を専門に扱った初めての史料集[15]が発表された。

このような史料状況の改善にともない、中国や台湾では日本の中国侵略と傀儡政権との関係を論じるなかで、冀東政権の問題が取り上げられた。たとえば、張洪祥らは、冀東政権の成立から一九三八年一月末に解散するまでの経緯を概観し、冀東政権に苦しめられた民衆が、中国共産党の指導のもと、どのような抵抗運動をしたのか論じた。また、郭貴儒も華北の日本軍占領地についての研究で、冀東政権の統治について分析し、冀東政権が独裁政治によって民衆に重税を課したり、「奴隷化」教育を行った実態を明らかにした。劉熙明は、傀儡政権の軍隊、通称偽軍の研究のなかで、冀東政権の軍事組織について分析し、偽軍も日本の傀儡であったと論じた[16]。

欧米では、近年T・ブルックによる日中戦争期の対日協力者の研究[17]が注目を集めたが、冀東政権に関する研究は日中と比べて遅れている。そのなかで、M・ドライバーグ[18]は、一九三〇年代半ばの日本の華北侵略について論じた研究のなかで、冀東政権の成立過程について触れている。

冀東政権に関する以上の研究状況から、ここでは問題点を三点あげる。一点目は、冀東政権の政策について、研究者の関心が冀東密貿易に注がれ、これまでにその実態がかなり詳細に明らかにされた。その反面、それ以外の冀東政権の政策についてはほとんど検討されず、分析が一面的なものに留まってしまった。二点目は、冀東政権解消問題について、日本側、および中国側から見た分析は進んだが、解消されようとしていた冀東政権側からの検討はまったく行われなかった。これも一面的な分析に終わっていると言える。三点目は、通州事件の評価をめぐって議論が進む一方で、肝心の一次史料による実証的な検討が行われなかった。通州事件は、冀東政権だけの問題でなく、日中戦争初期の日中関係にも深く係わる問題である。通州事件の実態が明らかにされないまま、事件の評価をすることは危険である。

以上の問題点を踏まえ、本書は以下の論点の分析を通して、冀東政権の実態の解明と日中関係へ与えた影響について考察する。

第一部では、冀東政権の成立過程について、ふたりの人物に注目し考察する。第一章では、冀東政権の成立に日本側で主導的役割を果たした板垣征四郎に焦点を当てる。ここでは、冀東政権成立のきっかけとなった華北分離工作の中心に板垣がいたこと、一九三五年半ばにコミンテルンと中国共産党が反ファシズム戦線を構築したことに板垣が反応し、華北新政権の設立目標に防共を加え、それが冀東政権に防共の性格を与えたことを論じていく。

第二章では、冀東政権を成立させた殷汝耕について、日本との関係をたどりながら、その人物像に迫る。

第二部では、冀東政権が実行した主要な政策を検討し、政権の内実に迫る。第三章では、冀東政権の外交政策について取り上げる。ここでは、冀東政権が日中両国と外交関係が結べないなか、関東軍の協力を得て、満洲国と修好条約を結び、外交的孤立を回避したこと、日中両国が関係改善のため冀東政権を解消させようとしたことに反発し、冀東政権が一九三六年四月に名古屋で開催された名古屋汎太平洋平和博覧会に参加して政権の存在を日本国民にアピールしたことを論じる。

第四章では、冀東政権の財政問題に着目し、深刻な財政難に陥っていた冀東政権がどうやって財源を確保したのか、その財源のひとつだったアヘン専売制度とは何であったのか考察する。

第五章では、日本の国策会社の興中公司による灤河《らんが》水力発電所建設計画について検討する。灤河は冀東地区を流れる河川で、財政が逼迫していた冀東政権は灤河の「水利権」を担保に満洲興業銀行から融資を受けていた。この問題は冀東政権の財政問題に関係する。

第六章では、冀東政権の防共政策をみていく。冀東政権が防共政権として成立したことを正当化するために、どのような防共政策を実施し、それがどのような結果をもたらしたのか考察する。

第三部では、通州事件の展開と日中戦争に与えた影響について論じる。第七章では、通州事件の軍事的経過と、事件が起きたときの通州の状況についてみていく。具体的には通州事件が起きたときの日本軍側の警備態勢、日本軍と保安隊との詳細な戦闘経過、保安隊に襲撃されたときの日本居留民の様子について探る。

第八章では、通州事件について考えるうえで重要となる四つの問題点を考察する。その問題点とは、一点目にそもそもなぜ保安隊は反乱を起こしたのか、二点目に通州事件によって新たに生じた問題はどのように解決されたのか、三点目に通州事件で亡くなった日本居留民は通州でいったい何をしていたのか、四点目に通州事件は日中戦争にいかなる影響を与えたのか、である。

本書の考察の意義は、冀東政権の実像を明らかにすることにより、日中戦争に至る一九三〇年代の日中関係をより多面的視点でとらえ直すことができる点にあると考える。

注

（1）傀儡政権という用語は、主観的評価の意味あいが強く、歴史学的観点からみても問題がある。しかし、対日協力政権という用語も研究者の間では広まりつつあるも、いまだ一般的表現にはなっていない。そのため、本書では、ひとまず従前の傀儡政権の呼称を用いる。
（2）秦郁彦『日中戦争史』、河出書房新社、一九六一年。
（3）島田俊彦「華北工作と国交調整（一九三三年～一九三七年）」、日本国際政治学会太平洋戦争原因研究部編『太平洋戦争への道　第三巻　日中戦争〈上〉』、朝日新聞社、一九六二年、一～二四四頁。
（4）今井駿「いわゆる「冀東密輸」についての一考察――抗日民族統一戦線史研究の視角から――」、『歴史学研究』第四三八号、青木書店、一九七六年一一月、一～一九、三七頁。
（5）藤枝賢治「冀東貿易をめぐる政策と対中国関税引下げ要求」、軍事史学会編『日中戦争再論』、錦正社、二〇〇八年、六四

～八〇頁。

(6) 孫準植『民国史学叢書5　戦前日本在華北的走私活動（1933―1937）』、国史館、一九九七年。

(7) 井上寿一『危機のなかの協調外交　日中戦争に至る対外政策の形成と展開』、山川出版社、一九九四年。

(8) 劉傑『日中戦争下の外交』、吉川弘文館、一九九五年。

(9) 臧運祜『七七事変前的日本対華政策』、社会科学文献出版社、二〇〇〇年。

(10) 藤枝賢治「冀東政府の対冀察合流をめぐる陸軍の動向」、『日本歴史』第七〇九号、吉川弘文館、二〇〇七年六月、五五～七〇頁。

(11) 内田尚孝「冀察政務委員会の対日交渉と現地日本軍――「防共協定」締結問題と「冀東防共自治政府」解消問題を中心に――」、『近きに在りて』第五一号、汲古書院、二〇〇七年六月、九一～一〇四頁。

(12) 岡野篤夫「惨・通州事件二人の立役者」、『自由』第三五四号、一九八九年八月、一一六～一六九頁。

(13) 本多勝一「貧困なる精神「ヒロシマ」は通州事件ではないのか　日本人であることの重荷」、『朝日ジャーナル』一九九〇年九月号、朝日新聞社、一九九〇年九月、九〇～九一頁。

(14) 中華民国重要史料初編編輯委員会編『中華民国重要史料初編　抗日戦争時期　第六編　傀儡組織』（一）～（四）、中国国民党中央委員会党史委員会、一九八一年（以下、『傀儡組織』）。冀東政権に関する史料は同書（二）に収められている。

(15) 南開大学歴史系・唐山市檔案館合編『冀東日偽政権』、檔案出版社、一九九二年。

(16) 劉熙明『偽軍――強権競逐下的卒子（1937―1949）』、稲郷出版社、二〇〇二年。

(17) Timothy Brook *Collaboration: Japanese Agents and Local Elites in Wartime China*, Harvard University Press, 2005.

(18) Marjorie Dryburgh *North China and Japanese Expansion 1933-1937*, Curzon Press, 2000.

凡　例

一、本文中の引用文は、原則として原文のままとしたが、漢字については、基本的に旧字体を新字体に改めた。

二、本文中で頻出する用語のうち、以下のものについては、初出以後、基本的に「　」のとおりに記した。冀東防共自治政府・冀東防共自治政府→「冀東政権」、中国国民政府→「国民政府」、中国国民党→「国民党」、中国共産党は、他国の共産党と区別するため基本的に省略しなかったが、煩雑な場合のみ、共産党、または中共と略称した。また、時代によって名称が変わる地名についても、以下の「　」のとおりに統一した。通県→「通州」、北平（一九二八年～一九三七年）→「北京」。

三、本文中の人物の肩書きや階級は、原則として、当時のものに依る。

四、「支那」や「朝鮮人」など、今日差別的とみなされたり、使用が控えられたりしている用語については、本来適切なことばに改めるべきであるが、歴史研究の関係上、本文中の一部固有名詞、ならびに記述上やむを得ない場合にのみ用いた。

冀東政権と日中関係

第一部　冀東政権の成立——板垣征四郎と殷汝耕

第一章　華北分離工作と板垣征四郎

はじめに

本章の課題は、冀東政権が成立するきっかけとなった華北分離工作と、日本側で政権成立を主導した関東軍参謀副長の板垣征四郎少将の対中国認識に着目し、冀東政権がいかなる意図のもとに成立したのか検討することにある。盧溝橋事件勃発に至る一連の日中対立の決定的要因となった華北分離工作は、一九三〇年代半ばの日中関係をみていくうえできわめて重要な問題であったことから、これまでに数多く研究がなされてきた。ここで、近年発表されたいくつかの成果をみていく。

江口圭一は第一次・第二次両大戦期の日本の歴史を概説するなかで、日本が華北分離工作を行った目的をふたつ挙げている。ひとつは、日本が華北を抑えることでソ連の軍事的脅威に臨む満洲国の西方での態勢を固め、さらに内蒙古も勢力下に置いてソ連と中国共産党との連携を断ち切り、防共に努めること、もうひとつは、華北の資源と市場を確保することで、日本が東アジアの覇権を握ることであったとしている[1]。

加藤陽子は満洲事変から日中戦争へ至る過程をたどった研究のなかで、華北分離工作が行われた理由を三点挙げている。一点目は、江口と同じくソ連に対抗するためであったと述べているが、加藤はその理由を北満でのソ満の軍事的緊張が高まっていたためとし、ソ連との戦い（対ソ戦）が始まった場合、満洲は側面と背後を安定化させなければならず、その一環として華北分離工作が行われたと論じている。二点目は、華北を国民政府から分離させようと要求する支那駐屯軍の動きがあったこと、三点目は、一九三五年一一月初めに国民政府が実施した幣制改革で中国の通貨が統一され、華北経済の自治的側面が損なわれたことに対抗するためであったと述べている。[2]

熊沛彪は関東軍が華北分離工作を行った理由について、江口や加藤と同じく戦略上の問題を指摘している。さらに、熊は日本が東アジア戦略のひとつとして、中国を反日から親日に転向させるため、まず華北分離工作を行って地方から親日化を進めようとしていたことを理由に挙げている。[3]

封漢章は日本の政治状況から華北分離工作が実施された要因を概説的に三点挙げている。一点目は、当時の日本の各勢力間による派閥争いが関東軍に華北分離工作を行わせる内在的要因となったこと、二点目は、日本の東アジア政策とそれにともなう国防方針の確定が華北分離工作を生み出す素因を作ったこと、三点目は、中国の政局の混乱が日本に華北分離工作を行わせる機会を作り出したこととしている。[4]

以上の研究では、華北分離工作が行われたのは、日本の東アジア戦略のなかでも特に対ソ戦に備えるためであったり、日中双方の国内問題が要因としてあったことなどが指摘されている。しかし、華北分離工作の結果、なぜ冀東政権ができたのかという問題については、これまで華北分離工作の行き詰まりの結果によるものであったと述べられてきたに過ぎず、具体的にいかなる意図のもと、政権が設立されたのかはいまだ明確にされていない。

そこで、本章では冀東政権の設立に深く関わった板垣征四郎に注目し、この問題を検討する。板垣は中国事情に詳しい、いわゆる「支那通」軍人のなかでも比較的早く華北分離の考えを持っていた。板垣は、一九二九年に関東軍高級参謀に着任後、満洲事変をへて、満洲国軍政部顧問や関東軍参謀副長など[5]、満洲国と関東軍の要職を歴任した。その間、板垣は関東軍の対内蒙工作に深く関与するとともに、華北分離工作についても、主導的役割を果たした。さらに、板垣の対華北認識と防共認識は冀東政権成立に直接の影響を及ぼしたことから、板垣を中心に華北分離工作の実態を検討しなければ、なぜ冀東政権ができあがったのかは明確にならない。

よって、本章ではまず、満州事変が起きる前までの板垣の軍歴をたどりながら、板垣の対中認識がどのように形成されたのか考察する。次に満洲事変後の関東軍の対華北政策を分析し、板垣が一九三三年五月の関内作戦の最中に天津で起こそうとした「北支政変」を取り上げ、なぜ板垣は華北で政変を起こそうとしたのか検討する。最後に一年間のヨーロッパ出張から帰国し、関東軍参謀副長に就いた板垣が、いかなる考えのもとで再び華北新政権樹立に動いたのか考察する。その際、ソ連と中国共産党の動向にも注目し、板垣はなぜ冀東政権を防共政権として成立させたのか、その理由を探る。

第一節　板垣の対中認識

一　軍閥との親交

一九二九年五月一四日、満洲駐剳《ちゅうさつ》歩兵第三十三連隊長を務めていた板垣征四郎大佐は、張作霖《ちょうさくりん》爆殺事件の責任を取って予備役に退いた河本大作《こうもとだいさく》大佐の後を受けて、関東軍高級参謀に補された。(6)板垣はその経歴から「支那通」軍人のひとりといわれる。「支那通」とは中国情報の収集と分析に従事し、陸軍の中国政策に直接影響を及ぼすようなポストを経験した軍人を指す。(7)板垣は高級参謀に着任するまでに、雲南省昆明駐在研究員、駐漢口中支那派遣隊参謀、参謀本部支那課員、駐北京日本公使館附陸軍武官輔佐官（以下、北京駐在武官）、済南駐在武官など、長く中国で勤務

していた。(8)

板垣が関東軍高級参謀に就いた頃の中国情勢を見ると、一九二八年一二月、北伐戦争で北京政府を倒し中国統一を果たした国民政府は、一九二九年一月、善後編遣会議を開き、北伐によって二〇〇万人に達した国民革命軍の兵員を半分以下の八〇万人に削減しようとした。また、国民政府は、国民革命軍の指揮権をすべて政府中央に集中させようともしたため、地方軍閥の反発を生んだ。

さらに、同年三月、蔣介石は国民党第三回全国代表大会を召集し、代表の四分の三を中央が指定するというやり方で一挙に党の主導権を握ろうとした。これに対し、広西軍閥の李宗仁や白崇禧《はくすうき》、西北軍閥の馮玉祥《ふうぎょくしょう》らは強く反発し、蔣介石に反旗を翻した。

一九三〇年五月、馮玉祥が平津衛戍《へいしんえいじゅ》総司令の閻錫山《えんしゃくざん》と連合して反蔣宣言を発表し、河南省から山東省一帯に兵を進めた。そして、蔣介石と対立していた汪精衛（汪兆銘）らは北京に集まり、第三回全国代表大会の無効を宣言するとともに、閻錫山を主席とする北平国民政府を樹立した。馮と閻の連合軍と国民革命軍の戦闘は半年に及び続けられたが（中原大戦）、同年九月、国民革命軍が北京に進駐し、北平国民政府を倒した。(9)

一方、第一次国共合作崩壊後、中国共産党はソ連共産党の国際組織であったコミンテルンの指示に従い武装蜂起の実施を決定し、一九二七年八月一日、賀竜《がりゅう》と葉挺《ようてい》の部隊と朱徳《しゅとく》の将校教育連隊の総勢約二万で武装蜂起（南昌蜂起）を起こした。そして、同地を占領して革命委員会を設置するとともに、賀竜を総指揮とする第三軍を編成した。しかし、間もなく第三軍は国民革命軍に撃破され四散し、その後行われた秋収蜂起も失敗に終わった。(10)

一九二七年九月、秋収蜂起の残存部隊およそ一〇〇〇人を率いて江西省永新県三湾村に入った毛沢東は、部隊を「労農革命軍第一軍第一師団第一連隊」に再編成し、部隊内に党組織を設けて軍と党を一体化させ、さらに、一九二八年五月、江西省井崗山で朱徳軍と合流し兵力約一万の労農紅第四軍（紅軍）を組織した。

同年夏、紅軍は三回にわたる軍閥からの攻撃を退け根拠地を拡大し、寧岡、永新、蓮花の三県に労農政権を樹立するとともに、一二月、「井崗山土地法」を設け、総ての土地を没収して家族数に応じて分配することを定めた。その後、根拠地は発展を続け、一九三〇年までに根拠地は一五ヶ所、兵数は六万人余りとなった。(11) これに対し、中原大戦を終えた蔣介石は、一九三〇年一二月から根拠地への本格的な包囲掃討作戦（囲剿）を開始した。(12)

このような中国の状況を板垣はどう見ていたのか。一九三一年五月二九日、金州で指導演習を終えた板垣は、同地で「満蒙問題に就て(13)」と題する講演を行った。このなかで板垣は、「近時国民政府ノ樹立以来統一建設ニ向テ進ミツツアルカ如キ外観ヲ呈シテ居リマスカ国民党ノ指導原理タル三民主義ノ如キモ外来思想ノ焼キ直シニ過キス内容空虚ニシテ人心ヲ繋クニ足リマセン」と、国民政府の中国統治と国民党の三民主義を批判した。さらに、有史以来中国は戦乱に明け暮れたため、中国の一般民衆は「国家意識ノ稀薄ナルハ当然テアリマシテ何人カ政権ヲ執リ何人カ軍権ヲ執リ治安ノ維持ヲ担任シタトテ別ニ何等差支ナイノテアリマス(14)」と、中国人の国家意識の低さを問題視した。そして、このような中国民衆には、「支那古来ノ民族精神ヲ把握シテ真ニ民衆ヲ指導シ得ル英雄カ現ハレテ徹底的ニ武力ヲ以テ職業軍権者職業政治家ヲ一掃スル以外ニ」救う方法がなく、今後中国は「治安維持ヲ適当ナル外国ニ托スル外ニ民衆ノ幸福ヲ求ムル道カ無イ(15)」と、中国の治安維持は諸外国が担うべきだと主張した。

なぜ、板垣は中国に対しこのような見方をしたのか。ここで板垣の経歴をさかのぼって検討する。板垣は一九〇四年一〇月、陸軍士官学校卒業（第一六期）後、仙台歩兵第四連隊第五中隊第三小隊長に補され、一二月、日露戦争に従軍するため満洲に派遣された。しかし、板垣は一九〇五年二月の紅士嶺での戦いで重傷を負い、帰国を余儀なくされた。一九〇六年一月、療養を終えた板垣は天津の支那駐屯軍歩兵連隊に勤務する傍ら、中国研究に取り組んだ。

一九一六年一一月、陸軍大学校を卒業した板垣は、一九一七年八月、参謀本部の命により、研究員として雲南省昆明に二年間駐在し、雲南の軍事情勢をたびたび参謀総長の上原勇作大将に伝えた[16]。

昆明駐在を終えると、板垣は一九一九年七月、中支那派遣隊付に補されて漢口に移った。漢口では一九二〇年四月の陸軍定期異動で教育総監部から転出してきた石原莞爾《いしわらかんじ》大尉とともに、華中方面の政情と民情、とりわけ中国の軍事情報の収集や兵要地誌の調査などに従事した。ふたりはともに東北地方出身だったこともあり、親交を深めた[17]。

一九二一年四月、板垣は小倉歩兵第四十七連隊大隊長着任のため帰国し、参謀本部支那課員などをへて、一九二四年六月、北京駐在武官として再び中国の地を踏んだ[18]。当時の中国は、一九二四年一月に広州で国民党第一回全国代表大会が開かれ、中国共産党員が個人の資格で国民党に加入するという形で国共合作（第一次）が成立した。北京では直隷派、奉天派、安徽派各軍閥の争いが激化し、九月には第二次直奉戦争が起こり、直隷軍閥が北京政府から一掃された[19]。このような状況のなか、板垣は地方軍閥と交流する一方、民族主義を高揚させて統一に向かおうとしていた中国の状況を批判した[20]。

ほかの支那通軍人も板垣と同じように中国をみていたのか。陸軍士官学校で板垣の三期後輩にあたる佐々木到一《ささきとういち》は、一九二二年九月に広東駐在武官に赴任した際、孫文と親しくなり、その後、国民党に関する著作を発表するなど、国民党ならびに彼らが推し進める国民革命に傾倒していった[21]。佐々木は国民革命には国家統一、立憲政治の実現、国権回復の三つの目標があり、国民党が国家統一を成し遂げるには地方に割拠する軍閥を打倒する必要があると、板垣とは相反する見方を示した[22]。

板垣と同期の土肥原賢二はどうか。土肥原は一九一二年一一月に陸軍大学校を卒業すると、参謀本部付をへて、一九一三年七月から五年間、坂西利八郎《ばんざいりはちろう》武官の補佐官として北京に派遣された[23]。坂西は一八七〇年一二月に和歌山県で生まれ、陸大卒業後、一九〇二年参謀本部部員として北京に派遣されると、「坂西公館」を設け袁世凱《えんせいがい》の顧問として清朝末期の政治的動向に関与した。

一九〇八年、坂西は一時帰国し、ヨーロッパ出張や砲兵第九連隊長をへて、辛亥革命の起きた一九一一年一〇月、再び北京に渡り坂西公館を置いた。一九一三年には北京政府大総統に就いた黎元洪《れいげんこう》の顧問を勤めた。一九二七年三月予備役に退くと、貴族院議員となって日本の対中政策に関わった[24]。

坂西は、袁や黎の顧問として中国政界に関わるなかで、長く中国の動向を観察し続けた。そして、坂西は「支那の統一を希望するが統一するには英雄の出現を待たねばならぬ、けれども、民国が統一を要求する時に到らなければ英雄は出来てない、それでは混乱のまま推移する[25]」と述べ、強い指導力を持った者による中国統一を求めた。

坂西に私淑していた土肥原は、坂西が帰国する際に贈った惜別の言葉のなかで、「段や張（段祺瑞や張作霖―引用者注）や等等其個人にのみ忠実なるを以て万事と心得る様な人達には此心境は理解がつくまいが予は斯かる説者の短見を蔑み且卑しむ[26]」と述べ、指導力を失った地方軍閥と親交を深める人々を非難した。坂西公館には板垣も通い、土肥原ら青年将校らと意見を交わしていたが[27]、軍閥と親しく交流していた板垣は、結局土肥原のような考えを持つことはなかった。

二　石原莞爾の対中認識との関係

板垣と親しかった石原は、中国に対しいかなる認識を持っていたのか。一九二五年一〇月、石原は三年間のドイツ留学を終え、陸大兵学教官に着任した[28]。一九二七年三月三一日に行った日本の国防をテーマとした講義[29]なかで、中国の国内情勢について「彼等ノ止ムヲ知ラザル連年ノ戦争ハ吾等ノ云フ戦争即チ武力ノ徹底セル運用ニ非ズシテ消耗戦争ノ最モ極端ナル寧ロ一種ノ政争ニ過ギザルノミ　我等ニ於テ政党ノ争ノ終熄ヲ予期シ得ザル限リ支那ノ戦争亦決シテ止ムナキモノト云ハザルベカラズ」と指摘したうえで、「四億ノ民ヲ此苦境ヨリ救ハント欲セバ他ノ列強ガ進デ支那ノ治安ヲ維持スル外絶対ニ策ナシ　即チ国際管理カ某一国ノ支那領有ハ遂ニ来ラザルベカラザル運命ナリ(30)」と、諸外国による管理か、または一国による領有という方法で中国の治安を維持する必要があると主張した。

石原は、もし日本が満蒙地域で戦争を起こすような状態になった場合、「外交其他ノ関係上遂ニ支那本部ヲ領有スルニ決セバ之ニ対スル処置ハ更ニ雄大適切ナルヲ要ス　各方面ヨリ之ニ対スル研究準備ハ実ニ吾等目下ノ最大業務ト言ハザルベカラズ(31)」と、中国に関する問題をどのように処理するかが重要になると述べた。

さらに、戦争に向けて準備を進めるうえで、「特ニ最モ重大ナルハ国民思想ノ統一ニ在リ　又国民ヲシテ支那ノ事情ヲ理解セシメ「対支絶対不干渉」ノ如キニヨリ支那ガ決シテ統一スベキモノニ非ズ徒ニ可憐ナル支那四億ノ民衆ヲシテ一部職業政治家ノ喰物トナリ遂ニ収拾スベカラザルニ至ルベキヲ了解セシメザルベカラズ(32)」と、中国の実情を国民に周知させる必要があると論じた。

なぜ、石原は中国に対しこのような考えを持つようになったのか。陸軍幼年学校の頃から中国に関心を抱いていた石原は、一九一一年一〇月に辛亥革命が起き清朝が倒れると、自らの念願であった日中提携が実現されるものと期待した。しかし、新たに成立した中華民国が、「孫文は袁世凱と妥協する、袁世凱は軍閥の地金を現して革命の理想を蹂躙して行く、袁が死んでも結局軍閥と軍閥の抗争で容易に革命の精神は行はれない」とみた石原は、中国人の政治能力に疑問を持ち、「漢民族は高い文化を持っては居るが近代的国家を建設するのは不可能ではないか(33)」と考えるまでになった。

石原は坂部十寸穂《さかべとしお》陸大幹事の勧めで、この講義内容を一九三一年四月、「現在及将来ニ於ケル日本ノ国防」と題して印刷した。板垣がこの印刷物を読んだのかどうかは不明だが、前述の板垣の講演と石原の講義の内容を比べると共通点が多く、板垣は講演を前に石原の講義内容から何らかの示唆を受けていた可能性がある。

　しかし、まだこのとき、板垣は謀略によって華北に政権を作ろうとまでは考えていなかった。では、いつ頃から板垣は華北に政権を樹立しようと思うようになったのであろうか。

第二節　「北支政変」

一　対華北政策の検討

　一九三一年九月一八日、奉天郊外柳条湖での満鉄線爆破を合図に軍事行動を開始した関東軍は、ただちに奉天（現瀋陽）を占領すると、一九日、満洲に越境してきた朝鮮軍とともに吉林省に進攻し、二八日に元東北政務委員会委員の袁金鎧《えんきんがい》を奉天地方維持会委員長に、東北辺防軍参謀の熙洽《きこう》を吉林省長官に任命し、奉天と吉林省を独立させた。さらに、すでに遼寧省洮索で独立を宣言していた洮遼鎮守使の張海鵬を使って黒龍江省の占領を狙ったが、早期の占領が難しいことがわかると、関東軍は急遽黒龍江省政府主席代理の馬占山と妥協し、北満の治安安定を図った[34]。

　満洲事変発生時、東北辺防軍司令官の張学良は、一〇万人の東北軍を率いて北京にいた[35]。張学良から事変発生の連絡を受けた蒋介石は、紅軍との戦いが続くなかで、新たに日本軍と戦端を開くだけの軍事的余裕はないとして、張学良に日本軍の攻撃には抵抗しないよう指示した[36]。

　その一方で、国民政府は二〇日、江華本駐日臨時代理公使を通して日本政府に攻撃の全面停止と原駐地への撤退を要求するとともに、国民党中央執行委員会を開き、各省市の党部に日本の行為を非難する通電を発し、全国民に救国に向けた努力を求めた。満洲事変が起こると、中国各地では学生らを中心に事件に対する抗議運動が展開され、日本に対する非難と同時に、不抵抗方針をとった張学良や国民政府に対する批判の声も挙がった(37)。

一〇月二〇日、板垣や石原ら関東軍参謀は会合を開き、板垣が起案した情勢判断を可決した。この中で板垣は、依然として大軍を擁して北京に留まっている張学良の打倒が関東軍の「目下に於ける最大急務」であり、それを実現するために「軍は北支那に最も有力なる機関を配置し現に温醸しつつある各種反学良運動を統制し之を促進すること必要なり(38)」と主張した。

その一方、一一月四日、板垣は陸軍次長や次官らに対し、関東軍の意見として張学良を倒して華北に親日政権を作り満洲国と国民政府との間の緩衝地帯とし、さらにその親日政権を使って国民政府をその傘下に収めさせることが最も希望する考えであることを伝えた(39)。

また、この頃関東軍が作成した「昭和六年秋末ニ於ケル情勢判断同対策」では、満洲国を確立するため、張学良および国民政府を打倒して世界の注目を満蒙から遠ざけるとともに、「為シ得レハ支那ニ数個ノ政権ヲ樹立セシメ南方ヨリ北方ニ至ルニ従ヒ日本色ヲ濃厚トナシ満蒙ニ至リテハ終ニ殆ント帝国色タラシムル如クスルヲ以テ我根本方策トナス(40)」と、新たな政権樹立の考えを示し、華北については「北支軍閥ヲ操縦スル謀略ニ依リ張学良政権ノ覆滅ヲ策ス」ため、「有力ナル一特務機関ヲ北支ノ要地ニ派遣シ同方面ニ於ケル各機関ヲ統轄セシム(41)」ことを計画した。

しかし、板垣個人の意見と関東軍の主張を比較すると、張学良を打倒するという点については一致しているものの、華北に新政権を樹立するかどうかという点については違いがみられる。なぜこのような違いが出たのであろうか。

一九三二年春頃、板垣は新たに情勢判断をまとめ、中国の情勢について次のように分析した。

支那本部に於ける現下の情勢は国民党の実勢力を擁する蒋介石と之に合体せる張学良とに対し国民党左右両分子及北支那に於ける反蒋反張軍閥との対立状態を呈し共産的色彩を有する強大なる武装団体と国民党の専制に反対する青年思想団体此の間に介在す　本情勢を以て自然に推移せしめんか中原の覇権は暫く蒋介石一派の実力派に把握せらるべきも反対勢力此の間に策動して内争収るの日無く共匪進出の危険も亦多分に包蔵せらる。[42]

そのうえで、板垣はこのような中国の不安定な政情はかえって「満蒙問題の解決を有利ならしむるもの」であり、引き続きこの情勢を維持させる必要があると述べた。また、中国国内の抗日運動については抑えることが容易でなく、「故に断乎たる武力膺懲の好機を把握するの着意は之を有せざる可らずと雖支那本部の抗日に対しては累を満蒙に及ぼさざる為め暫く隠忍を重ね自衛権の発動に依る陸軍の出動も特に自重を要す[43]」べきであると主張した。

板垣が目指したのは中国を政情不安な状態のままとし、抗日運動を抑えながら満洲を安定させるということであった。そのため、仮に張学良を打倒して華北から排除し、親日政権を樹立した場合、抗日運動をより激しくさせ満洲にまで被害が及ぶ危険性があると考えていた。

二　クーデターの失敗

一九三二年四月二四日、関東軍参謀部第一課（作戦主任参謀）は、「満洲平定方略」を作成し、熱河省などまだ満洲国の版図に組み込めていなかった地域を占領するための作戦計画を定めた[44]。

奉天省の南に位置する熱河省（現河北省北部）は、地形が険しい上に鉄道や道路が充分に整備されていなかったため、関東軍の現有兵力では容易に進攻することができなかった[45]。また、熱河省政府主席の湯玉麟《とうぎょくりん》は、はじめ満洲国独立に参加する意思を示していたが、その後「彼は学良政権と絶つは売国奴と呼ばるる虞大なりとの理由[46]」で、参加に消極的となった。

「満洲平定方略」のなかで参謀部第一課は、「対支関係上熱河ノ領有ハ満洲国独立ノ為最モ重大ナル要件ナルモ今直ニ之レヲ断行スルノ力不十分ナルヲ以テ北支政変ノ機会ヲ利用ス」(47)と、熱河省攻撃を支援する手段として、華北で政変を起こすことを計画した。

なお、このとき第一課長を勤めていたのは石原で板垣は第二課長（情報主任参謀）に就いていた(48)。よって、板垣は「満洲平定方略」の起案者ではなく、また北支政変を起こすことに板垣はどのような意見を持っていたのかも不明だが、華北の情勢を不安定なものにさせるという点で、板垣はこれに賛同していたのではないかと思われる。

八月下旬、関東軍は熱河作戦実施に向けた兵要地誌の作成ならびに装備や編成についての研究に着手し、一〇月二四日、「軍対熱河方針」を内示し、作戦軍の編成などを明らかにした。また、二八日には参謀本部第二部長の永田鉄《ながたてつ》山《ざん》少将を錦州に招いて研究会を実施した(49)。

一二月下旬、板垣は、自ら東京の参謀本部を訪れ永田から工作資金として二〇〇万円を受け取った(50)。そして、一九三三年二月六日、板垣は真崎甚三郎《まさきじんざぶろう》参謀次長に、「河北ト他二省トノ統一ハ如何。現状ハ反張機運相当アリ。河北ニ政変起スハ疑ナシ。併シ山東、山西ハ俄ニ予想シ難シ」(51)と、北支政変実施の見通しを語った。板垣は依然として収りをみせなかった反張学良運動を利用しながら、まず河北省で政変を起こすことを考えた。

二月一七日、熱河省に進攻を開始した関東軍は、三月四日、省都の承徳を占領し、同月下旬までに熱河省の大半と河北省に隣接する長城線の主要関門を攻略した。さらに、関東軍は四月九日から中国軍の激しい抵抗に遭っていた長城関門のひとつ、冷口に向けて攻撃を強化し、戦闘の過程で一部部隊は長城線を越えて河北省内に進入した。これに対し、参謀本部は河北省への越境攻撃を不可とする昭和天皇の意向を受けて、関東軍に長城線外への撤退を命じた(52)。

二月一三日、天津特務機関長に就いた板垣[53]は、「池谷栄助」という偽名を使って活動を開始した[54]。熱河作戦が進展するなか、板垣はどのように政変を起こそうとしていたのか。

四月一八日、板垣は小磯国昭《こいそくにあき》関東軍参謀長に対し、宋哲元と数回に渡って協議した結果、二一日夜に北京で決行する予定のクーデターに呼応して、宋哲元が「全軍ヲ率ヒテ北平ニ向ヒ前進シ中央軍ノ北平脱出スルヲ阻止スル[55]」ことで協定を交わしたことを伝えるとともに、関東軍の陸上部隊と飛行隊を派遣して、宋哲元が実際に行動を起こすかどうか監視するよう依頼した。

熱河作戦時、国民政府第三軍団を率いて華北の防衛に当たった宋哲元は、三月九日、喜峰口で長城線を越境してきた関東軍三〇〇〇人を撃退し、抗日の英雄として注目を集めた[56]。もともと、宋哲元は馮玉祥の部下で、一九二九年の編遣会議に反発して馮が反乱を起こすと、陝西省政府主席であった宋も国民軍代理総司令として決起し河南省に攻め込むなど、国民政府と対立する姿勢を示していた[57]。おそらく板垣は宋哲元のこれまでの経歴からクーデターに協力するであろうと判断したと思われる。

板垣の報告を受けて、参謀部は予定通りクーデターが実行されるのを期待しつつも、場合によっては決行が一週間後の二七日頃にずれ込む可能性があると予測した[58]。

板垣が計画したクーデターとは、元湖南省長の「張敬尭《ちょうけいぎょう》ヲ中心トシ北平ニ在ル旧東北軍ヲシテ「クーデター」ヲ断行セシメ方振武孫殿英軍並該方面ノ義勇軍及其他雑色軍ヲ響応セシメ北平ヲ占領スル[59]」というものであった。

一九日、蔣介石と華北をめぐる問題について討議するため南昌に向かっていた元外交部長の黄郛《こうふ》は、その途中の上海で前上海市長の張群とともに根本博《ねもとひろし》上海駐在武官と会見し、華北での軍事衝突に関する蔣介石の対応について意見を交わした[60]。また、二七日には軍政部政務次長の陳儀が根本のもとを訪れ、停戦の条件について話し合いを行った[61]。

これら協議の内容は、南昌で囲剿の指揮に当たっていた蔣介石に伝えられ、停戦に向けた中国側の動きを活発化させた。

上海で停戦に向けた協議が行われたことに対し、板垣は三〇日に小磯に宛てた電文[62]のなかで、「南京政府ハ上海武官ニ泣ヲ入レタルハ此ノ局面ヲ転換センカ為一時日本側ト妥協シテ日本軍ノ攻撃ヲ緩和シ反蔣運動ノ弾圧ニ当リ目下爾後当然ノ抗日政策ニ立返ラントスル楷梯タラシメントスルニ出テタルヤ明ナリ」と批判した。すでに決行予定日が来たにも拘わらずクーデターが行われなかったのは、「日本ト国民政府トノ妥協説頻々トシテ流布サルル為其ノ都度反蔣側ヲ逡巡セシメ発動ノ遅延ヲ」招いたためで、「昨二十九日宋哲元代表カ日本軍中央軍間ノ妥協説ヲ提ケテ其ノ真意ヲ質シ来レルヲ以テ其ノ荒唐無稽ヲ笑ヒテ其ノ蒙ヲ啓キ幸ニ反蔣決意ヲ堅メ得タ」と、宋哲元が依然としてクーデター実行に前向きであることを伝えた。

ただし、宋哲元は四月二六日に北京で開かれた華北軍事領袖らによる懇談会の席で、停戦をする際には国民政府中央と軍事委員会北平分会の命令に完全に従うとすでに表明していて[63]、宋が実際にクーデターに参加しようとしていたのかは疑わしい。

クーデターが依然実行をみないなか、五月七日、クーデターの中心とされた張敬尭が北京東交民巷の六国飯店で暗殺された[64]。犯人は行方をくらましたため不明であったが、一九八一年に暗殺に協力した陳恭澍《ちんきょうじゅ》が台湾で回想録を出版し、張を殺害したのは軍事委員会調査統計局（軍統局。後に設立される調査統計局とは別組織）の下部組織「北平站」と「天津站」のメンバーであったことを明かした[65]。軍統局とは一九三三年（一九三二年九月とも）に設立され、第二処処長の戴笠を中心に情報収集や特務工作を行っていた組織である[66]。

張敬尭が殺害されると、板垣は自治救国と反国民党を主張して河北省の独立を計画していた元安徽省長の郝鵬《かくほう》に援助を与え反蒋派決起の足がかりにしようとした。[67]しかし、一五日、中国側の停戦要求に応じることを決定した関東軍は、[68]一九日、小磯を通じて板垣に活動の中止を指示した。[69]これに対し板垣は二一日、小磯に北支政変に対する関東軍のこれまでの協力に謝意を表す一方、北支政変が失敗に終わったのは、「北支ニ号令スルニ足ル可キ中心人物無キコト」、「反蒋各派ノ内容複雑ニシテ合流困難ナルコト」、「反蒋派必スシモ親満親日ナラサルコト」、「中央威力ヲ過大視シ毎々ニ躊躇逡巡シ自ラ決行スル勇気ニ乏シキコト等[70]」が理由であったと述べた。

天津特務機関長の任務を解かれた板垣は七月、欧州出張を命ぜられ、欧米のほか、南洋諸島などにも視察に出かけた。[71]

第三節　防共の高まりと華北分離工作

一　華北の安定に対する批判

およそ一年間の欧州出張を終え、一九三四年八月、満洲国軍政部最高顧問（関東軍司令部付）に着任した板垣は、同月二七日、今後の対中政策に関する考えを「満洲国ノ対支施策統制ニ関スル意見[72]」としてまとめた。

このなかで板垣は、欧米と手を組んで日本を攻撃するという中国のやり方に対抗するためには、国民政府の存在を否定する政策を採る必要があると述べた。そして、満洲国が戦時になった場合、国民政府に対し、最低限でも「河北地域ノ領有又ハ之ニ対スル絶対指導権」、李宗仁ら西南軍閥が本拠とする「南部及西南部地域ノ好意的中立」、「現中央政権ノ独立力ヲ弱メ之カ反抗ヲ禁止スルカ或ハ少クモ沿海地方ニ於ケル支那及我対手国ノ軍事施設ヲ防遏ス」るという三つの要求を認めさせなければならないと主張した。

さらに、一九三五年一月四日と五日、大連で開かれた「対支蒙諜報関係者会同」の席で、板垣は今後の関東軍が達成すべき目標として、「軍ハ北支ニ於テハ支那駐屯軍及北支武官等ト協力シ南京政権ノ政令カ去勢セラルル情勢ヲ逐次濃厚ナラシムル如ク諸般ノ施策ヲ講シ我カ軍部ノ要求ヲ忠実ニ実行セントスル誠意アル政権ニ非レハ存立スル能ハサラシム」と、関東軍など出先機関が協力して、国民政府が華北を統治できなくさせるための政策を実行すべきであると訴え、「軍ハ北支ノ独立運動ニ多大ノ関心ヲ有ス之カ為可能性確実ナル勢力ニ対シテハ所要ノ支援ヲ与フ」[73]と、反蔣派勢力を利用して華北独立を働きかける考えがあることを明かした。板垣はなぜ華北に対し、このような強硬な態度を示したのか。ここで、板垣が欧州出張中の華北情勢についてみていく。

五月三〇日と三一日、日中両軍代表は塘沽で停戦交渉を行い、塘沽停戦協定を締結した。この協定で「中国軍ハ速ニ延慶、昌平、高麗営、順義、通州、香河、宝坻、林亭口、寧河、蘆台ヲ通ズル線以西及以南ノ地区ニ一律ニ撤退シ爾後同線ヲ越エテ前進セズ」、また一切の挑発と攪乱行為を行ってはならないと定められたのに対し、日本軍は中国軍が撤退線から撤退したことを確認したうえで、「前記中国軍ノ撤退線ヲ越エテ追撃ヲ続行スルコトナク自主的ニ概ネ長城ノ線ニ帰還ス」[74]と、撤退時期や場所について曖昧に規定され、解釈次第では引き続き関東軍が長城線内に駐兵することができた[75]。このように協定は中国側にとって不利な内容だったが、国民政府はこれを受け入れ関東軍の進攻を食い止めた。

停戦協定の成立を受け、国民政府行政院は六月六日、「戦区農賑辦法」を決議し[76]、日中両軍の戦闘で被災した地域の復興に取り組むとともに、七月二一日、その実行機関として北京に華北戦区救済委員会を設置した[77]。なお戦区とは、塘沽停戦協定で設定された撤退線以北から長城線以南に囲まれた冀東地区のことを指す。華北戦区救済委員会は一九三四年七月二一日に解散するまで、察哈爾《チャハル》省と河北省に総額二八六万五一四三元を交付し、農業の振興や緊急支援、道路や電話線の復旧に努めた(78)。

その一方で、行政院は六月一七日、北京に行政院駐平政務整理委員会（以下、政整会）を発足させ、冀東地区の人心安定と領土保全、華北各省市の政務整理、ならびに華北問題に関する対日交渉の任務を負わせた(79)。政整会は七月三日、冀東地区の治安維持のために配置される中国側警察機関について関東軍側と協議し(80)、関東軍の関係の深かった李際春軍の中から四〇〇〇人を選抜し(81)、保安隊として冀東地区内に駐屯させることで合意した(82)。李際春軍は熱河作戦の時、関東軍とともに河北省内に進攻し、塘沽停戦協定締結以後も冀東地区に留まり、治安悪化の原因となっていた(83)。

さらに、政整会は一九三四年六月、関東軍ならびに満洲国鉄路総局の各関係者との交渉で、満洲国の成立によって途絶えていた満洲国と華北間の鉄道の乗り入れ問題を解決するなど(84)、冀東地区の治安安定化に向けた努力を続けた。

華北を政情不安にしておくことが、満洲国の安定につながると考えていた板垣にとって、塘沽停戦協定後、華北戦区救済委員会や政整会が行っていた冀東地区の復興と秩序回復に向けた取り組みをただ見ているわけにはいかなかった。欧州出張から帰国した板垣は、華北に対し、これまで以上に強い姿勢で臨むことで、華北情勢を再び不安定なものにしようとした。

二　華北情勢の緊迫化

一九三五年五月二日深夜、反蒋親日系の新聞を発行していたふたりの中国人が殺害された。支那駐屯軍参謀長の酒井隆大佐は二九日、軍事委員会北平分会委員長代理の何応欽《かおうきん》（国民政府軍政部長）に対し、事件は日本への挑戦であり、塘沽停戦協定を破壊する重大な行為であるとして、軍事委員会北平分会や国民党部、排日団体の北京と天津からの排除と、責任者と河北省政府主席の于学忠を罷免すること、ならびに于学忠が率いる第五十一軍と中央軍を保定以南に移駐させることなどを要求した。さらに、酒井は六月九日、再び何応欽と会い、要求を実行するよう迫り、支那駐屯軍と関東軍は出動態勢をとり、華北に軍事的圧力を加えた。このため、何応欽は一〇日、蔣介石の指示に基づいて、日本側の要求を全面的に容認した（梅津・何応欽協定）。これによって、国民政府に直属する政治機関ならびに軍事勢力は河北省から排除された(85)。

一方、六月五日、察哈爾省張北で、大月桂ら関東軍阿巴嘎《アバカ》特務機関員四人が察哈爾省政府主席の宋哲元率いる第二十九軍に一時監禁される事件（第二次張北事件）が発生した。さらに、一一日と一二日には、満洲国参事官と国境警備隊員が第二十九軍に狙撃されるという事件（第二次熱西事件）が起きた(86)。これら事件を受けて、関東軍奉天特務機関長の土肥原賢二少将は二三日、察哈爾省政府主席代理の秦徳純《しんとくじゅん》と会い、熱河省に隣接する察哈爾省東部から第二十九軍を撤退させ、合わせて国民党部も察哈爾省から撤退させるよう求めた。これに対し、秦徳純は二七日、土肥原の要求を受け入れ、さらに、察哈爾省に日本軍の飛行場と無線電信を設置することも了承した（土肥原・秦徳純協定）(87)。

宋哲元は六月二六日、察哈爾省政府主席を辞した後、天津に一時逃れた。しかし、七月、蔣介石は、引き続き宋哲元の勢力を華北に留めておくことを決め、八月二八日、宋哲元を平津衛戍司令に任命し、北京に軍を移駐させた(88)。

土肥原・秦徳純協定が結ばれたのと同じ日、北京近郊の豊台で白堅武《はっけんぶ》が装甲車隊を率いて華北政権樹立を目的に武装蜂起した。白堅武は一八八〇年、河北省交河県に生まれ、一九二一年に呉佩孚《ごはいふ》の配下となって各地を転戦し(89)、一九三四年三月に奉天に居を構えると、板垣や土肥原らと親しくなり、華北新政権樹立工作に積極的に関与するようになった(90)。

白堅武軍は二八日未明、北京の永定門を襲って入城しようとしたが、待ち構えていた萬福麟《ばんぷくりん》軍第百六師に撃退された。このとき、城内には白堅武と呼応するはずであった便衣隊が潜伏していたため、北京市内には戒厳令が布かれた[91]。

一〇月一日、秦徳純から土肥原の動向に関する報告を受けた何応欽は、蔣介石に「土肥原と高橋坦（北京武官―引用者注）が張垣（張家口―引用者注）に来た。名目上は特務機関の視察だったが、実際は華北情勢の変化を促すことが目的であった。多田談話と考えは同じで、華北の危機は後戻りできないところまで来た[92]」と伝えた。「多田談話」とは九月二四日、支那駐屯軍司令官の多田駿《ただはやお》少将が記者との談話のなかで発表した、今後の華北情勢に対する支那駐屯軍の態度を示したもので、「多田声明」とも称される。

声明で多田は、民衆による華北の明朗化を達成するためには、それを阻害する国民党と国民政府を華北から排除することもやむを得ないと武力行使を示唆し、今後支那駐屯軍は華北からの反満抗日分子の一掃、華北経済圏の独立、華北五省の軍事的協力による共産化防止を目指す姿勢で臨み、これを実施するために、まず「北支五省聯合自治体」結成の指導を行うと述べた[93]。

何応欽からの連絡を受けて、蔣介石は同日、何応欽に「土肥原と高橋が張垣に来て華北情勢の変化を迫ったそうだが、その内容は結局どのようなものなのか。中央は華北の安定を図るためにどうすればいいのか。再び紹文に詳しい状況を連絡するよう希望する[94]」と返電した。蔣介石は華北情勢を把握するために新たな情報を求めた。

一〇月四日、何応欽は蔣介石に続報を伝えた。そのなかで何応欽は、ある人物からの情報として、日本側は蔣介石の対日二重政策に反対をしていること、日本側は今年一一月までに華北に新政権を組織しようとしていて、政権ができた際には華北経済からの独立、中央からの離脱を考えていること、土肥原は張家口で秦徳純らと会談し、華北各省が中央から独立する方法がもしあるのならよいが、さもなければ、日本側はいくつもの方法を持っていると述べ、土肥原が秦徳純らに情勢変化を迫っていることなどを報告した[95]。何応欽が述べた蔣介石の「対日二重政策」とは、当時国民政府が実施していた一連の親日政策のことを指すと考えられる。

一九三五年一月二一日と二二日に開かれた須磨弥吉郎《すまやきちろう》南京総領事と汪兆銘外交部長との会談を皮切りに、日中両国の外交当局は関係改善に向けた話し合いを重ね、五月、日中双方の公使館を大使館に昇格させるなど、親善を深めた(96)。この動きに対し、酒井隆参謀長は五月六日に日本外交協会で行った講演で、国民政府の親日政策は「共産軍を討伐しないで奥地に段々追込めて、この間に自己の政権を確立し、次いで時期が来たら排日をやらうと云ふ彼等の予定コースを取る中途に、日本から圧迫されることを緩和しようと思つただけ(97)」のもので、今後の日中関係を考えた場合、「蔣介石及び国民党の政権の存在を早く片付けてしまへば日支関係は好転する余地がある(98)」と、国民政府を打倒する必要があると訴えた。

また、参謀本部支那班長の楠本実隆《くすもとさねたか》中佐は、一九三五年一月一日から現在まで華北で排日満、抗日満を称する事件が五〇件余り発生していて、「これ等の事件を見ても親日を標榜して居る北支那官憲がその裏面に於て連絡又は指導して居るといふことは、何としても南京政府の親日、排日両面の二重政策であると断言せざるを得ない(99)」と述べ、国民政府の親日政策に不信感を露わにした。このように、国民政府の親日政策には陸軍中央と出先双方から批判の声が上がっていた。

一〇月七日、何応欽は蔣介石に宛てた電報のなかで、土肥原と高橋が一日に張家口で秦徳純に明かした計画は、まず連省自治を宣言させ、華北を事実上中央から離脱させたうえ、徐々に華北の独立組織を作り上げていくというものであったことを伝えた(100)。

一方、同じ七日、飛行機で天津を訪れた板垣は、河北省政府主席の商震《しょうしん》と会談した(101)。八日、商震は蔣介石に宛てた電文で、会談中の板垣の様子について、「その口振りは多田と似ていて、我が中央と軍事領袖に対し頗る不満を表していた。また中国共産党の猖獗を憂慮していて、華北各省が自ら団体を作り、日本と共同防共することを希望していた[102]」と報告した。

また、一〇日、商震は蔣介石に、「日本側の宣伝では、今回華北五省自治を要求する原因は、我が軍事領袖が聯ソ聯共政策を採用したため[103]」であると伝えた。この時、板垣は国民政府や蔣介石にいかなる不満を持ち、なぜ共産党の活動に危機感を抱いていたのか。当時の中ソ関係からそれを探る。

三　共産主義への警戒

一九三二年一二月一二日の中ソ国交回復後[104]、中ソ関係はソ連と満洲国との合弁による北満鉄道の運営や国民政府の「安内攘外」政策の影響で悪化していた。しかし、次第に日本の出先機関が蒙疆や華北を中国から分離させる意図が明らかになってくると、国民政府はソ連に協力を求めることで日本と対抗しようとした。

一九三四年一〇月一六日、清華大学教授の蔣廷黻《しょうていふつ》は蔣介石の私的代表としてモスクワを訪れ、ソ連外交人民委員代理のB・S・ストモニャコフと会談し、蔣介石がソ連との関係改善を希望していることを伝えた。

それから半年後の一九三五年四月、ソ連留学経験者で南昌行営調査課長として特務活動に従事していた鄧文儀《とうぶんぎ》が、駐ソ中国大使館首席武官に任命された。鄧は蔣介石からソ連軍事当局関係者や各国駐ソ外交官のほかに、王明（陳紹禹）や康生らコミンテルン中共代表団とも接触するよう命令を受けていた。

梅津・何応欽協定と土肥原・秦徳純協定の成立をめぐって日中間の緊張が高まるなか、七月二五日から八月二〇日にかけてモスクワで開かれたコミンテルン第七回大会で、国際反ファシズム統一戦線方針が打ち出された。そして、八月一日、王明は中華ソビエト政府と中共中央の名義で「抗日救国のために全同胞に告げる書」（八・一宣言）を発表[105]

し、日本軍の中国侵略を批判するとともに、国民党と藍衣社の一部を含む全国民に、[106]「抗日救国」と「抗日連軍」の結成を呼びかけた。一方、蔣介石は一〇月二日、西安に西北剿匪総司令部を設置し、中国共産党軍への攻撃を続けたが、四川を越えた中国共産党軍は甘粛、陝西方面に逃れた。

このような中ソの動きに対し、関東軍が問題視したのは、今後ソ連の勢力が外蒙古や中国共産党を利用して華北や内蒙古に進出してきた場合、満洲国がソ連に包囲されるうえ、中国がソ連の勢力下に置かれてしまうのではないかということであった。[107]この状況のなかで、満洲国の安定化を目指していた板垣がソ連や中国共産党に警戒の目を向けるのはもちろんのこと、中国共産党軍を全滅させられなかった国民政府や蔣介石に不信感を抱くのもまた当然のことであった。

ここで、政権設立に対する板垣と土肥原の考え方の違いをまとめると、土肥原は華北情勢の変化を求め、国民政府の支配から離脱した華北各省からなる自治政権の成立を目指したのに対し、板垣は共産勢力に対抗するための防共団体の設立を考えていた。では、両者の異なる考えがどのようにしてひとつにまとめられ、最終的に防共政権設立に至ったのか。

一一月一三日、天津で土肥原と会見した若杉要《わかすぎかなめ》大使館参事官は、土肥原から政権設立の腹案を告げられた。それによると、政権は「成ルヘク支那側要人カ北支那民衆ノ名望ニ依リ自発的ニ事実上自治ヲ行フ建前ト為シ其ノ政治機構トシテハ不取敢宋哲元及商震ヲシテ河北省ノ反共自治委員会ヲ組織セシメ民意ニ依リ北支事情ニ基キ国民政府ヨリノ制御ヲ蒙ラサル自治行政ヲ行フ旨ヲ声明」させ、「小口ニ河北省ヨリ自治ニ着手シ漸次北支全体ニ及ホ[108]」していくというものだった。この案には土肥原が求めていた中央から離脱した華北自治政権の設立と、板垣が目指していた防共団体の結成というふたつの考えが盛り込まれていた。では、なぜこのような案ができあがったのであろうか。

当時、関東軍参謀であった田中隆吉《たなかりゅうきち》によると、関東軍が華北で自治運動を起こす際、運動目標を何にするのかが問題となり、「ソコデ初メノ訓令ハ単ニ自治地帯ノ建設ト云フコトデアリマシタガ、之ニハ思想的ノ目標ヲ明カニシナケレバナラナイト云フノデ、慥カ私ノ記憶デハ土肥原少将、佐々木少将（佐々木到一満洲国軍政部最高顧問―引用者注）、板垣少将ノ三人ガ種々ノ御研究ノ結果、防共ト云フコトヲ旗幟ニスルト云フコトニ決リマシテ、其ノ訓令ニ更ニ一項ヲ加ヘタ」という。(109)この田中の証言を裏付ける史料は現在のところ見当たらないが、もし、これを事実とするならば、板垣と土肥原は佐々木を交えて自治政権設立について意見の調整を行い、思想的目標として防共を新たに付け加えたということになる。これにより作成された計画が、天津で土肥原が若杉に明かした腹案であったと考えられる。

四　冀東政権の樹立

当時、土肥原と行動を共にしていた関東軍参謀の専田盛寿《せんだもりとし》少佐によると、新政権の参加者として期待されていた宋哲元、商震、韓復榘《かんふくく》（山東省政府主席）、閻錫山（山西省政府主席）を北京に集めて新政権樹立に協力できるか尋ねたところ、全員が曖昧な返事しかしなかったため、土肥原は冀東地区の行政官で日本に留学した経験を持つ殷汝耕をまず説得し、宋哲元と合流させて華北に新政権を作り、その後、商震らそのほかの勢力と結び付けて大きく発展させようと考えた。(110)

土肥原はこの新政権樹立にあたり、思想的目標とした防共をどのように盛り込もうとしたのか。土肥原は北京で宋哲元の説得にあたる前、南次郎関東軍司令官の同意を得て、「華北高度自治方案」を作成した。残念ながらこの方案の原史料は現存していないが、今日伝えられているところによると、新政権の名称は「華北共同防赤委員会」で、五省二市を領域とし、指導者には宋哲元が就き、土肥原が総顧問として宋を補佐する。各種政策のうち、思想については三民主義と共産主義を撲滅し、それに代わって「東洋主義」を採用すると定められていた(111)。

この方案が、いつどのようにして宋哲元側に伝えられたのかも不明だが、一一月一八日、宋哲元の腹心で察哈爾省政府主席を務めていた蕭振瀛《しょうしんえい》は、新聞の談話として、三日から五日以内に華北五省三市を包括する「中華民国華北人民自治防共委員会」が組織されようとしていることを発表し、軍事委員会北平分会も同日、何応欽に対し、宋哲元があるところから単独で共同防共を組む協定を結ぶよう迫られていることや、「中華民国華北自治防共委員会」などの名前で組織が結成される情報があると伝えていることから(112)、一八日までに「華北高度自治方案」もしくはこれに類似する防共政権樹立案が宋哲元側に提示されたものと推察される。

一一月一八日、宋哲元は国民政府側に日本側の圧力で一一月二〇日から二二日の間に自治を宣言しなければならない状態にあることを伝える一方、土肥原ら日本側の出先機関に対しては、国民党の五全大会が閉幕する一一月二五日以降に自治独立宣言を発表するとして、回答を引き延ばした(113)。

関東軍と日本軍の出先武官の一部が二〇日に華北の各領袖を北京に呼んで会議を開くとの情報を得た何応欽は一九日、商震と韓復榘に対し、会議に参加しないよう命じた(114)。そして、宋哲元、蕭振瀛、秦徳純は同日、蔣介石に日本側の圧力が強まっている状況を伝えるとともに、どういう方針で臨むべきか指示を求めた(115)。これに対し、蔣介石は華北問題についていては今後話し合いをしないよう命じた(116)。

二〇日、すでに会議に参加しない旨を何応欽に伝えていた商震は、保定の病院に入院するとの理由で北京に向かわず、韓復榘も省内の問題を処理するためとして会議を欠席した(117)。

二一日、土肥原は天津にいた宋哲元に単独で決起するよう求めたが断られたため(118)、すでに政権参加を表明していた殷汝耕に政権樹立を求めた。

小　結

本章では、板垣征四郎の軍歴をたどりながら、対華北認識と防共認識に注目し、華北分離工作からなぜ冀東政権が成立したのか考察した。陸軍士官学校卒業後から中国との関わりを深めた板垣は、一九二四年、北京武官に就くと、地方軍閥と親しくなる一方、当時中国統一を目指していた国民政府には批判的であった。また、板垣は中国人の国家意識の低さを問題視し、中国の治安は諸外国によって維持されるべきであると主張した。この板垣の対中国認識は、「支那通」と呼ばれたほかの軍人とは異なるものであった。

一九二九年、関東軍高級参謀に着任すると、板垣は漢口駐在の頃から親しかった石原莞爾参謀の対中国認識に影響を受け、石原とほぼ共通の考えを持つに至った。

満洲事変が発生すると、関東軍は張学良政権を倒し、華北に特務機関を設置して統轄しようと考えたが、板垣は満蒙問題を解決するには、華北を不安定な状態にすればよく、張学良政権を倒すと、かえって抗日運動を激化させ満洲に被害が及ぶと、関東軍と意見を異にした。

板垣は華北の情勢を不安定なものにするため、参謀本部の支援を得て、一九三三年五月、天津で北支政変を起こそうとしたが、実行直前で軍統局に阻まれ、失敗に終わった。それから間もなくして、板垣は一年間のヨーロッパ出張を命じられた。

板垣が出張中、華北では政整会によって治安の安定化に向けた努力が続けられていた。出張を終え関東軍に復帰した板垣は、再び華北を不安定化させようと強い態度で臨み、華北新政権の設立を目標とした。

一九三五年に入り、梅津・何応欽協定と土肥原・秦徳純協定をめぐって華北が混乱するなか、華北に土肥原が派遣され、華北五省自治政権の樹立を目的とした華北分離工作が開始された。一方、七月からモスクワで開会されたコミンテルン第七回大会で、国際反ファシズム統一戦線方針が示され、大会に参加していた中共代表の王明が「八・一宣言」を発表し、日本軍の中国侵略を非難すると、板垣は今後満洲国が共産勢力に包囲されることを警戒し、土肥原らと協議のうえ、政権設立の目標に防共を付け加えた。華北分離工作の実行役として活動した土肥原は、宋哲元に防共政権設立を求めたが断られたため、すでに政権参加の意思を示していた殷汝耕に冀東政権を設立させた。

では、冀東政権を作った殷汝耕とは一体いかなる人物であったのか。また、殷汝耕は日本とどういう関係があったのか。次章では殷汝耕と日本との関わりをたどり、殷汝耕の人物像に迫る。

注

(1) 江口圭一『大系日本の歴史14　二つの戦争』、小学館、一九八九年、二二五頁。
(2) 加藤陽子『シリーズ日本近現代史5　満洲事変から日中戦争へ』、岩波書店、二〇〇七年、一八九～一九三頁。
(3) 熊沛彪『近現代日本覇権戦略』、社会科学文献出版社、二〇〇五年、九一～九四頁。
(4) 郭貴儒・張同楽・封漢章『華北偽政権史稿　従〝臨時政府〟到〝華北政務委員会〟』、社会科学文献出版社、二〇〇七年、一三～二〇頁。
(5) 秦郁彦編『日本陸海軍総合事典（第二版）』、東京大学出版会、二〇〇五年、二〇頁。
(6) 板垣征四郎刊行会『秘録　板垣征四郎』、芙蓉書房、一九八九年、一〇三頁。
(7) 戸部良一『日本陸軍と中国』、講談社、二〇〇一年、一一一～一一六頁。
(8) 前掲『秘録　板垣征四郎』、五五七～五五八頁。

（9）小島晋治・丸山松幸『中国近現代史』、岩波書店、一九九九年、一二四〜一二五頁。

（10）同右、一二七〜一二九頁。

（11）同右、一二九〜一三三頁。

（12）同右、一三五頁。

（13）稲葉正夫「中国・板垣将軍・日本――同志と共に大陸への初志を貫く――」、前掲『秘録　板垣征四郎』、五二九頁。

（14）板垣征四郎「満蒙問題ニ就テ」、一九三一年五月二九日、稲葉正夫・小林龍夫・島田俊彦・角田順編『太平洋戦争への道　開戦外交史（新装版）　別巻　資料編』、朝日新聞社、一九八八年、一〇三頁。

（15）同右、一〇四頁。

（16）たとえば、板垣大尉発参謀総長宛雲第二〇号、一九一七年一一月二一日、外務省記録「支那南北衝突事変関係一件　各地状況（四川省）」、一九一三年八月〜、外務省外交史料館所蔵、アジア歴史資料センター（JACAR）、Ref: B08090270200。板垣大尉発参謀総長宛雲南第二一号、一九一七年一二月一九日、同。板垣大尉発総長宛雲南報告第二三号、一九一八年一月二二日、同。板垣大尉発総長宛雲南報告第二五号、一九一八年二月七日、同。板垣大尉発総長宛雲南報告第二六号、一九一八年二月二四日、同。板垣大尉発総長宛雲南報告第二六《ママ》号、一九一八年三月四日、同。板垣大尉発参謀次長宛雲第二七号、一九一八年五月一八日、外務省記録「各国内政関係雑纂　支那之部（地方）十九」、一九一八年五月一五日〜九月二三日、外務省外交史料館所蔵、JACAR、Ref: B03050117200。板垣大尉発参謀次長宛雲第二七《ママ》号、一九一八年五月一八日、同。

（17）横山臣平『秘録・石原莞爾』、芙蓉書房、一九七一年、一二四〜一二五頁。

（18）前掲『秘録　板垣征四郎』、五五八頁。

（19）前掲『中国近現代史』、一〇四〜一〇六頁。

（20）森久男『日本陸軍と内蒙工作　関東軍はなぜ独走したか』、講談社、二〇〇九年、三〇頁。

（21）前掲『日本陸軍と中国』、一〇二〜一〇四頁。

（22）同右、一一〇頁。

(23) 土肥原賢二刊行会編『日中友好の捨石　秘録土肥原賢二』、芙蓉書房、一九七三年、一八三～一八四頁。
(24) 同右、六四～六五頁。
(25) 同右、九九頁。
(26) 同右、九一頁。
(27) 同右、七五頁。
(28) 前掲『秘録・石原莞爾』、一三八頁。
(29) 稲葉正夫「解題　石原戦史と石原構想」、角田順編『石原莞爾資料――戦争史論――』、原書房、一九六八年、四四三頁。
(30) 「欧州古戦史講義」、同右、四二七頁。
(31) 同右、四二九頁。
(32) 同右、四三一頁。
(33) 「満洲建国前夜の心境」、一九四二年、角田順編『石原莞爾資料――国防論策篇――』、原書房、一九六七年、九〇頁（以下、『国防論策篇』）。
(34) 小林英夫『〈満洲〉の歴史』、講談社、二〇〇八年、九〇～九一頁。
(35) 臼井勝美『満洲事変』、中央公論社、一九九八年、五七頁。
(36) ＮＨＫ取材班・臼井勝美『張学良の昭和史最後の証言』、角川書店、二〇〇一年、一二六～一二七頁。
(37) 前掲『満洲事変』、六〇～六三頁。
(38) 片倉衷「満洲事変機密政略日誌」、小林龍夫・島田俊彦編『現代史資料7　満洲事変』、みすず書房、一九七五年、二一三頁。
(39) 同右、二四三頁。
(40) 「昭和六年秋末ニ於ケル情勢判断同対策」、同右、一六九頁。
(41) 同右、一七一頁。

(42)「板垣高級参謀の情勢判断」、一九三二年四、五月、同右、一七四頁。
(43)同右。
(44)関東軍参謀部第一課「満洲平定方略」、前掲『国防論策篇』、九八頁。
(45)前掲「満洲事変機密政略日誌」、『現代史資料7』、三四六頁。
(46)同右、三三八頁。
(47)前掲「満洲平定方略」、『国防論策篇』、九八頁。
(48)前掲『日本陸海軍総合事典』、三四九頁。
(49)米本敬一「熱河・関内作戦雑感」、軍事史学会編『再考・満州事変』、錦正社、二〇〇一年、二三八頁。
(50)永田鉄山刊行会編『秘録　永田鉄山』、芙蓉書房、一九七四年、六三頁。
(51)伊藤隆・佐々木隆・季武嘉也・照沼康孝編『真崎甚三郎日記　昭和七・八・九年一月～昭和十年二月』、山川出版社、一九八一年、九三頁。
(52)前掲「熱河・関内作戦雑感」、『再考・満州事変』、二三八頁。
(53)同右、二三七頁。
(54)前掲「中国・板垣将軍・日本」、『秘録　板垣征四郎』、五四二頁。
(55)「関東軍参謀部第二課　機密作戦日誌抜萃」、一九三三年四月四日～五月三一日、前掲『現代史資料7』、五三〇頁。
(56)李雲漢『伝記文学叢刊之三十　宋哲元与七七抗戦』、伝記文学出版社、一九七三年、二八～二九頁。
(57)同右、一四頁。
(58)前掲「機密作戦日誌抜萃」『現代史資料7』、五三一頁。
(59)同右、五四七頁。
(60)内田尚孝『華北事変の研究――塘沽停戦協定と華北危機下の日中関係一九三二～一九三五年』、汲古書院、二〇〇六年、八一頁。

(61) 前掲「機密作戦日誌抜萃」、『現代史資料7』、五三四〜五三五頁。
(62) 同右、五三六頁。
(63) 何応欽上将九五寿誕叢書編輯委員会編『何応欽上将九五紀事長編』上冊、何応欽上将九五寿誕叢書編輯委員会、一九八四年、二九〇〜二九一頁。
(64) 前掲「機密作戦日誌抜萃」、『現代史資料7』、五四四頁。
(65) 陳恭澍『伝記文学叢刊之六十一　北国鋤奸』、伝記文学出版社、一九八一年、六四頁。
(66) 岩谷將「『藍衣社』・『CC団』・情報戦——日中戦争下の暗闘——」、軍事史学会編『日中戦争再論』、錦正社、二〇〇八年、三四〇〜三四一頁。
(67) 前掲「機密作戦日誌抜萃」、『現代史資料7』、五四七頁。
(68) 同右、五五〇頁。
(69) 同右、五五二〜五五三頁。
(70) 同右、五五三頁。
(71) 前掲「中国・板垣将軍・日本」、『秘録　板垣征四郎』、五四四頁。
(72) 板垣征四郎「満洲国ノ対支施策統制ニ関スル意見」、一九三四年八月二七日、陸軍省記録「陸満密綴　第十七号」、一九三四年九月一三日〜一〇月一一日、防衛省防衛研究所図書館所蔵、JACAR、Ref: C01003021900。
(73) 関東軍参謀部「昭和十年一月大連会議ニ於ケル関東軍説明事項」、一九三五年一月三日、陸軍省記録「満受大日記　十一冊ノ内其一」、一九三五年、国立公文書館所蔵、JACAR、Ref: A03032000400。
(74) 「停戦に関する協定（塘沽協定）」、外務省編『日本外交年表並主要文書』下、原書房、一九六六年、二七四頁。
(75) 前掲『華北事変の研究』、一〇〇頁。
(76) 沈雲龍編著『黄膺白先生年譜長編』下冊、聯経出版、一九七六年、五七四頁。
(77) 同右、五九六頁。

(78)　前掲『華北事変の研究』、一一六頁。
(79)　同右、一一三頁。
(80)　塘沽停戦協定第四条に「長城線以南ニシテ第一項ニ示ス線（撤退線のこと―引用者注）以北及以東ノ地域ニ於ケル治安維持ハ中国側警察機関之ニ任ズ」と、冀東地区内の治安維持は中国側の担当だった。またその警察機関は「日本軍ノ感情ヲ刺戟スルガ如キ武力団体ヲ用フルコト」ができなかった（前掲「停戦に関する協定〔塘沽協定〕」、『日本外交年表並主要文書』下、二七四頁）。
(81)　李際春軍は満洲国軍政部の指導下にあった部隊で、熱河作戦中の一九三三年四月、兵三〇〇〇人を率いて関東軍の石門寨攻撃に参加し、その後灤東地方に進出した（前掲「機密作戦日誌抜萃」、『現代史資料7』、五二九頁。佐々木到一「討熱作戦の回想」、稲葉正夫・小林龍夫・島田俊彦編『現代史資料11　続満洲事変』、みすず書房、一九六七年、七九三～七九六頁）。李際春軍は塘沽停戦協定後も同地方に留まり、六月一九日、秦皇島に役所を設置し統治を行おうとするなど、冀東地区の治安悪化の大きな要因となっていた（前掲『黄膺白先生年譜長編』下冊、五八〇頁）。
(82)　一九三五年三月上旬、保安隊が改編され、全五総隊兵力約九八〇〇人に増強された（参謀本部「停戦協定を中心とする北支諸懸案の現況」、前掲『現代史資料7』、五八二～五八三頁）。
(83)　前掲『華北事変の研究』、一一六頁。
(84)　同右、一五一～一五二頁。通車以外にも、一九三四年一二月から満洲国と中国間の通関業務、一九三五年一月から郵便業務（通郵）がそれぞれ再開された（前掲「停戦協定を中心とする北支諸懸案の現況」、『現代史資料7』、五八一～五八二頁）。
(85)　江口圭一『十五年戦争小史』、青木書店、一九七五年、八六頁。
(86)　前掲「華北工作と国交調整」、『太平洋戦争への道』三、一一四～一一六頁。この前年にも第二十九軍は、張北を通過しようとしていた支那駐屯軍参謀の川口清健ら一行に危害を加えたり（第一次張北事件）、察哈爾省との境にある熱河省豊寧県に進攻し、県行政を麻痺させたりする行為に及んでいた（同、一一二～一一三頁）。
(87)　前掲『十五年戦争小史』、八六～八七頁。

(88) 前掲『宋哲元与七七抗戦』、九六～九七頁。
(89) 章伯峰・李宗一主編『北洋軍閥（1912—1928）』第六巻、武漢出版社、一九九〇年、三九〇頁。
(90) 前掲『華北事変の研究』、二〇四～二〇五頁。
(91) 同右、二〇七～二〇八頁。
(92) 前掲『何応欽将軍九五紀事長編』上冊、四四〇頁。
(93) 『東京朝日新聞』、一九三五年九月二五日、東京朝日新聞社。
(94) 前掲『何応欽将軍九五紀事長編』上冊、四四〇頁。
(95) 何応欽発蔣介石宛電報、一九三五年一〇月四日、同上、四四一頁。
(96) 前掲「華北工作と国交調整」、『太平洋戦争への道』三、八五～九一頁。
(97) 酒井隆「北支那状勢と最近の実情」、日本外交協会、一九三五年五月、九～一〇。
(98) 同右、二〇頁。
(99) 楠本実隆「北支の時局に就て」、『支那』第二六巻第七号、東亜同文会研究編纂部、一九三五年七月、一三九頁。
(100) 前掲『何応欽将軍九五紀事長編』上冊、四四二頁。
(101) 若杉参事官発広田外相宛第三四〇号電報、一九三五年一〇月一二日、外務省紀録「満洲事変　華北問題　松本紀録」第七巻、一九三五年一〇月～一一月、外務省外交史料館所蔵、JACAR、Ref: B02030479600。
(102) 「商震呈報日人有乗義阿開戦期間我華北有所策動及華北目前情況之斎電」、一九三五年一〇月八日、前掲『傀儡組織』二、中国国民党中央委員会党史委員会、一九八一年、七六頁。
(103) 「商震呈以日方宣伝欲華北五省自治之原因係我已採聯俄聯共政策之蒸電」、一九三五年一〇月一〇日、同上、七七頁。
(104) 以下、この時期の中ソ関係は、田保国『民国時期中蘇関係（1917—1949）』、済南出版社、一九九九年、四八～五三頁参照。
(105) 「抗日救国のために全同胞に告げる書」、一九三五年八月一日、日本国際問題研究所編『中国共産党史資料集』第七巻、勁草書房、一九七三年、五二一～五二六頁。

(106) 藍衣社とは、蔣介石に直結する国民党軍系統の情報組織だが、そもそも「藍衣社」という組織は便宜上呼ばれていたに過ぎず、実際には蔣介石の命により、一九三二年四月一日に南京で組織された復興社の特務処、ならびにそれを引き継いで設立された軍事委員会調査統計局（軍統）のことだった（前掲「『藍衣社』・『CC団』・情報戦――日中戦争下の暗闘――」、『日中戦争再論』、三四〇～三四四頁）。

(107) 重光葵『昭和の動乱』上、中央公論新社、二〇〇一年、九八頁。

(108) 若杉参事官発広田外相宛第三八七号ノ一―二電報、一九三五年一一月一六日、前掲「満洲事変　華北問題　松本記録」第七巻。

(109) 「極東国際軍事裁判速記録」第四六号、新田満夫編『極東国際軍事裁判速記録　第一巻　自第一号至第六二号』、雄松堂書店、一九六八年、三一一頁。

(110) 専田盛寿「親日華北政権樹立の夢崩る！――土肥原工作の失敗――」、『別冊知性5　秘められた昭和史』、河出書房、一九五六年一二月、一四一～一四二頁。

(111) 梁敬錞『伝記文学叢刊八十四　日本侵略華北史述』、伝記文学出版社、一九八四年、一一〇頁。なお、李雲漢は「華北共同防赤委員会」の支配領域を五省三市としている（前掲『宋哲元与七七抗戦』、一〇三頁）。また参謀本部によると、当時宋哲元側が立てた計画では、華北に親日反蘇の自治政権を作り、支配地域は華北五省三市としている（参謀本部「北支自治運動の推移」、一九三六年一月九日、島田俊彦・稲葉正夫編『現代史資料8　日中戦争1』、みすず書房、一九六四年、一三〇頁）。

(112) 前掲『何応欽将軍九五紀事長編』上冊、四四九頁。

(113) 前掲「北支自治運動の推移」、一九三六年一月九日、『現代史資料8』、一三一頁。

(114) 前掲『何応欽将軍九五紀事長編』上冊、四五〇頁。

(115) 「宋哲元等以日方逼迫華北另成局面擬在不干涉内政不侵犯領土主権等限度作親善表示並乞密示方針之皓電」、一九三五年一一月一九日、前掲『傀儡政権』二、八一頁。

(116)「程錫庚以奉蔣委員長電諭停止華北事件談判致外交部之号電」、一九三五年一一月二一日、同右、八二頁。

(117) 前掲『何応欽将軍九五紀事長編』上冊、四五五頁。

(118)「程錫庚報告日増兵山海関土肥原迫宋哲元宣布華北自治請中央転知日本政府令土肥原離華以策安全致外交部之養電」、一九三五年一一月二二日、前掲『傀儡政権』二、八六頁。

第二章　殷汝耕と日本

はじめに

殷汝耕は、一〇代で日本に留学し、国民政府では親日派の政治家として対日問題の解決にあたった。それでは、華北新政権の設立を求める土肥原に対し、宋哲元や韓復榘らが相次いで拒否の態度を示すなか、ひとり殷汝耕だけが土肥原の要請を受け入れ、冀東政権を設立したのはなぜであったのか。

邵雲瑞と李文栄によると、冀東地区の行政に携わるようになって以後、「殷汝耕は日本に頼って、早く出世したいという政治的野心を実現」(1)させるため、進んで土肥原の求めに従ったと述べている。しかし、邵と李の主張は史料に基づいたものではなく、実際にいかなる理由で殷汝耕が土肥原に協力して冀東政権の設立に至ったのかは明確でない。また、殷汝耕の人物像についても、陳暁清が殷の一生を概説的に論じているが、殷汝耕について知るうえで重要な日本との関係についても充分検討されていない(2)。

本章では、冀東政権を成立させた殷汝耕の人物像に迫る。はじめに殷汝耕が出生してから留学生として日本に渡り、中国の革命運動に参加しつつ、日本でどのような生活を送っていたのか検討し、その生活のなかで殷汝耕は日本をどのように見ていたのか探る。次に、殷汝耕が関わった郭松齢事件を取り上げ、大連で宣伝活動をしていた殷汝耕の扱い方をめぐる関東庁と外務省とのやりとりに注目しながら、日本側が殷汝耕をどう評価していたのか考察する。そして、国民政府に復帰した殷汝耕が対日問題の解決に従事する過程で、なぜ冀東地区と関わるようになったのか明らかにする。最後に関東軍が華北新政権樹立に動いたとき、殷汝耕がなぜ冀東政権を成立しようと決意したのか考察する。

第一節　日本との出会い

一　裕福な家庭に育つ

殷汝耕は一八八九年、(3)浙江省温州府平陽県で殷鴻疇《いんこうちゅう》の四男として生まれた。浙江省の最南部に位置する平陽県は、華北からジャンクによって運ばれてくる綿花を原料とした土布（手織り綿布）の生産が盛んで、また染色やメッキ加工に用いる明礬の産地としても知られていた。(4)

殷家の家譜によると、殷家はもともと浙江省北部の鄞《ぎん》県の出身で、その後余姚《よよう》県を経《へ》て平陽に移り住んだ。(5)殷家の祖先は隣の福建省で蠟燭《ろうそく》屋を営み、大変繁盛したという。(6)そのため殷家は大変裕福で、鴻疇とその兄殷執中、汝耕の長兄殷汝麐《いんじょりん》はそろって捐納を使って官職を手に入れていた。(7)捐納とは一定の金額や米を献上した官吏や民間人に対し朝廷が官職を与えるという一種の売官制度をいう。(8)

殷汝耕が数えで一一歳になった一八九九年、山東省で宗教結社の義和団による反キリスト教暴動が発生した。これに対し、山東巡撫を務めていた袁世凱は、近代兵器を装備した新建陸軍を動員して義和団の鎮圧に乗り出した。

一九〇〇年春、義和団は直隷省（現河北省）に侵入し、西洋文化の象徴とみなされていた鉄道や電線などを破壊しながら北上し、六月、天津と北京に迫った。この頃の義和団は当初の反キリスト教運動から全面的な排外・反帝国主義運動へと目標を変化させていた。

義和団によって北京の各国公使館区域（東交民巷）が包囲されると、ドイツ、日本、イギリス、アメリカ、フランス、ロシア、オーストリア、イタリアの列強八ヶ国は連合国軍を組織し、義和団の鎮圧に取りかかった。しかし、清朝政府を事実上支配していた西太后は、列強が光緒帝の親政を支持していることを知ると激怒し、六月二一日、連合国に宣戦布告した。これに対し、連合国は八月、北京を占領すると、戦火による混乱に乗じ、紫禁城や頤和園などに押し入り無数の貴重な文物や典籍などを本国に持ち去った(9)。

連合国軍に敗れた西太后は光緒帝を伴って、北京を脱出し西安に逃れた。このとき、殷鴻疇は険しい道のりのなか、西太后に従って西安に向かった。この行動が認められ、殷鴻疇は一九〇一年湖北省安陸府の知府（府の長官）に抜擢されたが、間もなく病に倒れこの世を去った(10)。

殷鴻疇の葬儀を終えると、福建候補塩大使を勤めていた殷汝麐は汝耕ら兄弟を引き連れて福建省に移り住み、官職に従事する傍ら、福州の鼓楼前で「衛生宜」という名の飲食店を開業した。殷汝麐は上海から腕の立つ料理人を呼び寄せ蘇州料理を作らせたところ評判となり、殷家はますます裕福になった(11)。殷汝耕はこれらの富に支えられながら少年時代を過ごした。

二　日本留学

福建省に移り住んでからしばらく経った一九〇五年一月、一七歳になった殷汝耕は留学試験に合格し、官費留学生として日本に留学した(12)。中国人の日本留学は、日清戦争後の一八九六年、清朝政府が一三人の留学生を派遣して、その教育を東京高等師範学校校長の嘉納治五郎に依託したことから始まった。当時、中国では日清戦争の敗北を契機に変法自強運動が展開され、政治改革と同時に近代学校教育制度の導入を求める声が高まっていた。清朝政府は中国の若者に近代教育を施すひとつとして、海外留学、特に日本留学を盛んに奨励した。[13]

洋務派官僚として中国の近代化に積極的だった湖広総督の張之洞《ちょうしどう》は、一八九八年『勧学篇』を著し、日本留学の必要性を説いた。このなかで張之洞は、日本と中国は距離が近く、また風俗や言語も似た部分が多く、日本はすでに西洋の学問をあらかた吸収していることから、西洋に行って学問を学ぶ場合の半分の時間で済むと、日本留学の利点を説いた。[14]

一九〇三年、清朝政府は「約束遊学生章程」、「奨励遊学畢業生章程」、「自行酌弁案章程」を公布し、日本留学の制度を整備した。[15] そして、留学生で優秀な者については、帰国後学歴に応じて進士や挙人の資格を与え、適宜、政府に登用することを決めた。さらに、一九〇五年科挙が廃止されると、日本留学は立身出世のひとつの手段となり、多くの学生が日本に渡った。殷汝耕が日本留学を果たした一九〇五年の中国人留学生の総数は八〇〇〇人に達し、翌一九〇六年には一万人を突破した。[16]

日本に到着した殷汝耕は、東京牛込にあった宏文学院に入学した。[17] 宏文学院は嘉納治五郎が中国人留学生を教育するため、一九〇二年一月、牛込区西五軒町にあった空き家を借りて建てられた。[18] 設立当初は「弘文学院」という校名であったが、「弘」の文字が乾隆帝の諱の「弘暦」と重なるため、後に「宏」に改めた。[19]

宏文学院には三年制の普通科と二年制の速成科があり、さらに速成科のなかには速成師範科、夜学速成理化科、夜学速成警務科、夜学日語科が設けられた。授業は九月一一日から翌年七月三一日までを一ヶ年とし、授業時間は週三三時間の年間四三週に及んだ。また、三年生になると、進路に合わせて文科系、理科系のふたつに分かれて教育が施された。[20]

宏文学院では、留学生に早く日本語を習熟させるため、授業のほかに、毎月一回日本語会を開いて共同研究を行い、教員もこれに協力して正しい日本語を学ばせることに努めた[21]。また、宏文学院では、中国ではまだ遅れていた自然科学について学ぶための実験や、外部の専門家による課外講義など[22]、日本語以外の授業も豊富に行われた。

殷汝耕が宏文学院でいかなる学生生活を送っていたのか明らかでないが、殷汝耕の特徴のひとつである日本語能力の高さは、この頃の徹底的な日本語学習で培われたものと思われる。後年、冀東政権を設立した殷汝耕と面会した外務省在華特別研究員の奥野信太郎によると、殷の日本語は「北陸地方の人のやうにいくらか「リ」音が「ル」音に近く響く以外、殆ど完全な中央標準語[23]」であったという。

宏文学院で三年間過ごした殷汝耕は、第一高等学校予科を経て、一九〇九年、鹿児島第七高等学校造士館に進学した[24]。

三　革命に身を投じる

殷汝耕が来日して間もなくの一九〇五年七月、ハワイで興中会を結成して革命運動を行っていた孫文が来日した。孫文は、黄興ら日本で活動していた革命家や革命諸団体に所属する留学生らと新たな革命団体の創立について討議し、八月二〇日、東京で中国同盟会を成立させた。同盟会は「韃虜（清朝）を駆除する」、「中華を恢復する」、「民国を創立する」、「地権を平均にする」という四大綱領を規定するとともに、機関紙『民報』を発刊し、同じく東京で活動していた梁啓超や康有為の立憲君主論と論争を展開しながら、革命の世論を盛り上げた[25]。

留学生の間で革命思想が拡がると、日本政府は清朝政府の要請を受け、一一月、「清国人ヲ入学セシムル公私立学校ニ関スル規程」を定め、革命運動を行おうとしていた留学生を厳しく取り締まった。そのため、一部留学生は規程の取り消しを求めてストライキを起こしたり、帰国したりして日本政府の対応に反発した(26)。また、殷汝耕と同じく宏文学院に通っていた陳天華は一二月、留学生の取り締まりに抗議するため、大森海岸で投身自殺を図った(27)。

帰国した留学生らは、華中や華南で会党や下級兵士らに呼び掛けて武装蜂起したが、組織のまとまりを欠き、失敗を繰り返した(28)。また、孫文らは一九一〇年四月、留学生や内外の革命党員を集めて広州で蜂起したが、清国軍の反撃に遭い、多くの犠牲者を出した（黄花崗蜂起(29)）。

一九一一年五月九日、清朝政府は民営化していた粤漢《えつかん》鉄道と川漢鉄道の国有化政策を発表した。この政策の最高責任者であった郵電部大臣の盛宣懐《せいせんかい》は、国有化によって列強からの鉄道借款を管理しそこから利益を得るだけでなく、自らが経営する漢陽製鉄工場で製産したレールを鉄道会社に供給することで収入を上げようとしていた(30)。

この政策に対し、鉄道会社の株を保有し鉄道建設を進めていた郷紳や民族資本家らは反発し、沿線の湖南、湖北、広東各省では相次いで株主らによる国有化反対集会が開かれた。六月一七日に四川省成都で開かれた川漢鉄道会社の株主集会では、株主二〇〇〇人あまりが集まって盛宣懐を非難するとともに、四川保路同志会を組織して抗議運動を起こし、鎮圧にあたった清国軍と衝突した(31)。

四川で保路同志会の暴動が起きると、一〇月一〇日、武漢地方に駐屯していた清国軍のうち、革命派の工作を受けていた一部兵士が蜂起し、武昌を占領した（武昌起義）。さらに、漢陽や漢口でも革命派の兵士が決起し、武漢三鎮が全て革命派の手に落ちた(32)。

武昌起義の一報が日本に伝わると、一〇月一六日、黄花崗蜂起に失敗して日本に戻っていた同盟会本部最高責任者の劉揆一は約四〇人の留学生らとともに革命に参加するため帰国した。また、ほかの留学生も一一月に入ると、続々と帰国し革命運動に加わった(33)。

殷汝耕は一九〇九年に中国同盟会に加入すると、ほかの留学生と同じく革命運動に心を動かされ、七高在学中の一九一一年、留学を切り上げ帰国した。中国に到着した殷汝耕は、黄興に従って漢陽の守備に当たった[34]。同年一二月、外遊を終えて孫文が中国に帰国すると、二九日、革命運動に立ち上がった各省の代表らは、上海で新政権を指導する臨時大総統の選挙を開催し、圧倒的多数で孫文を初代臨時大総統に選出した。一九一二年一月一日、孫文は正式に中華民国臨時大総統に就任し、二〇〇〇年あまりにわたる君主専制支配の終了と共和政治の実現を誓うとともに、中華民国の成立により漢族、満洲族、蒙古族、回族、チベット族は統一されたと宣言した[35]。

一月二八日、臨時政府組織大綱に基づき、一八省の代表からなる臨時参議院が設立され、正式な憲法が制定されるまでの基本法である「中華民国臨時約法」の作成が行われた[36]。参議院は二回の起草会議を経て、二月七日から三月八日まで実質二二日間審議し、臨時約法を可決した。参議院は議会が政府の干渉を受けないようにするため、臨時約法第二九条に「臨時大総統、副総統は参議院が選挙する」と定め、完全な責任内閣制を採用した[37]。

責任内閣制は選挙を通じて多数を獲得した政党が内閣を組織することになっていたため、秘密結社的性格を持っていた革命政党の同盟会は議会政党に再編しなければならなかった。そのため、同盟会は、八月二五日、既存政党の統一共和党、国民共進会、国民公党、共和実進会と合流して、国民党（一九一九年結成の中国国民党とは異なる）を結成した[38]。漢陽で革命運動に従事して以後、中国に留まっていた殷汝耕は、同盟会員のひとりとして上海で国民党改組の作業に加わった[39]。

四　日本へ逃亡

国民党は宋教仁の指導のもと、急速に勢力を伸ばし、一九一二年末から一九一三年初めにかけて行われた第一回国会選挙では、衆議院五九六議席中二六九議席、参議院は二七四議席中一二三議席を獲得し、第一党となった[40]。

これに対し、孫文から臨時大総統の地位を引き継いでいた袁世凱は、国民党内閣が成立し権力が奪われるのを防ぐため、三月二〇日、遊説中の宋教仁を暗殺するとともに、四月二六日、国会の承認を経ず、塩税収入を担保にイギリス、フランス、ドイツ、ロシア、日本と借款契約を結び、得た資金で国会議員らを買収した[41]。

さらに、袁世凱は六月、革命派の都督（地方軍政担当官）だった李烈鈞や胡漢民らを罷免したため、七月一二日、李烈鈞は孫文の指示を受けて江西省湖口で討袁軍司令部を設立し江西省の独立を宣言した。そして、これに続いて華中や華南諸省でも軍司令部が設置され、独立が表明された（第二革命）。

しかし、圧倒的武力を誇る袁世凱軍に討袁軍側は二ヶ月近く抵抗するものの敗北し、討袁軍を指導した孫文や黄興ら国民党員は逮捕を免れるため日本に逃亡した[42]。殷汝耕も第二革命に中堅幹部のひとりとして参加したが、敗北後、ほかの国民党員らとともに日本に逃れた[43]。

日本に亡命した殷汝耕は、早稲田大学政治経済学科に籍を置き、中国銀行の依頼で日本の金融事情の調査に携わった[44]。

一九一七年八月、殷汝耕は早稲田大学在学中に知り合った井上民恵（民慧子）と結婚した[45]。殷より四歳年下の民恵は高知県に生まれ、小学校卒業後静岡県に移り住み、女学校に通って裁縫を学んだ。幼い頃から勝ち気な性格であった民恵は殷と出会うと革命運動に奔走する姿に心を奪われた[46]。

結婚後、殷夫妻は東京四谷南寺町に居を構え、毎日のように訪ねてくる中国人留学生らと中国の政治について議論を交わしたり、帰国の旅費を工面したりするなど生活の面倒をみた。また、民恵の影響で殷は日蓮宗の信者となり、民恵と一緒に寺院で経文を唱えたという[47]。

五　殷汝耕の対日観

殷汝耕が第二革命に敗れて日本に逃れていた一九一〇年代半ば、日中関係は大きな変化を迎えた。一九一四年七月、ヨーロッパで第一次世界大戦が勃発すると、八月二三日、日本はドイツに宣戦布告し、山東半島の膠州湾一帯のドイツ租借地の占領に乗り出した。

北京政府は八月六日、第一次世界大戦に対する中立を宣言し、九月五日、日本軍が山東半島に向けて出兵したとの情報を受けると、山東半島西部の濰県から東側一帯を交戦区域に指定した。

これに対し、日本軍は山東半島に上陸すると、中国の抗議を無視して抗戦区域外の済南をも占領した。このため、北京政府は一九一五年一月七日、日置益《ひおきえき》駐華公使に交戦区域の廃止と日本軍撤退を求めた。しかし、日置はこの要求を拒否し、その代わりに一八日、袁世凱に五号二一条からなる要求、いわゆる対華二一ヶ条の要求を提示し、受け入れるよう迫った(48)。

対華二一ヶ条の要求は日本の中国での既得権益を強化拡大するだけでなく、北京政府を日本の監督下に置き、かつ中国を日本の保護国とする内容であったため、要求内容が知れ渡ると、中国各地で日本製品ボイコットなどの反日運動が起こった。中国では、日本が袁世凱に最後通牒を迫った五月七日と袁世凱が修正案を受諾した五月九日の二日間が「国恥記念日」とされ、その後、毎年同日に中国では反日デモや集会が行われるようになった(49)。

袁世凱死後、中国への更なる権益拡大を求めた日本政府は、一九一七年一月から一年半に渡り、北京政府の段祺瑞政権に対し、総額三億円の借款（西原借款）を供与する代わりに、様々な利権を手にした(50)。

このような中国に対する日本の態度を殷汝耕はどう見ていたのか。殷汝耕は一九二一年一月、『読売新聞』紙上に

「対日感情の偽らざる告白」を連載し、日清戦争後の日中関係と日本の対中国政策の問題点について論じた。このなかで殷汝耕は、対華二一ヶ条の問題を取り上げ、「此問題に依りて支那は決定的に日本を憎悪し之れを讐敵視するの事情を明に懐くに至つたのである」[51]と、対華二一ヶ条が日中関係悪化の原因となったことを指摘し、西原借款についても「全然一部の軍閥に利用せられて徒に内乱を助長したといふ結果を見たに過ぎない」[52]と厳しく批判した。

その一方で、殷汝耕は「今迄は支那が日本を怨むと云つても其怨みの的は日本政府」であり、「即ち日本政府は日本国民の希望する所でも無い行動を支那に向ひて取つたのである」と、日本国民も日中関係の悪化を望んでいないと論じ、「故に日本国民が直接に支那国民に接触し胸襟を抜きて談じたならば支那国民の希望の何たるかは立どころに諒解される事と信ずる」[53]と、日中関係の改善を図るには日本国民が積極的に中国国民の声に耳を傾ける必要があると訴えた。

第二節　郭松齢事件

一　郭松齢の挙兵と事件への参加

一九二〇年、中国に帰国した殷汝耕は実業界に進出し[54]、外務省嘱託の駒井徳三《こまいとくぞう》を介して手に入れた東洋拓殖株式会社からの資金をもとに、一九二二年、江蘇省阜寧県で綿花栽培事業を始めた[55]。さらに、一九二五年一〇月、殷汝耕は、北京で開かれた関税特別会議に顧問として参加し、財政家としても活躍した[56]。

関税特別会議は関税自主権の回復を求める北京政府の要請を受け、一〇月二六日から中国と列強一三ヶ国の代表が集まって開催された。しかし、関税自主権の回復を認める条件をめぐって中国と列強の間で意見が対立し、また、中国国内で関税特別会議の開催により増収が見込まれた関税収入をめぐる軍閥同士の争いも激化したため会議進行が困難となった(57)。結局、一九二六年七月三日、列強代表は会議の停止を宣言し北京を離れた(58)。

関税会議が開会してから一ヶ月ほど経った一一月二五日、河北省東部の灤州で郭松齢《かくしょうれい》事件が発生した。郭松齢は一八八三年、奉天省瀋陽県漁樵寨で生まれ、奉天陸軍速成学堂卒業後、盛京総督衙門衛隊哨長などを経て、一九〇九年、陸軍統領の朱慶瀾《しゅけいらん》に従って四川省成都の駐防にあたった。このとき、郭は高まりつつあった革命運動に共感し、中国同盟会に加入した(59)。

一九一二年、奉天に帰還した郭は、奉天都督府参謀、北京講武堂教官、奉天都督軍署中校参謀を歴任した後、一九一九年二月、東三省陸軍講武堂の戦術教官に任命された。講武堂の学生として郭の教えを受けていた奉天軍閥張作霖の息子の張学良は、郭の人柄と学識に感服し、卒業後、巡閲使署衛隊旅長となると、張学良は郭を参謀長兼第二団団長に任じ側近とした(60)。

一九二四年九月、日本の支援を受けて軍備を増強した張作霖が、北京政府を支配していた直隷軍閥の曹錕と呉佩孚に戦い（第二次奉直戦争）を挑み勝利し、長江下流域まで勢力を拡げた。

しかし、張作霖は、増大した軍費を賄うため同地域に重税を課したため猛反発を受け、さらに同年末、張作霖に協力していた馮玉祥が反旗を翻すと、張作霖は郭松齢らに反乱の鎮圧を命じた。

郭松齢は、軍閥の絶え間ない内戦や奉天軍閥の勢力拡大に疑問を感じ(61)、一九二五年一一月二五日、馮玉祥と同盟を組み挙兵した(62)。

関税特別会議に出席していた殷汝耕は、郭松齢事件が起きると突如会議を抜け出し、郭松齢軍の幕僚となった。殷汝耕はなぜ郭松齢軍に加わったのか。

郭松齢事件終結後の一九二六年七月から八月にかけて、殷汝耕は『大阪毎日新聞』紙上に郭松齢事件の顚末を綴った「半載回顧録　重囲を逃れて」を発表した。[63]回顧録のなかで殷汝耕は、中国国内の軍閥の争いを終結させ平和を取り戻すためには、「政治を文治的理想を有する人々に任すより外に道はない」が、そのためには郭松齢の挙兵で「その奉天派が若内部から分解作用を行ひ一変して文治を擁護する勢力」に変貌させ、「即ち奉天派のやうな大をなす軍閥でさへ内部分解によつて変化を来したとすれば、他の如何なる軍閥も最早自分の野心を棄てなくてはなら」[64]なくなり、中国の政局は安定すると述べた。

さらに、殷汝耕は軍閥が関税特別会議で生み出される税収を手に入れようとしている考えを批判し、「郭氏の挙兵は軍閥の野心を捨てさせ時局を安定に導き、さうして関税特別会議を事実上今の方針に向つて何等の頓挫なく進め得ることになるわけであると私は信じた。かく信じたるがゆゑに私は郭氏の軍に参加したのである」[65]と述べて、郭松齢軍に加わった理由を明らかにした。

郭松齢事件以前に郭と殷との間に面識があったかどうかは不明であるが、郭は事件発生一ヶ月前の一〇月、日本陸軍大演習参観のため来日した際、[66]駒井徳三から挙兵する時は仲間のひとりとして殷汝耕を迎えるよう勧められていたという。[67]郭は殷が現れると幕僚として受け入れ渉外問題を担当させることにした。

二　殷汝耕の処置をめぐる外務省の思惑

一一月二五日、郭松齢は、総勢七万の軍勢を率いて灤州から張作霖のいる奉天に向けて進撃を開始した。二八日、郭松齢軍は山海関を占領し長城線を突破すると、[68]一二月五日、連山（錦西）の戦いで張作相率いる第五方面軍を破り、錦州に進出した[69]。もともと郭松齢軍は奉天軍閥の最新鋭部隊であった。一方、当時の奉天は、衛兵と警察兵が守備しているのみで、このまま郭松齢軍が進めば張作霖の敗北は決定的であった[70]。

大連にいた殷汝耕は、郭松齢から戦略上有利となるような宣伝活動を行うよう命じられ、新聞記者を買収して、郭松齢が反旗を翻した理由やこれまでの張作霖の行為に対する批判などを書かせた[71]。

郭松齢事件の発生を受け、関東軍や奉天日本総領事館など日本側出先機関は、国民党と関係のある郭が満洲を掌握した場合、国民党の進出を許すことになり、それは満洲の共産化に繋がるとして張作霖擁護を強く主張した。これに対し、幣原《しではら》喜重郎《きじゅうろう》外相や宇垣《うがき》一成《かずしげ》陸相は満洲での日本の地位が無視されない限り敢えて干渉する必要はないとして張作霖の支援に反対した[72]。

参謀本部は一一月二六日、関東軍に対し、もし今後動乱が拡大して満鉄沿線に危害が及ぶことになった場合は機を失せず増兵などの処置を講じると事件に干渉する用意があることを伝えた[73]。

一二月四日、幣原は閣議で、郭松齢に何らかの警告を発する前に、殷汝耕を介して郭松齢に日本が不干渉の立場にあることを伝える必要があると提案した。加藤高明首相はこの幣原の意見に同調した。日本が干渉することなく事件を終息させたかった幣原や加藤にとって、日本の事情に詳しい殷汝耕の存在は郭松齢と連絡を取るうえで極めて重要であった。

大連で宣伝活動を行っていた殷汝耕の周囲には多くの日本人が集まった。そのなかには殷に好意を抱く友人だけでなく、殷汝耕からさまざまな情報を得ようとする者や利権を漁るために殷と接触を試みる者までもいた[74]。そのため、大連市政を統轄する児玉秀雄関東長官は一二月一四日、幣原に対し、殷汝耕が宣伝活動のために接触する日本人によって大連の治安が脅かされる危険性があると指摘した[75]。

このとき、児玉の意見を耳にした芳沢謙吉《よしざわけんきち》駐華公使は一七日、幣原に宛てた電文(76)のなかで、殷汝耕は「王正廷、黄郛等と密接なる関係あるのみならず、関税会議の専門委員にして吾方と支那側との重要な連絡員の一人」であり、「同人は前記の如き関係もあり将来共我方との連絡上有力なる仲介者となるべき人物なれば同人の処分については慎重なる考慮を要すべき」であると述べ、殷汝耕の扱いに注意を払う必要があると主張した。

王正廷は一八八二年、浙江省奉化県で生まれ、エール大学卒業後、臨時参議院副院長、工商部総長、広東軍政府外交総長などを務めた。一九一九年、王正廷は、パリで開かれたヴェルサイユ講和会議に中国代表のひとりとして出席し、対華二一ヶ条の取り消しと第一次世界大戦で日本が獲得した山東旧ドイツ権益の返還を要求した。その後、汪大燮《おうだいしょう》内閣と黄郛内閣で外交総長を歴任し(77)、関税特別会議では顔恵慶や黄郛らとともに全権委員を務めた(78)。

黄郛は一八八〇年、浙江省紹興県に生まれ、日本留学後、中華民国臨時政府兵站総監、江蘇都督府参謀長などを歴任し、第二革命に敗れるとアメリカに逃れた。一九二一年に帰国すると、ワシントン会議の中国代表団顧問に就任し、その後、張紹曾内閣で外交総長、高凌霨《こうりょうい》内閣で教育総長をそれぞれ勤め、一九二四年の北京政変で顔恵慶内閣が崩壊すると、代理国務総理に任命され内閣を組織した(79)。

王と黄はいずれも当時の中国外交界の中心人物であり、芳沢は殷汝耕が今後の日中外交の橋渡し役となる人物と見ていた。そのため、芳沢は出先機関によって殷汝耕が処分されることを危惧した。

一二月一八日、児玉から幣原に殷汝耕を大連から撤退させるよう要請がなされると(80)、一九日、内山清奉天総領事代理は殷のもとを訪れて大連から引き揚げるよう求めた。殷は内山の要請に従い、二〇日、郭軍外交処主任の斉世英ら数人の仲間とともに大連を離れ前線にあった郭軍の司令部に向かった(81)。

三　日本領事館分館へ避難

一二月二一日、進軍を続けた郭松齢軍は遼河で奉天軍と衝突した。二三日、郭軍が奉天軍の反撃を受けて敗れると、郭松齢は夫人とともに戦場から脱出を試みた。しかし、奉天軍の兵士に発見され、その場で射殺された(82)。一方、二二日に郭軍司令部に到着した殷汝耕ら一行は郭軍が敗北すると、二四日、奉天日本領事館新民屯分館に逃げ込み保護を求めた(83)。

分館に駐在していた奉天領事館副領事の遠山峻は、殷汝耕らをひとまず分館向かいの警察官舎に収容すると、二六日、分館を警備していた金井房太郎《かないふさたろう》巡査を伴って奉天の吉田茂総領事のもとに出向き、殷らの処置について指示を仰いだ。

これに対し、吉田は分館の警官を一〇人増やして警備体制を強化し、殷汝耕らを保護するよう遠山に指示した。さらに、吉田は遠山に、今後の奉天軍側との交渉は吉田自身が行うと伝え、殷汝耕らに食料を差し入れた(84)。吉田以外にも、この時王正廷と黄郛から現金二〇〇〇元が殷汝耕らに送られたり、北京日本公使館一等書記官の重光葵《しげみつまもる》から五〇〇元と衣類が支給されたりするなど(85)、分館での避難生活に入った殷汝耕らを支援する動きがみられた。

一方、二五日、張学良の意を受けた奉天軍日本人顧問の荒木五郎予備少尉は分館を訪れ、遠山に殷汝耕らを奉天側に引き渡すよう迫り、もし拒否した場合は分館を兵士で取り囲むと脅した(86)。翌二六日には、同じく顧問の儀峨誠也《ぎがせいや》少佐が吉田と面会し、殷らを解放するよう要求した。さらに、儀峨は分館と居留民の安全を確認するために新民屯に向かおうとしていた内山副領事の進路を妨害した(87)。そして、吉田と遠山が顧問らの圧力に屈せず要求をはねつけると、奉天軍は実際に分館を取り囲み、殷らが一切外に出ないよう監視した(88)。

張学良らは殷汝耕が大連で宣伝活動を行った際、張作霖を侮辱する情報を流したことに強い恨みを持っていたため、[89]殷汝耕らの逮捕に全力を挙げた。

奉天軍による分館の包囲が続くなか、吉田と奉天軍側との交渉が難航していることを知った殷汝耕は、斉世英らと独自に脱出計画を立て、実行の機会を待った。[90]

分館に逃げ込んでから半年あまり経った七月七日夜、殷汝耕らは金井と分館書記生の中田豊千代の協力を得て分館を脱出し、[91]列車と船を乗り継いで、七月一二日、日本に逃れた。[92]

第三節　対日問題に従事

一　蔣介石の日本語通訳

一九二五年七月、国民党は、広州に中華民国国民政府を成立させると、軍閥支配の打破と中国統一政権の樹立を目指し、黄埔軍官学校校長の蔣介石を総司令とする国民革命軍を組織して北伐戦争を開始した。[93]約一〇万人からなる国民革命軍は、一九二七年三月までに長江流域の湖南、湖北、江西、福建、浙江、安徽、江蘇一帯を制圧し、九月には奉天軍に敗れて西北に逃れていた馮玉祥の国民軍を加え、陝西省を占領した。[94]

日本に逃亡後、妻民恵と一時大阪で生活していた殷汝耕は、一九二六年冬、中国に戻ると、対日外交のできる人材を捜していた蔣介石の招きで国民革命軍総司令部参議となり、日本語通訳として蔣介石と日本側との交渉に立ち会った。[95]

一九二六年一二月、国民政府を広州から武漢に移転させた国民党は、一九二七年三月一〇日、第二期三中全会を開き、武漢国民政府の成立を正式に承認するとともに、党の統一的指導の強化を図って、北伐によって高まった蔣介石の軍事権力を低下させようとした。当時、武漢政府を支配していたのは、蔣介石に批判的であった国民政府最高顧問のボロディンと汪精衛を中心とする国民党左派ならびに中国共産党であった[96]。

武漢政府の動きに対し、蔣介石は一九二七年四月一二日、上海で中国共産党に指導されて武装蜂起した労働者を弾圧（四・一二クーデター）して反共の姿勢を明確にするとともに、一八日、南京国民政府を樹立して武漢政府と対峙した[97]。

一方、武漢政府内部では革命運動の進め方をめぐって国民党左派と中国共産党が対立を起こした。その結果、七月に武漢政府から中国共産党が排除され、第一次国共合作が崩壊した。

武漢政府は政権の合流を求める南京国民政府に対し、蔣介石の下野を条件にその要求を受け入れると声明した[98]。蔣介石は事態の紛糾を避けるため、八月一三日、上海で辞職宣言を発表した[99]。郷里に戻って再起の機会をうかがっていた蔣介石は、日本側の協力を得るため、日本を訪問することを決めた。その事前準備のため、殷汝耕を日本に派遣した[100]。

九月二九日、長崎に到着した蔣介石は[101]、日本政府関係者や民間支援者と懇談し、国民政府に対する支援や北伐戦争に対する理解を求めた。

さらに、蔣介石は一〇月二三日、「日本国民に告げる書」を発表し、日本側に辛亥革命以来の対華政策の誤りを反省するよう求めるとともに、アジアと世界の平和と安定のために今後日中両国は密接な関係を築いていく必要があると訴えた。

一九二八年一月、国民革命軍総司令に復職した蔣介石は、四月から北伐戦争を再開し、北方に残存していた奉天軍や直隷軍の部隊を倒し、六月八日、北京を占領した[102]。これにより長らく軍閥の支配下にあった北京政府は崩壊した。殷汝耕にとって、北伐戦争の完遂は軍閥支配の打倒を実現するというこれまで訴え続けていた目標が達成されたことにほかならなかった。

二　上海撤兵区域接管委員会

一九二八年二月、黄郛が国民政府外交部長に就任すると、殷汝耕は駐日特派員に任命され[103]、北伐戦争中に起きた済南事件に関する情報を黄郛に報告した[104]。その後、国民政府交通部航政司長をへて、一九三一年九月、上海市政府参事となり[105]、前年上海市長に就いた黄郛を補佐した。

一九三二年一月一八日に上海の共同租界で起きた日本人襲撃事件を発端に、二八日、上海市内で日本海軍陸戦隊と国民政府第十九路軍との戦闘が始まった（第一次上海事変）。頑強に抵抗を続ける第十九路軍に対し、日本軍は、二月二〇日、一個師団と混成旅団を上海に増派して総攻撃を仕掛けた[106]。

上海に多大な権益と多数の居留民を有していた列強各国は、上海事変開始直後から日中両国に停戦を呼びかけ、三月四日、国連総会で日中両国による停戦協議の開始を決議し、日本、中国、イギリス、アメリカ、フランス、イタリアからなる共同委員会を設置した。

停戦協議では、日本軍の撤収区域と撤収時期ならびに中国軍の駐兵制限区域をめぐる問題をめぐって日中双方が対立した。結局、五月五日に締結された上海停戦協定では、それらを明記しないことで妥結した[107]。

外務部条約委員会顧問として停戦協議に参加した殷汝耕は[108]、五月九日、上海撤兵区域接管委員会主席に任命され[109]、日本軍占領地域の接収作業を指導した。

三　薊密区行政督察専員

一九三三年五月三一日、塘沽停戦協定が成立すると、国民政府は六月、華北戦区救済委員会と政整会を発足させ、戦火で荒廃した冀東地区の復興や治安の回復、同地区の今後の行政方針について、関東軍側と交渉を行った。政整会は七月一日、華北戦区接収委員会を設置し、関東軍撤退後の冀東地区各県の接収ならびに行政組織の回復を図った。接収に当たっては、あらかじめルートを豊潤、灤州、楽亭、昌黎、寧河、玉田、撫寧、盧龍、遷安、臨楡の各県と都山設治局、唐山特種公安局を担当する東路と、香河、昌平、宝坻、三河、平谷、通州、順義、懐柔、密雲、遵化、興隆の各県を回る北路のふたつに分けて行い、一部を除いて八月一五日までにほぼ順調に接収を終えた。

その一方、接収された各県の行政を立て直す作業は混乱を極めて一向に進展しなかった。そのため、整政会は九月四日、行政院に行政督察専員公署の設置を申請し、一〇月七日、「河北省行政督察専員公署辦事細則」が公布された[110]。

行政督察専員とは、地方行政官のひとつで、省内で争乱など数県にまたがるような大きな事件が起きた場合に省政府により設置された。行政督察専員は、中央の法に触れない範囲で省政府を補助し、それら地域の行政を指導監督することを主な任務とし、各県の治安を守る保安隊や地方警団に対する指揮統轄権も与えられた。

行政督察専員の管轄区域は灤州、昌黎、楽亭、豊潤、遷安、盧龍、撫寧、都山設治局、臨楡を担当する灤楡区と薊県、遵化、玉田、三河、平谷、興隆、懐柔、密雲、順義、通州を範囲とする薊密区に分けられ、灤楡区行政督察専員にはこれまで接収作業に参加していた陶尚銘、薊密区行政督察専員には停戦協定成立後関東軍との善後交渉に携わっていた殷汝耕がそれぞれ就任した[111]。行政督察専員の業務にあたっては、関東軍など日本側との接触が多くなることが予想されたことから、日本語がよくできて、かつ日本の事情に精通した陶や殷が担当者として適任だったといえる。

第四節　冀東政権設立へ

一　冀東地区の混乱

一九三三年一〇月三一日、天津で于学忠と行政督察専員公署設立について協議を行った殷汝耕は、直ちに薊密区の行政の建て直しに着手するため、一一月一日、行政督察公署の設置を待たずに業務を開始した(112)。この時、殷汝耕は戦火で破壊された薊密区の交通や通信機関の復旧と住民の救済、ならびに依然として関東軍の占領下にあった長城各関門の接収を「戦区三大要務」として掲げ、これら問題の解決を目指した(113)。

一二月一八日、薊密区行政督察専員公署が通州の文廟（孔子廟）に設置されると、殷汝耕は二一日、今後の薊密区の行政方針を定めるため、薊密区各県の県長ならびに代表を公署に招いて会議を開催した。会議では、各県長と代表がそれぞれ意見を述べた後、「戦区三大要務」のひとつであった通信機関の復旧に関する討議が行われ、破壊された長距離電話網の回復と各県に一ヶ所ずつ電報局を設けることが決議された(114)。

一九三四年一月五日、華北戦区救済委員会の会議に出席した殷汝耕は、関東軍が間近にいる状況で、「万が一問題が発生した場合、連絡が途絶えていると対応が素早くできない(115)」として、長距離電話網の復旧に力を入れるよう求めた。殷汝耕の要請を受けて、華北戦区救済委員会は七月までに薊密区の長距離電話網の整備に対し一万二六〇〇元の補助を与えた(116)。

しかし、行政督察公署設置後も冀東地区の混乱は収まらず、治安は悪化の一途をたどった。たとえば、薊密区では一九三四年一月二四日、玉田保安隊が反乱を起こし、四〇〇戸あまりの家屋が焼失した（玉田事件）[117]。また九月五日には、唐山で商売を営んでいた日本人の宮越与三郎が馬蘭峪日本軍守備隊に食料を輸送している途中、玉田県で中国人に襲撃され、遺体が遺棄される事件が起きた[118]。

灤楡区では、一九三四年一月一四日、開灤炭鉱でストライキが発生した[119]。陶尚銘や炭鉱側の説得でストライキはすぐ収束したが、ストライキを契機に国民党系の工会（労働組合）とかねてより関東軍との関係が噂されていた趙大中率いる争議団が対立し[120]、また、中国共産党河北省委員会は唐山や天津の労働者にゼネストを呼びかけたり、募金や慰問活動を行ったりするなどしてストライキの継続を呼びかけた[121]。

このほか、八月上旬、麻薬に関する容疑で拘留中であった仲間を救出しようとした日本人ら六人が灤州で中国人住民に襲われ亡くなるなど、薊密区と同様に日本人が被害に遭う事件が発生した。外務省の調査では、一九三三年秋以降一九三四年末までに、冀東地区で日本人が巻き込まれた中国人による強盗や傷害事件は二九件に上り、そのうち、死者は一一人で、被害総額は一万数千元に達した[122]。

行政督察専員公署が設置されたにも拘わらず、なぜ冀東地区の混乱は収まらなかったのか。北京海軍武官の桑原重遠少佐が軍令部に宛てた報告よると、行政督察専員は「河北省主席ノ隷下ニ在ルモ事毎日本当局ノ諒解ヲ得ルニ非レバ事実上一トシテ独断ニ処理得ベキ事項ナク勢日支両当局ノ板挟トナリ常ニ苦境ニ立[123]」っていた。また、薊密区の収入が灤楡区と比べて少なかったことに不満を持っていた殷汝耕が、陶尚銘に代わって灤楡区行政督察専員となるため、支那駐屯軍側に陶尚銘を中傷する情報を流したことも、混乱を招く要因のひとつになったと考えられる。

一九三五年七月二七日、殷汝耕の中傷で自分の立場が危ないと考えた陶尚銘が自ら支那駐屯軍に灤楡区督察専員の辞職を申し出たため、同日、整政会は陶尚銘を政整会参議にして、後任の灤楡区督察専員に殷汝耕を任じ、さらに空席となった薊密区行政督察専員には、陶尚銘の部下で山海関特種公安局長を勤めていた蘇玉琦を充てることにした[124]。しかし、陶尚銘が辞職した原因が殷汝耕の中傷であったことを知っていた蘇が殷汝耕を恐れて薊密区行政督察専員の就任を固辞したため、整政会は八月三日、殷汝耕に薊密区行政督察専員の職を兼務させた[125]。

二　政権樹立をめぐる動き

一九三五年一〇月初め、華北新政権樹立のため華北入りした土肥原賢二奉天特務機関長は、平津衛戍司令の宋哲元と殷汝耕に政権設立を呼びかける説得を始めた。特に土肥原は、殷汝耕について、「日本の事情に通暁しているし、そのうえ、華北の安泰を心から願ってい[126]」るため、政権樹立の誘いには容易に応じるであろうと自信を持っていた。政権樹立を促進するため、関東軍は一一月一三日、山海関と古北口に歩兵部隊や軽戦車部隊などを配置し[127]、軍事的圧力を加えた。しかし、宋は一〇月一七日、蔣介石に電文を送り、日本側が華北に政権を樹立して国民政府から離脱させようとしていることを述べた上で、「哲元は国権を喪失し、国を辱める行為には決して組みせず、すでに全てにおいて拒絶した[128]」と、土肥原の説得に一切応じない考えを伝えた。

一方、殷汝耕は一〇月二三日、満洲国内で板垣や土肥原と会談を行い[129]、一一月一八日には竹下義晴山海関特務機関長との間で日本人顧問招聘の取り決めを交わすなど[130]、関東軍の求めに積極的に応じ、さらには、宋哲元の説得に失敗した土肥原の要請を受け、一一月二四日、通州で冀東政権の成立を宣言した[131]。

なぜ、殷汝耕はこのように政権設立に協力する態度をとったのか。一九四五年一二月、漢奸として拘留された際に執筆した「十年来日本侵華回顧録」[132]で、殷は次のように述べている。

汝耕は当時灤楡・薊密両区の行政督察専員を兼任していて、全停戦区の行政を任されていたが、とりわけ日本側は私に最も期待したため、もし自治参加に反対したら、日本側は準備を早め、石友三あるいは白堅武を利用して民衆養護の名を借りて両区の軍政を奪取し、さらに施策を進めただろう。その目論見がもし実現したならば、非武装地帯は大混乱に陥り、先々収拾がつかなくなっただろう。そのため、汝耕は宋氏と会い、また両停戦区の軍民で組織を形成して五省自治に参加し、国に報いようとした。[133]

この回顧録は「漢奸裁判」を前にして、これまでの自らの行為を弁明するために執筆されたものであるため、書かれたことをそのまま信用することはできない。しかし、土肥原が華北で活動を開始した一〇月頃、日本側の協力のもと、すでに政界を引退していた元衆議院議長の王揖唐や元北京政府大総統の曹錕が政権設立を狙っていたり、関東軍と関わりの深かった石友三らが「華北護国軍」を結成して、[134]北京と天津一帯を混乱に陥れようとしているという噂が天津一帯で広がっていたことから、冀東地区の実質的支配者として、殷汝耕がそれら混乱から同地区をどう守るかという決断を迫られていたことは間違いなかった。

小結

浙江省の裕福な家庭に生まれた殷汝耕は、日露戦争後の日本留学ブームのなかで日本に渡り、宏文学院や七高などに通い、日本語能力を身につけた。七高留学中に辛亥革命が起こると、殷汝耕は多くの中国人留学生と同様、革命運動に身を投じ、中華民国成立後も国民党改組の業務にあたった。しかし、第二革命の失敗で再び日本に戻ると、日本人女性の井上民恵と結婚し、彼らを慕う中国人留学生の面倒をみた。

殷汝耕が日本に滞在していたとき、第一次世界大戦中の日本軍の山東進出や対華二十一ヶ条の要求などの影響で日中関係が悪化の一途をたどっていた。この事態を憂慮した殷汝耕は、新聞紙上に「対日感情の偽らざる告白」を連載し、日中関係改善のためには、日本国民が積極的に中国国民の声に耳を傾けなければならないと訴えた。

一九二五年一一月、郭松齢事件が起きると、殷汝耕は長らく続く軍閥間の争いを止めさせるため郭松齢軍に参加した。大連で郭松齢軍の宣伝活動を行っていた殷汝耕を排除しようとした関東庁側に対し、外務省は殷汝耕が中国外交界の重要人物で、なおかつ日本と関係の深かった王正廷や黄郛と親しい間柄にあるとの理由から、慎重に殷汝耕を扱うよう求めた。

郭松齢事件後、中国政界に復帰した殷汝耕は、黄郛に従って駐日特派員や上海市政府参事などを勤め、第一次上海事変が終結すると、上海撤兵区域接管委員会主席となって、戦火に遭った上海で日本軍占領地の接収作業を指揮した。そして、塘沽停戦協定成立後、黄郛が政整会委員長に就任すると、殷汝耕は薊密区行政督察専員として、冀東地区の行政監督ならびに日本側との交渉にあたった。

殷汝耕は冀東地区の復興に向けた取り組みを進める一方で、収入の多かった灤楡区行政督察専員の地位を得るため陶尚銘を中傷する情報を流し、冀東地区の行政を混乱させた。そして、土肥原から華北新政権樹立の要請を受けると、殷汝耕はそれを受け入れ、冀東政権を成立させた。後に殷汝耕は政権樹立に同意したのは、冀東地区の混乱を収拾するためだったと弁明した。

関東軍の意を受けて、殷汝耕が設立した冀東政権は、当時の日中関係にいかなる影響を与えたのか。第二部では冀東政権の主要政策を通して検討する。

注

（1）邵雲瑞・李文栄「偽〝冀東防共自治政府〟成立経過」、中国人民政治協商会議河北省委員会文史資料研究委員会編『河北文史資料選輯』第九輯、河北人民出版社、一九八三年、二〇〇頁。

（2）陳暁清「殷汝耕」、中国社会科学院近代史研究所編『中華民国史資料叢稿　中国人物伝』第一一巻、中華書局、二〇〇二年、四六三～四六八頁。

（3）南京市檔案館編『審訊汪偽漢奸筆録』下、鳳凰出版社、二〇〇四年、一一六二頁。

（4）大塚令三『編訳彙報　第六十六輯　浙江省平陽県の明礬石』、中支建設資料整備事務所、一九四一年、四〇～四三頁。

（5）李慈銘「福建試用直隷州知州殷君墓碑銘」、符璋・劉紹寛編『浙江省　平陽県誌』三、成文出版社、一九七〇年、九五六頁。

（6）厳家理「記老牌漢奸殷汝耕」、中国人民政治協商会議福建省委員会文史資料編纂室編『福建文史資料』第一四号、福建人民出版社、一九八六年、一五三頁。

（7）林潤・呂頤校「平陽県志巻三十八」、符璋・劉紹寛編『浙江省　平陽県誌』二、成文出版社、一九七〇年、三九〇～三九一頁。

（8）山腰敏寛編『清末民初文書読解辞典』、汲古書院、一九九八年、八頁。

（9）前掲『中国近現代史』、五三～五五頁。

（10）前掲「平陽県志巻三十八」、『浙江省　平陽県誌』二、三九一頁。

（11）前掲「記老牌漢奸殷汝耕」、『福建文史資料』第一四号、一五三頁。

（12）「清末各省自費官費留日学生姓名表」、沈雲龍主編『近代中国史料叢刊続編』第五〇輯、文海出版社、一九七八年、三八四頁。なお、同史料には殷汝耕の来日は光緒三〇年（一九〇四年）一二月と記載されているが、新暦に変換すると一九〇五年一月となる。

（13）阿部洋「日中両国間の教育文化交流　解説・解題」、佐藤尚子・蔭山雅博・一見真理子・橋本学編『中国近現代教育文献資料集Ⅰ　日中両国間の教育文化交流　第一巻　中華留学生教育小史　中国人日本留学史稿』、日本図書センター、二〇〇五年、四頁。
(14) 同右、五頁。
(15) 張之洞「籌議約束鼓励遊学生章程折（附章程）」、一九〇三年八月一六日、陳学恂・田正平編『中国近代教育史資料匯編』、上海教育出版社、一九九一年、五三〜五九頁。
(16) 前掲「日中両国間の教育文化交流　解説・解題」、『中国近現代教育文献資料集Ⅰ』、五頁。
(17) 七高史研究会『七高造士館で学んだ人々（名簿編）』、七高史研究会、二〇〇〇年、八九頁。
(18) 老松信一「嘉納治五郎と中国人留学生教育」、『講道館柔道科学研究会紀要』第五輯、講道館、一九七八年三月、八四〜八五頁。
(19) 同右、八五頁。
(20) 同右、八六頁。
(21) 同右、八七頁。
(22) 同右、八七〜八八頁。
(23) 奥野信太郎『随筆北京』、平凡社、一九九〇年、三一頁。
(24) 「殷汝耕小伝」、前掲『冀東日偽政権』、七〇頁。
(25) 前掲『中国近現代史』、六四頁。
(26) 小島淑男『留日学生の辛亥革命』、青木書店、一九八九年、一七頁。
(27) 姫田光義・阿部治平・笠原十九司・小島淑男・高橋孝助・前田利昭『中国近現代史』上巻、東京大学出版会、一九九五年、一六〇頁。
(28) 同右、一六一頁。
(29) 同右、一六六頁。

(30) 同右、一八三、一八五頁。
(31) 同右、一八五～一八八頁。
(32) 同右、一八九～一九〇頁。
(33) 前掲『留日学生の辛亥革命』、一九〇～一九一頁。
(34) 前掲「殷汝耕小伝」、『冀東日偽政権』、七〇頁。
(35) 前掲『中国近現代史』上巻、一九八頁。
(36) 横山宏章『中華民国史』、三一書房、一九九六年、二八頁。
(37) 同右、二九頁。
(38) 同右、三一頁。
(39) 前掲「殷汝耕小伝」、『冀東日偽政権』、七〇頁。
(40) 前掲『中国近現代史』上巻、二一四頁。
(41) 同右、二〇五頁。
(42) 同右、二〇六～二〇七頁。
(43) 前掲「殷汝耕小伝」、『冀東日偽政権』、七〇頁。
(44) 前掲「殷汝耕」、『中国人物伝』一一、四六三頁。
(45) 『東京朝日新聞』、一九一七年九月七日。
(46) 服部ゆり子「我が姉「殷汝耕夫人」を語る――北支自治の盟主殷汝耕のよき内助者としての姉民慧――」、『話』第四巻第二号、文藝春秋社、一九三六年二月、一二四～一二五頁。
(47) 同右、一二六頁。
(48) 前掲『大系日本の歴史14』、一九～二二頁。
(49) 前掲『中国近現代史』、七六～七八頁。

(50) 同右、八〇頁。
(51) 殷汝耕「対日感情の偽らざる告白」、三苫亥吉編『対日感情の偽らざる告白　西伯利出兵の総勘定』、読売新聞社、一九二一年、一三頁。
(52) 同右、一九頁。
(53) 同右、二八頁。
(54) 前掲「殷汝耕小伝」、『冀東日偽政権』、七〇頁。
(55) 石塚東洋拓殖株式会社総裁発田中外務省通商局長宛「江蘇省綿花栽培事業ノ件」、一九二一年九月二六日、外務省記録「支那ニ於ケル棉業関係雑件」、一九一九年三月〜、外務省外交史料館所蔵、JACAR、Ref: B04011181200。東洋拓殖株式会社（東拓）は、一九〇五年九月の第二次日韓協約（日韓保護条約、乙巳保護条約）で日本の保護国となった韓国で農業拓殖事業を行うことを目的に、一九〇八年一二月日本政府によって設立された。一九一七年七月の第二次東拓法改正で、東拓は朝鮮以外の外国でも拓殖事業が行えるようになり、満洲・中国・東南アジアなどに事業を拡大した（河合和男「国策会社・東洋拓殖株式会社」、河合和男・金早雪・羽鳥敬彦・松永達『国策会社・東拓の研究』、不二出版、二〇〇〇年、一六〜一八頁）。東拓の社史によると、東拓は国策のひとつとして中国で綿花栽培事業を始めるにあたり、一九二一年、中国側企業家と提携して、江蘇省東台県と阜寧県に約四七〇〇町歩あまりを開墾し、同年、陳儀（後の福建省政府主席）に資本金一八〇万元で東台県に裕華公司を設立させ、阜寧県には殷汝耕に資本金七〇万元で新農墾植公司を設立させたとある（黒瀬郁二監修『東洋拓殖株式会社三十年史　東洋拓殖株式会社社史集』第三巻、丹精社、二〇〇一年、一九三頁）。
殷汝耕を東拓に紹介した駒井徳三は一八八五年滋賀県で生まれ、一九一二年八月満鉄入社後、地方部地方課に勤務し、蒙古調査旅行や中国産業調査旅行を行い、一九二〇年一一月からは外務省亜細亜局嘱託を兼務した。一九三二年には満洲国国務院総務長官心得となり、満洲国建設に尽力した（秦郁彦編『日本近現代人物履歴事典』、東京大学出版会、二〇〇二年、二一三頁）。
(56) 前掲「殷汝耕小伝」、『冀東日偽政権』、七〇頁。

(57) 江口圭一『日本帝国主義史論』、青木書店、一九七五年、九一頁。
(58) 王方中『中国経済通史』第九巻、湖南人民出版社、二〇〇二年、九〇～九二頁。
(59) 任松・武育文「郭松齢」、中国人民政治協商会議遼寧省委員会文史資料研究委員会編『遼寧文史資料　第十六輯　郭松齢反奉』、遼寧人民出版社、一九八六年、一頁。
(60) 同右、二～三頁。
(61) 渋谷由里『馬賊で見る「満洲」』、講談社、二〇〇四年、一四八頁。
(62) すでに、郭は一一月二三日、部隊を灤州から秘密裡に列車に乗せて奉天に向かい、一気に張作霖を倒そうと試みたが、山海関で張作相の部隊に阻まれ失敗していた（前掲「郭松齢」、『遼寧文史資料』一六、九頁）。
(63) 連載は一九二六年七月二一日から八月一三日まで合計一六回続いた。
(64) 殷汝耕「半載回顧録　重囲を逃れて3」、『大阪毎日新聞』、一九二六年七月二四日。
(65) 殷汝耕「半載回顧録　重囲を逃れて4」、同右、一九二六年七月二五日。
(66) 前掲「郭松齢」、『遼寧文史資料』一六、七頁。
(67) 駒井徳三『大陸への悲願』、大日本雄弁会講談社、一九五二年、二一五頁。
(68) 前掲「郭松齢」、『遼寧文史資料』一六、九頁。
(69) 前掲『日本帝国主義史論』、九七頁。
(70) 土田哲夫「郭松齢事件と国民革命」、『近きに在りて』第四号、汲古書院、一九八三年九月、二一頁。
(71) 関東軍参謀部「張郭戦ニ於ケル支那軍隊ニ関スル諸観察並本戦乱ニ関聯スル諸問題」、一九二六年三月、陸軍省記録「密大日記　六冊ノ内第六冊」、一九二六年、防衛省防衛研究所図書館所蔵、JACAR、Ref: C03022778300。
(72) 林正和「郭松齢事件と一日本人――守田福松医師の手記「郭ヲ諫メテ」について――」、『駿台史学』第三七号、駿台史学会、一九七五年九月、一二七～一二八頁。
(73) 前掲『日本帝国主義史論』、一〇一～一〇二頁。

(74) 吉田奉天総領事発幣原外務大臣宛「殷汝耕ニ対シ我ガ方ノ満州派兵趣旨ヲ説示並ビニ殷ノ郭軍方面へ出発ノ旨報告ノ件」、一九二五年一二月二〇日、外務省編『日本外交文書　大正十四年第二冊』下巻、外務省、一九八四年、九二八頁。

(75) 児玉関東長官発幣原外務大臣宛「郭松齢ノタメ宣伝活動セテル殷汝耕ノ処分ニ関スル意見回電アリタキ件」、一九二五年一二月一四日、同右、八九五頁。

(76) 芳沢駐華公使発幣原外務大臣宛「郭ノ外交顧問タル殷汝耕ノ退去問題ハ慎重ヲ要スベキノ件」、一九二五年一二月一七日、同右、九〇八頁。

(77) 鄭則民「王正廷」、中国社会科学院近代史研究所編『中華民国史資料叢稿　民国人物伝』第七巻、中華書局、一九九三年、三七～四一頁。

(78) 完顔紹元『王正廷伝』、河北人民出版社、一九九九年、一七三頁。

(79) 鄭則民「黄郛」、中国社会科学院近代史研究所編『中華民国史資料叢稿　民国人物伝』第一巻、中華書局、一九七八年、一四〇～一四二頁。

(80) 児玉関東長官発幣原外務大臣宛「大連ニテ策動中ノ殷汝耕ヲ北京へ呼寄セラレタキ件」、一九二五年一二月一八日、前掲『日本外交文書　大正十四年第二冊』下巻、九一五頁。

(81) 前掲「殷汝耕ニ対シ我ガ方ノ満州派兵趣旨ヲ説示並ビニ殷ノ郭軍方面へ出発ノ旨報告ノ件」、同右、九二八頁。斉世英は一八九九年一〇月、遼寧省鉄領県で生まれ、日本とドイツに留学し、哲学、経済、歴史などを学んだ。一九二五年、中国に戻ると、斉の父親と郭松齢が友人だったことが縁で、外交処主任として郭松齢軍に加わり、郭軍が敗れると殷汝耕とともに新民屯の日本領事館分館に保護された。
一九二六年、日本に逃れた斉は、同年末中国に戻って中国国民党に入党し、一九二九年、陳立夫の招きで中央政治会議特務秘書となって満洲地域の党務に従事した。その後、国立東北中山大学の創設に携わり、また、国民参政会参政員、国民党立法委員などを歴任した（沈雲龍・林泉・林忠勝『中央研究院近代史研究所口述歴史叢書(25)　斉世英先生訪問記録』、中央研究院近代史研究所、一九九〇年、一～四頁）。

(82) 前掲『日本帝国主義史論』、一一六頁。
(83) 前掲『斉世英先生訪問記録』、六五頁。
(84) 同右、六五〜六七頁。
(85) 同右、六八〜六九頁。
(86) 吉田奉天総領事発幣原外務大臣宛「殷汝耕一行ノ解放方ニ関シ奉天当局ト交渉ノ件」、一九二五年一二月二八日、前掲『日本外交文書　大正十四年第二冊』下巻、九六二頁。
(87) 吉田奉天総領事発幣原外務大臣宛「張学良使者ノ儀峨顧問ガ来館殷汝耕ノ引渡シ要求ノ件」、一九二五年一二月三一日、同右、九七一頁。
(88) 木村亜細亜局長発畑軍務局長宛「荒木ノ処置並監視兵撤退交渉方ノ件」、一九二六年二月三日、外務省記録「郭松齢背反事件関係一件　殷汝耕等新民府分館ヘ避難並脱出関係」、外務省外交史料館所蔵、JACAR、Ref: B02031797200。
(89) 吉田奉天総領事発幣原外務大臣宛第二〇二号電報、一九二六年七月一二日、同右。
(90) 前掲『斉世英先生訪問記録』、七三〜七四頁。
(91) 同右、七七〜七八頁。
(92) 「殷汝耕氏九死一生の脱出談　奉天兵監視の前を　こはごは乗り打ち　我が乗る馬の足掻きにも　心臓はひとりで乱舞」、『大阪毎日新聞』、一九二六年七月一四日。
(93) 前掲『中国近現代史』、一一二頁。
(94) 同右、一一五頁。
(95) 前掲「殷汝耕」、『民国人物伝』第一一巻、四六四頁。
(96) 前掲『中国近現代史』上巻、三〇七頁。
(97) 同右、三一二頁。
(98) 前掲『中国近現代史』、一一八〜一二〇頁。

(99)　楊樹標・楊菁『蔣介石伝（1887―1949）』、浙江大学出版社、二〇〇八年、七四頁。
(100)　前掲「殷汝耕」、『民国人物伝』第一一巻、四六四頁。
(101)　前掲『蔣介石伝』、七七頁。
(102)　前掲『中国近現代史』、一二二頁。
(103)　前掲「殷汝耕」、『民国人物伝』第一一巻、四六五頁。
(104)　前掲『黄庸白年譜長編』上冊、三三六、三四六～三四七頁。
(105)　前掲「殷汝耕」、『民国人物伝』第一一巻、四六五頁。
(106)　前掲『中国近現代史』、一四一～一四二頁。
(107)　伊香俊哉『戦争の日本史22　満州事変から日中全面戦争へ』、吉川弘文館、二〇〇七年、四〇～四一頁。
(108)　「停戦会議及協定」、上海撤兵区域接管委員会編『上海撤兵区域接管実録』、商務印書館、一九三二年、一頁。
(109)　「本会委員会議紀録」、同右、一頁。
(110)　前掲『華北事変の研究』、一二〇～一二二頁。
(111)　同右、一二一～一二二頁。
(112)　『天津大公報』、一九三三年一〇月三一日。
(113)　同右、一九三三年一一月三日。
(114)　同右、一九三三年一二月二三日。
(115)　同右、一九三四年一月六日。
(116)　前掲『黄庸白年譜長編』下冊、七五五頁。
(117)　『天津大公報』、一九三四年一月二五日。
(118)　東亜局第二課「最近支那及満州関係諸問題摘要（第六十七議会用）」、外務省記録「満州事変　議会調書」第三巻、一九三四年一二月、外務省外交史料館所蔵、JACAR、Ref: B02030499900。

(119) 栗原天津総領事発広田外務大臣宛第一三号電報、一九三四年一月一八日、外務省記録「中国ニ於ケル労働争議関係雑纂(罷業、怠業ヲ含ム)天津ノ部」、一九二七年一月〜、外務省外交史料館所蔵、JACAR、Ref. B04012965400。開灤炭鉱は一九一二年、開平鉱務公司(一八八一年操業。義和団事件後にイギリス資本)と灤州鉱務公司(一九〇七年操業)が合併して設立された炭鉱会社で、石炭採掘だけでなく、秦皇島の港湾経営やガラス製造、レンガ製造なども手がけていた(植田捷雄『在支列国権益概説』、巌南堂書店、一九三九年)。

(120) 栗原天津総領事発広田外務大臣宛第八八号電報、一九三四年四月五日、前掲『中国ニ於ケル労働争議関係雑纂(罷業、怠業ヲ含ム)天津ノ部』。

(121) 中共中央北方局資料叢書編審委員会編『中共中央北方局総合巻』、中共党史出版社、二〇〇二年、一八二頁。

(122) 前掲「最近支那及満州関係諸問題摘要」、『満州事変　議会調書』第三巻。

(123) 桑原重遠「灤州事件ト陶尚銘ノ監禁」、一九三五年八月二一日、軍令部第六課「灤州事件関係綴」、防衛省防衛研究所図書館所蔵。

(124)『天津大公報』、一九三五年七月二八日。

(125) 前掲「灤州事件ト陶尚銘ノ監禁」、前掲「灤州事件関係綴」。

(126) 前掲「親日華北政権樹立の夢崩る!」、『別冊知性』五、一四一頁。

(127)「関東軍の国境集中に関する参謀本部への報告」、一九三五年一一月一二日、前掲『日中戦争史』、三三八頁。

(128)「宋哲元呈報拒絶日方要求地方自治脱離中央祇能支持一時不能永久請示方針或派大員来平指導之篠電」、一九三五年一一月一二日、前掲『中華民国重要史料初編』二、七九頁。

(129) 中国歴史博物館編『鄭孝胥日記』第五冊、中華書局、一九九三年、二六〇三頁。

(130)『申報』、一九三五年一一月二〇日。

(131)「殷汝耕「自治宣言」」、一九三五年一一月二四日、前掲『中華民国重要史料初編』二、一八三〜一八六頁。

(132) 漢奸とは敵に通じた中国人を意味し、もともと法的には犯罪者ではなかったが、一九四五年一一月一五日、立法院で懲弁漢奸条約修正案が可決され、日中戦争期、日本に協力した漢奸については、罪の軽重に従い、死刑、終身刑、または禁固刑に処すと定められた（益井康一『漢奸裁判史』、みすず書房、一九七七年、二六～二八頁）。

(133) 前掲『審訊汪偽漢奸筆録』下、一一七四頁。

(134) 「袁良呈報天津謠言伝一謂恢復旧国会以王揖唐議長曹錕為総統一謂仍由華北当局成立五省聯合自治石友三等組織華北護国軍擾平津之灰電」、一九三五年一〇月一〇日、前掲『中華民国重要史料初編』二、七六～七七頁。

第二部　冀東政権の主要政策

第三章　冀東政権の対日満外交

はじめに

一九三五年末から一九三七年七月までの日中関係において、日中両国が解決に苦慮した事柄のひとつに、冀東政権解消問題があった。冀東政権解消問題とは、日中両国の関係改善の障害となっていた冀東政権の解消を目的とした、日中外交上の重要懸案をいう。

これまでの冀東政権解消問題の研究は、主として日本側の外務省と陸軍、または、中国側の国民政府と冀察政権の視点から議論された。そのため、解消の対象とされた冀東政権からのアプローチが欠落していた。冀東政権解消問題に当事者の冀東政権がどう反応し、どう対処したのか。特に冀東政権は解消を免れるため、日本や満洲国に対し、政権の正当性と存在意義を積極的にアピールしているが、この点について言及した研究は見当たらない。この問いは冀東政権解消問題を新たな視点から捉えるだけでなく、当時の華北をめぐる複雑な日中関係を明らかにするうえでも一考に値しよう。

そこで本章では、冀東政権の対日満外交を通して冀東政権解消問題に対する冀東政権の対応について検討する。検討にあたりあらかじめ注意しなければならないことは、冀東政権と満洲国政府は相互の主権を認め、外交使節を交換するという「外交」関係はあったが、冀東政権と日本政府については、日本側が冀東政権を承認していなかったため、外交関係は実際のところ存在しなかった。よって本章では、冀日「外交」は冀東政権の日本政府への一方的な対外的アプローチを意味するものとする。

本章は、はじめに成立直後の冀東政権をめぐる状況を概観したうえで、冀東政権が満洲国に接近した理由を冀東政権ナンバー2の池宗墨を通して検討する。次に日中外交レベルで冀東政権解消問題が議論されるなかで、冀東政権がいかなる対応をとったのか論じる。最後に冀東政権解消問題をめぐる冀東政権の日本側へのアプローチと両者の対立を、名古屋汎太平洋平和博覧会「冀東デー」開催をめぐる一連の動きを取り上げ検討する。

第一節　冀満関係の構築

一　冀東政権をめぐる状況

はじめに、冀東政権の成立に日中両政府はいかなる反応を示したのかみていく。冀東政権成立翌日の一九三五年一一月二六日、国民政府行政院は第二三九回会議を開き、軍政部長の何応欽を駐平辦事長官として北京に派遣することや、殷汝耕の職務剥奪と逮捕などの決議を採択した。(1) 二九日、外交部は日本軍が華北自治運動を策動したとして、日本側に抗議するとともに、各国駐華大使ならびに駐外中国大使に対し、殷汝耕の一切の行為は全て無効と見なすよう通知した。(2) 同日、行政院長代理兼財政部長の孔祥熙は有吉明駐華大使と会見し、華北自治運動を支援する日本側の姿勢に抗議した。(3)

一二月三日、駐英大使の郭泰祺はイギリス外相のホーアに対し、華北が日本の圧迫を受けていることを強調したうえで、イギリス政府に中国の領土保全と主権尊重を定めた九か国条約ならびに国連規約に基づいた適切な対応の実施を求めた(4)。これに対しホーアは、イギリス政府の対中政策は九ヶ国条約を原則としていること、華北の問題についてはアメリカ政府と協議したことなどを伝えた。国民政府は冀東政権の成立を日中二ヶ国だけの問題とせず、英米を巻き込んだ世界的問題にしようとした(5)。

行政院の決議を受け、一二月三日、北京に到着した何応欽は華北問題の解決に向けて宋哲元、秦徳純（北京市長）、蕭振瀛（察哈爾省政府主席）らと話し合いを重ねた。そして、五日、直面する危機に対応するため、河北、察哈爾両省の政務を統轄する機関として、北京に冀察政権を設置することを決定し、国民政府中央にその意向を打診した。これを受け、蔣介石は林森国民政府主席および各院院長と協議し、委員の人選と委員会組織は中央が決定すること、中央の法令を遵守することを条件に何応欽の提案を了承した。中央への打診と併行して蕭振瀛は六日、天津で支那駐屯軍司令官の多田駿少将と関東軍奉天特務機関長の土肥原賢二少将と会見し、冀察政権設立の同意を求めた(6)。

日本側の反応はどうか。一一月二七日、孔祥熙と華北問題について意見交換を行った須磨彌吉郎南京総領事は「日本政府の立場から述べると、華北自治運動は中国の内政問題であり、日本政府が関与できるものではないが、国民政府が殷汝耕を逮捕するような強硬手段に及んだならば、日本政府は何らかの措置に出なければならない(7)」と、強硬な意見を述べた。しかし、一二月になり外務省は、華北問題は中国の内政問題であり、広田三原則に基づく日中関係調整の交渉とは別個のものであるとの認識を示した(8)。

一方、陸軍中央は華北問題に大きな関心を寄せた。一二月五日、川島義之陸相は参謀本部支那課長の喜多誠一大佐、支那班長の楠本実隆中佐、陸軍省軍務局長の今井清中将、軍事課高級課員の武藤章中佐を招いて華北問題について協議を行った。このなかで、川島らは、華北問題が日中満三国の特殊関係に関わる問題との認識のもと、中央と出先の連絡強化のため、喜多を現地に派遣することを決めた[9]。

一三日、天津の支那駐屯軍官邸で喜多、多田司令官、酒井隆大佐、高橋坦少佐らは会議を開き、華北問題の各種話し合いの相手を、間もなく華北に成立する新委員会、すなわち冀察政権とすることで意見を合わせた。その後新聞記者との懇談の席で高橋は、国民政府によって選ばれた「冀察政務委員会の委員は全てが適任であるとは認め難いが、大多数の委員はみな「好人」で[10]」あり、冀察両省の問題を解決するために、国民政府が冀察政権に日本側との直接交渉権を与えることを信じると述べ、冀察政権の成立に期待感を表した。

日中双方の注目が集まるなか、一二月一八日、冀察政権が成立した。成立にあたり委員長に就任した宋哲元は、冀東問題の解決を外交課題のひとつに掲げ[11]、以後、連日日本側に冀東政権の解消を要求した[12]。

このような状況で、成立間もない冀東政権はどのような動きをみせたのであろうか。

二　冀満両政権の外交接触

一九三五年一二月二六日、一四ヶ条からなる冀東政権の組織大綱を発表した殷汝耕は、国内外から詰めかけた一〇人余りの記者を前に会見を行い[13]、「本政府は賢明かつ公正な政治を徹底的に行う。しかし、中華民国からは離脱していないため、自ら国旗は制定しない」と、冀東政権は国民党「党治」から離脱したのであり、中国から離脱したのではないという政権設立当初からの主張を改めて述べた。さらに、殷汝耕は他国に冀東政権の承認を要求せず、また冀東政権が他国を承認するつもりもないと述べたうえで、「ただ『満洲国』は隣接しているため、事実上外交関係を生ぜざるを得ない」と、満洲国とは外交関係を結ぶ考えであることを明らかにした。日中間で孤立するなか、冀東政権が外交パートナーとして選ぶことができたのは、事実上満洲国だけであった。

一方、満洲国にとって冀東政権と外交関係を結ぶことはいかなる意味があったのか。一九三五年八月参謀本部作戦部長に着任した石原莞爾大佐は第二次五ヶ年計画を進めるソ連が極東地域で軍備を増強していることに危機感を抱き、直ちに満洲国の兵備増強に取りかかるとともに、日満財政経済調査会を設立し、日本の総力戦体制を整えるための具体案を作成させた。その後、関東軍は一九三六年八月、「満洲国第二期経済建設要綱」をまとめ、満洲産業五ヶ年計画の立案に着手した(14)。対ソ戦に向けた軍備の拡充ならびに間もなく満洲で始動する大規模産業開発を前に、満洲国は冀東政権と手を握ることで後背地の安定を図る必要があった。

冀東政権と満洲国との外交接触はどのようにして始まったのか。一九三六年一月一〇日、通州を訪れた満洲国外交部次長の大橋忠一は冀東政権秘書処長兼外交処長の池宗墨と会見し、修好条約締結に関する協議を行い、翌日、天津で条約が調印された。この条約により、冀東政権と満洲国は互いに主権を認め合ったほか、両政権下の住民に双方の領土での居住と事業経営の権利、ならびに交易の自由が与えられ、両政権が発行した紙幣の相互流通と兌換、防共の協力がそれぞれ約束された(15)。

さらに、大橋は殷汝耕とも会い、冀満両政権の攻守同盟締結について話し合った。国民政府軍政部参議の厳寛が何応欽に宛てた電文によると、同盟内容の要点は、冀東地区に隣接する長城線と冀東東部沿岸の防衛は全て満洲国側が責任を負うことや、冀東政権の基幹武力の発展に日本と満洲国が協力することなどであった(16)。

この同盟が実際締結されたのかどうかは不明であるが、この攻守同盟はその内容から冀東政権と提携することで後背地の安定確保を狙った満洲国および関東軍の意向が強く反映されていたといえる。

なぜ、このとき冀東政権に攻守同盟の話が持ちかけられたのか。推察するに、この問題は日本の対華北政策と関わりがあると考えられる。冀満修好条約締結直後の一月一三日、陸軍省は「北支処理要綱」(第一次)(17)を決定した。このなかで、華北問題は中国の内政問題であるとするこれまでの外務省の方針が見直され、「北支民衆ヲ中心トスル自治ノ完成ヲ援助シ以テ其ノ安居楽業ヲ得セシメ」るとして、華北問題への介入の意向が示されるとともに、冀東政権の冀察政権への合流が政策のひとつに盛り込まれた。さらに、冀東冀察両政権の内面指導については今後支那駐屯軍がその任に当たることになり、華北分離工作を行った関東軍はこれ以後華北問題に直接関与できなくなった。この事態に対処するため、関東軍は満洲国を通して冀東政権に攻守同盟を持ちかけることで、華北問題関与の筋道を確保しようとしたのではないだろうか。

修好条約締結と攻守同盟交渉を通して、満洲国との関係を築いた冀東政権は、さらに満洲国と親交を深めるため、積極的な対満外交を展開した。その背景には冀東政権側にいかなる思惑があったのであろうか。次にこの問いを冀東政権内で対満外交の先頭に立った池宗墨を通して検討する。

三　「冀東修好専使」団の満洲国訪問

池宗墨は殷汝耕と同じ浙江省平陽県の出身で、明治大学卒業後、北京師範学校教授、北京中学校校長を歴任し、殷汝耕が薊密区督察専員として冀東地区の統治を任されると、殷に請われて専員公署秘書長となった。冀東政権成立後は秘書処長兼外交処長として政権を支えた(18)。

一九三六年三月二三日、池宗墨は冀東政権の機関紙である『冀東日報』に「冀東政府之使命(19)」と題して、今後冀東政権が目指すべきことを七項目にまとめて発表した。このなかで池宗墨は、「第一の使命」として日中満三国の提携の必要性を挙げ、「冀満は境を接しているので、交流をし合い、使節を送り合うことで深交を結ぶ必要がある」と冀満両国の関係強化を主張した。一方、冀東政権の名称にも使われ政権成立の大義名分のひとつであった「防共」はれる。

「第五の使命」とされた。このことから、このときの冀東政権が満洲国との関係強化を最も重要視していたと考えら

「冀東政府之使命」発表から二〇日後の四月一三日、「南京政府の羈絆《きはん》を脱し隣国満洲国と修好関東軍に感謝の意を表す」ため[20]、池宗墨を代表とする「冀東修好専使」団一行一〇人が通州から満洲国の首都である新京に向けて出発した。一四日朝、専使団を引き連れて山海関駅から満洲国入りを果たした池宗墨は「満洲国は冀東と接壌唇歯輔車《しんしほしゃ》の関係にあるが、その国礎定まつて新興の気勃々たるものがあり、建設工作は極めて急速に進められてゐるので殷長官はわれら特使を派遣して答礼の傍ら各般の視察を遂げさせようとしてゐるのである[21]」と、使節派遣の理由を述べた。

さらに、同日夕方奉天に到着した池宗墨は、奉天ヤマトホテルで日満記者団を前に、「満洲国とは境界を接し唇歯輔車の関係にある、殊に満洲国が建国以来劫々として王道楽土の建設に向ひ堅実なる発展をなしつゝあることは欣快に堪ない、この度は満洲国の現状視察を兼ねて謝意を表し一層の親睦を計り日満支三国一致協力して東亜の和平人民の福利増進に努力したい[22]」と語った。

一五日、関東軍参謀長の板垣征四郎少将、大橋外交次長の出迎えを受けて新京入りした専使団は、一六日に関東軍司令部で司令官の植田謙吉大将と会見し、一七日には満洲国皇帝の溥儀に拝謁して殷汝耕からの親書を手渡した[23]。

専使団の満洲国派遣は、冀東政権と満洲国さらには関東軍との友好促進を計る目的があったこともさることながら、機会のあるごとに池宗墨の口から外部に向けて冀東と満洲は「唇歯輔車」（相互が密接に助け合い、一方が滅びれば他方も危うくなる関係という意味）の関係であることを宣伝することで、冀東政権は満洲国にとって必要不可欠な存在であることをアピールし、冀東政権解消の動きに対抗しようとする狙いがあったといえる。

専使団の満洲国訪問の成功を受け、板垣は一八日、梅津美治郎陸軍次官に対し、「冀東ヨリノ使節ハ冀東、満洲国

間ノ友好親善関係ニ予想以上ノ効果ヲ挙ケタル次第ナル」と専使団の訪問を評価したうえで、「近ク両者間ニ友交《ママ》親善ニ関シ一種ノ取極メヲ交換スル気運ニ進ミアルヲ以テ軍ハ満洲国ノ育成並国防上ノ見地ヨリ之ヲ実現セシムル如ク指導シアリ」(24)と、冀東政権と満洲国が近く新たな取り決めを結ぶ考えであることを伝えた。

これに対し、梅津は二〇日、「冀東政府ト満洲国トノ間ニ友好親善ニ関スル取極ヲ交換スル件ニ関シ関東軍ハ之カ指導ニ任セラレアル処右取極ノ内容ハ満洲国ノ立場ノミナラス帝国ノ北支指導上考慮セラルヘキモノナルニ就キ之カ取極ニ先チ支那駐屯軍ト十分ナル諒解ヲ遂ケラルヽハ勿論予メ中央ニ具申ノ上之ヲ実施スル如ク取計ハルヘシ」(25)と答え、取り決めの内容とその手順について考慮すべき点があるものの、関係機関の了解を得たうえでの実施を認めた。

しかし、五月八日になって梅津は板垣と永見俊徳《ながみとしのり》支那駐屯軍参謀長に対し、北支処理要綱で冀東政権は冀察政権への合流が規定されていたため、「満洲国カ此種政権ヲ対象トシ軍事政治相互援助ヲ内容トスル取極ヲ締結スルハ主義上同意シ難キノミナラス冀察政権指導ヲ妨害スルノ虞アリ」として、一転して取り決めを結ばないよう命じるとともに、「冀東政府ニ対スル政治軍事指導ハ支那駐屯軍ノ任スル所ナルカ本取極ノ結果自然関東軍ノ冀東進出ヲ誘致シ両軍任務ノ分界ヲ紛ルニ至ルヘク軍ノ統制上適当ナラス」(26)と、北支処理要綱で定めた対華北政策の徹底を指示した。

この梅津の指示を冀東政権解消問題の研究のなかで取り上げた藤枝は、この指示は冀東政権を合流までの暫定的存在と見なしていた陸軍省が関東軍の冀東政権強化政策を抑えるために発せられたものだったと論じているが、(27)ここではもう一点付け加えておきたい。梅津は電文の最後に、以上の指示は「外務省側亦同意見ナリ」と述べている。これから間もなくして、日本に帰国中の須磨南京総領事と太田一郎外務省東亜局事務官ならびに陸軍軍務局の影佐禎昭中佐との間で、華北問題打開のため、冀東政権の解消と国民政府との交渉の窓口役となる華北五省を包括する新たな組織、「北支五省特政会」の設立に向けた具体的な議論が始まった。(28)このことから、板垣、永見に取り決め実施の取り消しを伝えた梅津の指示は、特政会の設立によって冀東政権の解消を目指す陸軍省と外務省の計画に関東軍が冀東政権と満洲国に取り決めを結ばせることで妨害されないよう機先を制する意味があったといえよう。

北支五省特政会構想は一九三六年九月から行われた華北問題の解決に向けた日中交渉、いわゆる「川越・張会談」のなかで議論された。次節では「川越・張会談」を受け、冀東政権がいかなる対応をとったのか検討する。

第二節　国旗制定と対日アピール

一　「川越・張会談」

一九三六年八月二四日、四川省の省都成都で日本領事館設置をめぐる問題から、反日を訴える学生らによって日本人新聞記者ら四人が襲われ死傷する事件が起きた（成都事件）[29]。

この事件を地方的問題として処理しようとした外交部に対し、中国で続発する排日、侮日事件を重く見た外務省はこれを機に日中間で懸案となっていた諸問題の解決を国民政府側に求めることにした[30]。その日本側の意図のもと、九月八日の須磨と張群外交部長の会談を皮切りに南京で始まったのが、川越茂駐華大使と張群による「川越・張会談」であった。この会談の内容についてはすでにいくつもの研究で取り上げられ明らかにされているので、ここでは簡単に会談内で冀東解消問題がどのように議論されたのか見ていく。

九月二三日、川越との会談に臨んだ張群は、持参してきた中国側の意見が書かれた文書を読み上げた。このなかで張群は冀東政権解消問題に触れ、「冀東政府は日支両国に取り有害無益なること言ふ迄もなく之を取消すこと国交調整上必要なり」と述べ、冀東政権解消を日中関係改善の条件のひとつに挙げた[31]。

中国側の意見を受け、日本側は二九日、関係省係官会議を開き、国交調整の具体策として北支五省特政会の設置を中国側に提案することを決めた[32]。北支五省特政会の構想案である「北支五省特政会設置に関する件」（六月一二日、太田東亜局事務官試案）によると、特政会設置の際には、「冀東政府は成るべく速に之を解消せしめ、冀東政権下の一特別区として宋哲元の統制に服せしむるを要す[33]」との規定があり、中国側が提示した条件に対応できる内容であった。

一〇月八日、蔣介石との会談で川越は[34]、中国側に華北五省の財政経済、交通等各方面に対する協力を求めるとともに、「之カ実行ヲ容易ナラシムル為必要ナル権限ヲ是等地方当局ニ賦与スルコト必要ナリ」と、五省特政会構想に同意の意思があるかどうか探った。これに対し、蔣介石は誠意を持って話し合いを続けると述べるに留まる一方、「現在支那国民ハ北支ニ於ケル日本ノ施設ニ対シ少カラス危惧ノ念ヲ抱キ居リ事実両国ノ関係ヲ悪化シ居ルニ付右猜疑心ヲ除去スルコト必要ナル」と語り、日本側に華北問題で起きた中国側の対日不信の払拭に努力するよう求めた。

一一月一〇日、川越と会見した張群は、冀東政権解消問題を取り上げ、この問題は蔣介石も絶対に譲らない考えであり、もしこの問題の解決が不可能ならば日本側が求めた日中防共協定締結も先送りしなければならないと答えた。なぜ張群は冀東政権解消問題を防共協定問題とリンクさせて日本側に解決を迫ったのか。川越によると[35]、元々中国側は対日交渉で防共協定問題に触れないつもりだったが、「張群カ九月二十三日会談ニ於テ無条件ニ国策ノ一大転換云々ヲ表明シ」てこの問題に言及したため、「今更取消モ出来ス已ムナク内政事情或ハ綏東及冀東問題等ヲ之ニ引懸ケ何トカ取繕ノ方法ト時機ヲ求メ」ざるを得なくなったという事情があったからであった。このような中国側の外交上のミスもあり、「川越・張会談」で冀東政権解消問題は結局解決に至らなかった。

一二月三日、交渉終了に伴い川越から「交渉結末覚書」が発表された。このなかで華北問題について川越は、「冀察両省に付ては此の上共順当なる発達を遂げしむることとし冀察の隣省に付ては同地方の経済開発に関し日華協力する建前にて具体的事項に付今後国民政府より関係地方当局に対し随時訓令を発出することとすべき趣旨の応答あり本使に於て先づ当分此の趣旨にて同方面の日華緊密関係を助成して行くの熱意を茲に改めて表明す[36]」と述べたが、冀東政権解消問題については何ら言及しなかった。

日中両国で冀東政権解消問題が激しく議論されるなかで、解消の対象とされた冀東政権はいかなる対応をとったのか。次にこの問いを冀東政権が実施した政権成立一周年記念式典の模様を通して検討する。

二　冀東政権成立一周年記念式典

「川越・張会談」が行われていた一一月二五日、冀東政権は通州で政権成立一周年を祝う記念式典を挙行した。会場には殷汝耕以下冀東政権官員が勢揃いし、来賓として支那駐屯軍参謀長の橋本群《はしもとぐん》少将、板垣関東軍参謀長、駐北平海軍武官の桑原重遠少佐ら現地日本陸海軍関係者、堀内干城《ほりうちたてき》天津総領事ら外務省在華北領事館員、冀東政権と関わりのある日系企業、銀行関係者、満洲国、蒙疆政権代表者が招待された。式典ではまず全員で国旗に制定された五色旗に最敬礼し、その後、冀東政権を称える「紀念歌」が斉唱され、最後に殷汝耕から五色旗の回復を謳った「護旗宣言」が発表された[37]。

五色旗は辛亥革命中の一九一一年一二月、江蘇と浙江一帯を落とした革命軍が民族の団結と領土の完整を表す意味で掲げたもので、一九一二年一月、南京臨時政府成立後、各省代表会議によって中華民国の国旗に制定された[38]。その後、五色旗は当時中国唯一の合法政権であった北京政府により引き続き国旗とされたが、一九二八年、蔣介石率いる国民革命軍の北伐で、国民政府が中国を統一すると、五色旗は廃止され、代わりに国民党の党旗だった青天白日満地紅旗が国旗となった。

「護旗宣言」で殷汝耕は、中華民国臨時約法に明記された共和政体を回復させる証として五色旗を冀東政権の国旗に制定し、制定と同時に共和政府を組織すると発表した[39]。一方、軍統局長の戴笠は式典当日の二五日、蔣介石に対し、冀東政権が五色旗を国旗としたのは、「(甲)国旗を掲げることで独立政府を形作り、中央が日本に冀東取消の要求を提示しないようにする。(乙)過去の北洋軍閥の法統を継承する。(丙)五色旗を利用して華北人民の心理を惑わす[40]」ためであると、五色旗制定の理由のひとつに冀東政権解消問題に対抗する意図が含まれていることを報告した。

もともと殷汝耕は、冀東政権は中華民国から離脱しないという理由で、国旗の制定を否定していた。これについて戴笠は同じく蔣介石への報告のなかで、国旗制定は「もともと池宗墨が主張したもので、殷汝耕ははじめ賛同しなかったが、現在は関東軍参謀の板垣の命令により実行している[41]」と、国旗制定は板垣の支持を受けた池宗墨の意見によるものだったことを伝えた。

式典が執り行われる一方で、殷汝耕は『冀東日報』紙上で「冀東防共自治政府成立宣言[42]」を発表した。このなかで殷汝耕は今後の冀東政権の対外政策について、「近頃の国際関係は政治主義の傾向があり、また双方の利害関係の度合いが基準となっているが、ただそれは時局を判断して推し量る必要があるだけで、自ら屈して相手の意見に従う必要はない」と述べたうえで、「中日両国は東亜に数千年の歴史を持つ。また同文同種の関係であり、東亜共同の利害を利害とし、平等互恵を旨としている。虚心坦懐して交流し、これまでの間違いを検討してともに幸福の源泉を求めている。両国は全面的な経済提携を行うことで開発を図り、積極的に外患の侵攻を防ぎ、また各方面の障害を排除することで、直接的には東亜がともに歩む機会を作り、間接的には世界平和を導く」と、対日関係の重要性を訴えた。

殷汝耕が対日関係を重視した狙いは何だったのか。一九三七年一月一七日、加藤伝次郎駐北京日本公使館一等書記官と会見した殷は、日本と提携しようとしない「国民党及国民政府ハ結局当ニナラサル代物ナレハ日本側カ今尚之ニ国交調整ノ希望ヲ懸ケ居ルトセハ夫レハ百年河清ヲ待ツノ類ニシテ大ナル錯誤ヲ敢テシツツアルモノト申ス外ナシ」と国民政府との関係改善を図ろうとする日本側の姿勢を批判したうえで、国民党に批判的な「一部ノ民心ニテモ充分ニ把握スルコト日本ノ為絶対必要ニシテ其ノ方法トシテハ予々自分ノ主張シツツアル「共和政体ノ回復」ノ如キモノノ擁護コソ最時宜ニ適スヘ」き思想で、国民党批判をする人々を支援することは日本にとって「対支人心工作ノ上策ニシテ斯クセハ日本ノ対支政策ハ始メテ効果的トナル」と主張し、共和政体回復の擁護を理由に体制維持のパートナーを新たに日本に求めた。冀東政権解消問題の当事者である日本と提携を図ろうとした冀東政権の外交戦略は同問題の進展に楔を打ち込む上で大きな意味を持っていたと言える。

その後も引き続き冀東政権の解消を求めた日中両政府は何を行い、一方で、冀東政権はその後日本側に対しいかなるアピールをしたのか。次節ではこの問いを一九三七年三月から名古屋で開催された名古屋汎太平洋平和博覧会での「冀東デー」開催をめぐる動きを通して検討する。

第三節　冀東政権の名古屋汎太平洋平和博覧会参加

一　冀東政権の「国家」承認問題をめぐる陸軍内の対立

名古屋汎太平洋平和博覧会（以下、汎太博）は名古屋開港三〇周年を記念して、名古屋の産業振興と対外宣伝ならびに日本文化の宣揚と太平洋地域に住む国民の平和親善と繁栄をテーマに、鳥取県を除く日本各道府県および二九の太平洋に面する国や植民地が参加し、一九三七年三月一五日から五月三一日までの七八日間、名古屋港臨海地帯を会場にして開かれた(44)。

汎太博開催にあたり、博覧会事務局は外交、財界ルートを通して三四の国や植民地に参加を呼びかけた(45)。このうち、中国について主催者の博覧会委員会（名古屋市役所内に設置）は国民政府を「南支那」代表、冀東、冀察両政権を「北支那」代表と見なしそれぞれに参加を打診した。国民政府には名古屋商工会議所理事の三浦一郎や副会頭の豊田利三郎が働きかけを行ったが、一九三六年三月一九日、国民政府は実業部長の呉鼎昌を通して参加を辞退する旨を回答した(46)。

一方、冀東、冀察両政権には一九三六年七月一四日付で招待状が送られ、八月二七日、支那駐屯軍司令官の田代皖《たしろかん》一郎《いちろう》中将に両政権の参加斡旋の正式依頼状が送付された。その結果、冀東政権は一一月に特別館設置による参加を決定し、冀察政権も一九三七年二月になって「中華民国平津両市工商界出品陳列館」という特設館を設けることで参加を決めた(47)。これ以外にも、満洲国が満洲国政府、満鉄、関東局の合同で参加することをすでに決めていた(48)。日中両国は「川越・張会談」後も依然として冀東政権解消問題について解決の糸口が見出せないままにあった。そのなかで、冀東政権の汎太博参加をめぐって日本ではいかなる問題が発生したのか。

軍務課から汎太博に「冀東政府ノ名称ヲ用ヒテ特設館ヲ設置スルハ面白カラス」との批判を受け、橋本支那駐屯軍参謀長は三月一二日、梅津陸軍次官と今井清参謀次長に対し、「政府」という言葉は、日本では国家を代表する機関という意味になるが、中国では日本の県庁や市役所、町役場に相当する組織を指す場合にも用いられていて、冀東政権を冀東二二県を統括する地方官庁と見なせば、「冀東政府特設館」という名称を用いても問題はないと主張した(49)。なぜ軍務課は「冀東政府特設館」の設置を問題としたのか。

一九三六年一二月に西安事件が発生し、中国国民党と中国共産党との間で第二次国共合作に向けた動きが進むと、陸軍中央では一九三七年初頭から、参謀本部第二課（作戦指導課。課長石原莞爾大佐）を中心に対中政策の見直しが図られた。

一月六日第二課調整の「帝国外交方針改正意見[50]」では、「日支親善ハ東亜経営ノ核心ナリ之カ為帝国ハ鋭意隠忍シテ新支那建設ノ源泉タル其固有文化、思想、宗教等凡有部門ヲ発見シ其勃興ヲ促シ以テ漢民族カ目下ノ苦境トスル所ヲ認識シ之ヲ打開シテ進ムヘキ方向ヲ察シ其進展ヲ妨ケツツアル病痕削除ニ助力シ其建設統一運動ヲ援助ス」と、中国の統一化の動きに理解を示し、「北支ハ此統一運動ニ包含セラルヘキモノトス」と華北もその運動の範囲に含むとした。

また、同じく一月六日第二課調整の「対支実行策改正意見[51]」では、これまでの「北支特殊地域ナル観念ヲ清算シ之ヲ五省独立ノ気醞ニ誘致スルカ如キ方策ヲ是正シ」、国民政府が認めた合法政権である冀察政権の支配領域は「当然中華民国ノ領土ニシテ主権亦中央政府ニ在ル」と華北における中国側の主権を尊重した。そして、冀東政権は華北経済開発のためしばらく現状を維持するものの、「支那建設ト相俟チ適時支那ニ復帰スヘキモノトス」として、これまでと同様冀東政権はあくまで暫定的政権であるとの考えを堅持した。陸軍中央は華北ならびに冀東政権について以上のような認識を持っていたため、「冀東政府特設館」の呼称に神経をとがらせなければならなかった。

一三日、梅津は橋本に対し、冀東政権の参加は冀東地区の商工発展を宣伝することが目的であり、「動モスレハ他方面ニ悪影響ヲ及ホスカ如キ名称ヲ強イテ使用スルノ要ナシト認メラ」れるため、「冀東商工会トシテ内地ニ於イテ指導スヘキニ付承知アリ度[52]」と改めて「政府」の呼称使用を認めない旨を伝えた。一方、外務省はこの時どのような動きを見せていたのであろうか。

二　冀東政権解消をめぐる日中の歩み寄りと冀東政権の反発

一九三七年三月三日、林銑十郎内閣の外相に佐藤尚武が就任した。佐藤は冀東政権が存在する間は「日支間国交の円滑化はとうてい不可能である[53]」という認識のもと、「川越・張会談」以来暗礁に乗り上げていた冀東政権解消問題の解決にとりかかった。佐藤は冀東政権の解消には「まず国内において、軍部と一心同体にならなければなら」ず、「軍部を説き、彼らをして全部われわれの考えを容れしめ、協心協力、事にあたるように仕組まなければならぬ[54]」と考えた。幸いこの時、陸軍中央では石原や陸軍省軍務局長の後宮淳少将、軍務課長の柴山兼四郎大佐が佐藤外交に協力的だった[55]。

一方で、問題を解決するためには、「国内的に話がまとまりえたとしても、出先の軍部をして中央の方針を体して、同一の態度をとらせなければなら[56]」なかった。そのため、佐藤は外務省アジア局局長の森島守人を陸軍との交渉役に任じた。

佐藤の意を受けて森島は四月、柴山と関東軍司令部を訪れ、参謀長の東條英機中将（三月着任）に外務省と陸軍中央の意向を伝えた。そして、東条から関東軍は冀東地区の経済発展が行われれば、冀東政権解消に異議はないとする旨を引き出した[57]。

中国側の動きはどうか。一九三七年二月一五日から二二日にかけ、南京で中国国民党第五期中央執行委員会第三次全体会議（三中全会）が開かれた。この会議では、一九日、馮玉祥ら委員一六名が提議した「促進救国大計案」が決議された。これは日本が新たに中国侵略を始めた場合の具体案をまとめたもので、第一条では「失地回復に努め、はじめに華北の軍隊を支援し、ならびに精鋭部隊を増派して、まず察北冀東を回収し、東北四省を回復する準備とする」[58]と、日本から冀東地域を取り返す中国側の意思が明確に示されていた。また、第二条では、外交については「今後積極的な方針を採り、不平等条約の廃除、侵略された土地の回収を図ることで、国際情勢をこれにより転換させる」[59]と定めた。

この方針のもと、三月八日、外交部長に就任した王寵恵は外交部に海外通信社特派員を招いて声明書を発表し、中国の対外政策は国家の領土と主権の保持、ならびに国際間の平等互恵関係を原則に友好増進を図る方針であることを述べた[60]。また、張群は二三日、上海で中国側と経済問題について話し合うために訪れていた児玉謙次（日華貿易協会会長）と会見し、華北での中国の行政権の完整を主張するなかで、冀東政権の廃止を求め、現在の華北の事態を解決することが先決問題であると語った[61]。これに対し、すでに冀東政権の存在を憂慮していた児玉は帰国後、佐藤外相に中国側の主張をまとめた意見書を提出した[62]。

日中両国が冀東政権の解消をめぐって再び歩み寄りを見せるなか、殷汝耕は四月一七日、通州に日本人記者を集めて会見し、「最近南京側が日支の国交調整の第一歩として冀東政府解消を日本側に要求しまた日本の一部においてもこれが解消を議論されてゐるようだが、これは笑ふべきお門違ひの話である。第一冀東政府が解消すれば日支関係が融和するといふ考へ方が間違ひで、しからば冀東政府の成立前日支が融和したことがあるかどうか、また南京側が人民の自主により生れ出た冀東政府の取消しを日本に要求するのは笑止千万だ、日本がかゝる要求を受けた場合「冀東政府に直接交渉せよ」と突き放してしかるべきである」[63]と、冀東政権の解消を求める中国側を強く批判し、また日本側にはその要求を受け付けないよう求めた。

冀東政権解消問題をめぐり日中と冀東の対立が激しさを増すなかで、汎太博に参加した冀東政権は日本にいかなるアピールをしたのか。

三 「冀東デー」開催と冀東政権の対日アピール

汎太博が開幕した三月一五日、冀東政権代表として開会式に出席した殷汝耕の甥で実業庁長の殷体新は祝辞を披露し、「汎太平洋平和博覧会の開催せらるるに当り、其末席を汚し、我が冀東の産業の実状を紹介して、貴国朝野官民各位の御認識と御理解とを得、以て将来北支産業の開発、新興に御援助を仰ぎ、併せて日支親善の愈々益々之に依りて緊密の度を加ふるの端緒たらんことを切に希望するものなり(64)」と述べ、冀東政権の汎太博参加の目的を明らかにした。

汎太博では開催期間中、参加団体による「各種デー」イベントがあり、そのうち、冀東デーは四月二五日に開かれることになっていた。冀東デーに政府特使として参列するため、通州から名古屋に向けて出発した池宗墨は二一日、下関で「近時欧米依存を力頼みとして南京政府の対日態度が強硬となり北支問題の解決、冀東政府の解消問題を強調してをりますが支那四億の民心はすでに南京政府をはなれたゞ兵力あるがために政権を保つてゐるのです、あの容共政策はなんですか、大衆は夙に日本を盟主とし東洋に防共自治、平和の楽土建設を希望してゐるのです、その魁をなした冀東政府を解消してどうしますか(65)」と語り、日中間で再び始まった冀東政権の解消の動きを批判した。

また同日、広島に移動して第五師団団長となっていた板垣征四郎中将に面会した池宗墨は、その後の会見で、「国民党の政策は現在の支那には適しないのだ、外交政策にしても欧米依存政策によつて東洋の平和を攪乱し東洋民族の和平を破壊してゐる、支那一般の国民は東亜の手によつて即ち日本と兄弟のやうに提携してこそ東亜百年の大計を樹立することが出来るのであつて、これを代表してゐるものはわが冀東政府にほかならない(66)」と、冀日友好の必要性を主張し、「一体日本にわが政府の解消を口にしてゐる人があるのだらうか、私は国を出るまでそんな話を耳にしたことはない、恐らく国民政府の逆宣伝だと思ふ、日本にそんな議論をする人は一人もないと私は信じてゐる」[67]と、冀東政権解消問題の存在そのものを否定した。満洲国に使節団を派遣した時と同様、池宗墨は訪問先に向かう途中で、外部に向けて冀東政権の意見を表明した。この時アピールされたのは、冀日両国の友好と冀東政権解消に反対する姿勢だった。

四月二五日、冀東デーが開幕した。この日、名古屋市内全ての市電、市バスに日章旗と五色旗が交叉して掲げられたほか、博覧会入場者にはゴム風船と福引き券が贈呈され、一等と二等の副賞には殷汝耕の書が贈られた。[68]五色旗掲揚をめぐっては、二三日、梅津から東條と橋本両参謀長に対し、冀東政権に五色旗の撤回を指導するよう要求する電文が発せられていた。[69]いかなる経緯で最終的に五色旗が掲げられたのか定かではないが、五色旗掲揚は陸軍中央の意に反して強行されたものだったことがわかる。

また、午後七時から三〇分間、通州のラジオ放送局から日本放送協会東京放送局（現日本放送協会東京放送局）を通じ、日本全国に向けて冀東政権の紹介と冀日関係の友好を願う殷汝耕の日本語によるメッセージが放送された。[70]このラジオ放送について、事前に外務省が計画の中止に動いたことを知った東條は放送四日前の二一日、梅津に対し、放送を中止させようとする「外務省ノ消極的態度ハ甚タ遺憾ナリ冀東自治政府ノ厳然タル存在事実ニ鑑ミ本放送ヲ実現セシムル如ク指導アリ度」[71]と抗議した。東條は冀東の経済開発と引き換えに冀東政権の解消に同意していたが、政権の存在を否定したわけではなかったため、放送を中止し政権の存在自体を打ち消そうとした外務省の行動は東條にとって無視できないものであった。

汎太博実施の経緯について研究した西尾林太郎は「各種デーにおける福引券の配布は内国、外国を問わず多くの参加主体によって行われ、浅く広く景品が配られ、汎太博を盛り上げた。しかし公共交通機関に「国旗」が掲げられて、その政府の所在を内外にアピールしたのは冀東政権に限られた。ラジオ放送を含めて、冀東政権は汎太博において特別であった」と冀東デーについて評しているが[72]、その背景には、再び政府解消の憂き目に曝された冀東政権の必死のアピールと、冀東政権の存在の可否をめぐる出先と中央との水面下での激しい攻防があった。

小　結

冀東政権の成立により、河北省の一部を事実上奪われた国民政府は、直ちに何応欽を北平に派遣して対策を図るとともに、外交面では日本側に強く抗議する一方、イギリスに窮状を訴え、冀東政権の成立を世界的問題として扱おうとした。これに対し、外務省は冀東政権の成立を中国の内政問題と見なし、また陸軍は冀東政権の解消を訴える冀察政権の支持に回った。

孤立無援の状況の中で、冀東政権が唯一頼れる外交パートナーとなったのが満洲国であった。冀東政権は満洲国と条約を締結することで関係を強化する一方、冀東政権と満洲国が互いに「唇歯輔車」の関係にあることを外部にアピールすることで、政権の存在意義を明確にし、冀東政権解消の声に対抗した。冀満外交を背後で導いた関東軍は、満洲国とともに冀東政権を軍事的に支援することで、満洲国後背地の安定を確保するとともに、華北問題に引き続き関与できる場を作ろうとした。しかし、この関東軍の思惑は当時の日本の対華北政策とは根本的に対立するものであった。

成都事件をきっかけに「川越・張会談」が始まり、日中両国で懸案となっていた冀東政権解消問題が初めて外交レベルで議題として取り上げられ議論された。この日中の動きに対抗するため、冀東政権は政権成立一周年式典の場で五色旗を国旗とすることを宣言した。これは表向きには中華民国臨時約法に示された共和政体を回復させた証としたが、実際は、国民政府と異なる国旗を新たに掲げることで、政権の独立色を強め、冀東政権の解消を困難なものにする狙いがあった。さらに、冀東政権は式典を通して、日本側に冀東政権との提携の必要性を呼びかけ、冀東政権解消問題の進展阻止を試みた。

汎太博の冀東政権参加を前に、冀東政権を迎え入れる日本では、陸軍中央と出先との間で新たな対立が起こった。冀東政権が出品する特設館に「政府」という言葉を用いるかどうかという問題をめぐって、それを支持する出先に対し、冀東政権の解消に前向きだった陸軍中央は、「冀東政府特設館」という名称を使うことで日本が冀東政権を国家として承認してしまうことにつながることを恐れ反対の立場を堅持した。

その一方、日中外交当局は「川越・張会談」以来頓挫していた冀東政権消問題について、改めて解決に向けた歩み寄りを始めた。この動きに対し、冀東政権外部に向けて冀東政権解消反対の声を挙げるとともに、改めて冀日友好の必要性をアピールした。そして、汎太博開催中に行われた「冀東デー」では、名古屋市内の公共交通機関に五色旗を掲げて政権の存在を誇示し、またラジオ放送を通じて日本全国に冀日友好をアピールした。この冀東政権の対日アピールの背景には、政権解消の危機を何とか打開しようとする冀東政権の思惑が強く働いていた。

冀東政権解消問題の解決が難航するなか、冀東政権はアヘン専売制度を実施し、日中関係に新たな火種を生んだ。阿片については、一九一〇年代から一九三一年代初頭にかけて、日本や中国など関係各国が締結した国際条約で取引や使用、生産などについて厳しく制限された(73)。それにも拘らず、冀東政権はなぜアヘン専売制度を始めたのか。

注

(1)『益世報』、一九三五年一一月二七日。
(2)同右、一九三五年一一月三〇日。
(3)同右、一九三五年一二月四日。
(4)同右、一九三五年一二月五日。
(5)「郭泰祺以就華北時局実情与英外相晤談経過致外交部電」、一九三五年一二月二日、前掲『傀儡政権』二、一〇七頁。
(6)李雲漢「宋哲元主持華北危局的一段経歴　一九三五―一九三七」、李雲漢編『中国現代史史料選輯　抗戦前華北政局史料』、正中書局、一九八二年、二〇〇～二〇一頁。
(7)「孔祥熙与日総領事須磨的談話」、一九三五年一一月二七日、南開大学馬列主義教研室中共党史教研組編『華北事変資料選編』、河南人民出版社、一九八三年、三七四頁。
(8)前掲「冀東政府の対冀察合流をめぐる陸軍の動向」、『日本歴史』第七〇九号、五七頁。
(9)『益世報』、一九三五年一二月七日。
(10)同右、一九三五年一二月一五日、六一八頁。
(11)同右、一九三五年一二月二七日、七九〇頁。
(12)「程錫庚陳冀察当局向日方交渉取消冀東防共自治政府事致外交部之世電」、一九三六年一月三一日、前掲『傀儡政権』二、一九五頁。
(13)「冀東防共時委員会改称冀東防共自治政府」、一九三五年一二月二五日、前掲『冀東日偽政権』、一三頁。
(14)岡部牧夫『満州国』、講談社、二〇〇七年、九七～九八頁。
(15)『益世報』、一九三五年一月一六日。
(16)「厳寛陳殷汝耕与日方会商協訂攻守同盟要点之寒電」、一九三六年一月一四日、前掲『傀儡政権』二、二〇〇～二〇一頁。
(17)「北支処理要綱」、一九三六年一月一三日、前掲『日本外交年表並主要文書』下、三二二～三二三頁。

(18)「池宗墨小伝」、前掲『冀東日偽政権』、七一～七二頁。
(19)池宗墨「冀東政府之使命」、『冀東日報』、一九三六年三月二三日。ちなみに、『冀東日報』はこの前日に創刊された。
(20)東洋事情研究会編『冀東綜覧』、東洋事情研究会、一九三六年、二四頁。
(21)同右、二五頁。
(22)同右、二六頁。
(23)同右、二八～三二頁。
(24)関東軍参謀長発陸軍次官宛関電第四六九号電報、一九三六年四月一八日、満密第四八四号「満洲国冀東政府間ノ友好親善ニ関スル取極交換ニ関スル件」所収、陸軍省記録「陸満密綴　第五号」、一九三六年五月四日～五月一八日、防衛省防衛研究所図書館所蔵、JACAR、Ref: C01003122800。
(25)「次官ヨリ関東軍参謀長宛電報」、一九三六年四月二〇日、同右。
(26)「次官ヨリ関東軍参謀長、支那駐屯軍参謀長宛電報案」、一九三六年五月八日、同右。
(27)前掲「冀東政府の対冀察合流をめぐる陸軍の動向」、『日本歴史』第七〇九号、六四頁。
(28)前掲『日中戦争下の外交』、三〇～三八頁。
(29)前掲「華北工作と国交調整」、『太平洋戦争への道』三、一九四～一九六頁。
(30)同右、一九八頁。
(31)「九月二十三日川越張群会談に於て張群が読上げた書物」、前掲『現代史資料8』、二九二頁。
(32)軍令部第二課「北海（支那）事件経過概要」、一九三六年八月～一九三七年一月、同右、二三五頁。
(33)同右、二三九頁。
(34)須磨総領事発有田外務大臣宛第八一〇号電報、一九三六年一〇月八日、同右、三一八～三一九頁。
(35)須磨総領事発有田外務大臣宛第九四一号電報、一九三六年一一月二〇日、同右、三三九頁。
(36)「十二月三日川越大使口上書及交渉結末覚書」、同右、三〇二頁。

(37)『冀東日報』、一九三六年一一月二六日。
(38) 張永「従〝十八星旗〟到〝五色旗〟——辛亥革命時期従漢族国家到五族共和国家的建国模式転変——」、『北京大学学報(哲学社会科学版)』第三九巻第二期、北京人民出版社、二〇〇二年三月、一一〇〜一一一頁。
(39)『冀東日報』、一九三六年一一月二五日。
(40)「戴笠呈報冀東偽政府将於成立週年懸掛五色国旗蔽惑華北民心日人並有危害蒋委員長意図之有電」、一九三六年一一月二五日、前掲『傀儡政権』二、二〇七頁。
(41) 同右。
(42) 殷汝耕「冀東防共自治政府宣言」、『冀東日報』、一九三六年一一月二五日。
(43) 在中国加藤大使館一等書記官発有田外務大臣宛第二八号電報「日本の対中政策への要望および冀東政権解消問題に対する宋哲元の立場等に関する殷汝耕内話について」、一九三七年一月一八日、外務省編『日本外交文書　昭和Ⅱ第一部第五巻上(昭和十一—十二年七月対中国関係)』、外務省、二〇〇八年、七八二〜七八三頁。
(44) 西尾林太郎「国際博覧会としての名古屋汎太平洋平和博覧会——その光と影——」、『雲雀野』第二三号、豊橋技術科学大学、二〇〇一年三月、五〇頁。
(45) 同右、五二頁。
(46) 同右、五五頁。
(47) 同右、五六頁。
(48) 同右、五三頁。
(49) 支那駐屯軍参謀長発次官次長宛秘支電第一四五号電報、一九三七年三月一二日、支那駐屯軍密第四〇五号「冀東政府名古屋博覧会ニ出品ノ件」所収、陸軍省記録「密大日記　第六冊」、一九三八年、防衛省防衛研究所図書館所蔵、JACAR、Ref: C01004467700。
(50) 参謀本部第二課「帝国外交方針改正意見」、一九三七年一月六日、前掲『国防論策篇』、一九四頁。

(51) 参謀本部第二課「対支実行策改正意見」、一九三七年一月六日、同右、一九八頁。
(52) 「次官ヨリ支那駐屯軍参謀長電報案」、一九三七年三月一三日、前掲「密大日記　第六冊」。
(53) 吉村道男監修『日本外交史人物叢書　第一七巻　回顧八十年』、ゆまに書房、二〇〇二年、三六八頁。
(54) 同右、三六九頁。
(55) 藤枝賢治「『佐藤外交』の特質――華北政策を中心に――」、『駒澤大学史学論集』第三四号、駒澤大学大学院史学会、二〇〇四年四月、八二～八三頁。
(56) 前掲『回顧八十年』、三六九頁。
(57) 森島守人『陰謀・暗殺・軍刀――一外交官の回想――』、岩波書店、一九五〇年、一二三頁。
(58) 同右、四一六頁。
(59) 同右、四一七頁。
(60) 東亜人文研究所編『冀東』、東亜人文研究所、一九三七年、七五頁。
(61) 児玉謙次『中国回想録』、日本週報社、一九五二年、一六四頁。
(62) 同右、一七八～一八二頁。
(63) 前掲『冀東』、一六五頁。
(64) 殷体新「冀東防共自治政府の代表として」、同右、二頁。
(65) 同右、一八九頁。
(66) 同右、一九一頁。
(67) 同右、一九二頁。
(68) 前掲「国際博覧会としての名古屋汎太平洋平和博覧会」、『雲雀野』第二三号、五六頁。
(69) 「次官ヨリ関東軍参謀長、天津軍参謀長宛電報案」、一九三七年四月二三日、軍務課陸満密受第四七九号「殷汝耕の放送ニ関スル件」所収、陸軍省記録「満受大日記（密）」、一九三七年、防衛省防衛研究所図書館所蔵、JACAR、Ref.

C01003249300。

(70) 前掲『冀東』、三一七頁。

(71) 関東軍参謀長発次官宛秘関第四七四号電報、一九三七年四月二一日、前掲「殷汝耕の放送ニ関スル件」、「満受大日記(蜜)」。

(72) 前掲「国際博覧会としての名古屋汎太平洋平和博覧会」、『雲雀野』第二三号、五六頁。

(73) 江口圭一『日中アヘン戦争』、岩波書店、一九八八年、一二三～一二四頁。

第四章　冀東政権の財政とアヘン専売制度

はじめに

冀東政権は成立後、財源を確保するため、支配地域内にあった国民政府の徴税機関を接収し、税収を確保しようとした。しかし、冀東政権の思惑に反し、税収はすでに国民政府と河北省政府によって三ヶ月先の分まで徴収されていたため、冀東政権の財政はたちまち危機に陥った。

このような財政状況を打開するため、冀東政権は一九三六年に入ると、新たな税目を設けて住民らにそれらを課したほか、二月、それまで渤海湾沿岸で横行していた密貿易を「冀東特殊貿易」（冀東密貿易）として公認し、「査験料」と称して密輸業者から輸入税を徴収した[1]。さらに、税収を補うため、七月には支那駐屯軍が立案したアヘン専売制度を法制化し、癮者（麻薬中毒者）救済を名目にアヘンの専売を始めた。

これら財政政策のなかでも特にアヘン専売制度は、冀東政権に利益をもたらした一方で、中国国内にアヘン被害を与え、国民政府が進めていたアヘン禁絶政策にも悪影響を及ぼすなどの問題を引き起こした[2]。

これまでの研究で明らかにされたとおり、満洲国など冀東政権以外の傀儡政権もアヘン専売制度を実施し財源を確保していた。その結果、アヘンは中国全土に蔓延した。このアヘン専売制度は満洲事変以降、日本が中国に与えた被害のなかでもとりわけ重く、かつ深刻なものであった。

考察に入る前に、傀儡政権のアヘン専売制度に関するこれまでの研究について振り返る。日本では一九七九年に黒羽清隆が東京裁判の速記録を用いて満洲国のアヘン専売制度の目的や中国にもたらした被害について論じた[3]。しかし、黒羽自身も認めたように[4]、このときは実証的研究ができるだけの一次史料が充分に揃っていなかったため、実態が明らかにされたとは言い難かった。

しかし、一九八五年、江口圭一が古書店で手に入れた一次史料を使って蒙疆政権のアヘン専売制度の実態と日本側の関与を明らかにした[5]。さらに、一九八六年、戦時中に陸軍軍人として中国でアヘン取引に関わった岡田芳政が中心となって、アヘン問題に関する史料集が公刊されたことで[6]、研究状況は飛躍的に改善された。

これら成果をもとに、小林元裕は汪兆銘政権のアヘン専売制度について明らかにし[7]、山田豪一は満洲国のアヘン専売制度の成立過程について、日露戦争後の日本の中国進出の経緯をたどりながら論証した[8]。

一方、中国や台湾では一九九〇年代後半から日本側の史料を使った日本の中国侵略とアヘンとの関係に言及した研究が発表されはじめ[9]、一九九八年には中国側に残されたアヘン専売制度の文献を収めた史料集が公刊された[10]。欧米に目を向けると、一九九七年五月にカナダのトロント大学で東アジア史におけるアヘン問題をテーマとした初の国際シンポジウム“Opium in East Asian History 1830-1945”が開かれるなど近年になってこの問題についての関心が高まり[11]、二〇〇〇年にシンポジウムの成果が論文集としてまとめられた[12]。

このように傀儡政権のアヘン専売制度の研究は、一九八〇年代半ばに日本で実証研究と史料公開が進んだことで発展し、二〇〇〇年頃からは中国や欧米でも活発に議論されるようになった。とりわけ、研究者の関心は満洲国、蒙疆政権、汪兆銘政権に注がれ、これら政権のアヘン専売制度の実態はかなりの部分が解明された。

これに対し、冀東政権のアヘン専売制度の研究は、一九八六年に金京鎬が冀東政権のアヘン密輸の問題を論じたなかで言及した以外[13]、今日まで目立った成果はなく、傀儡政権のアヘン専売制度研究の空白部分となっている。金によると、冀東政権のアヘン専売制度は満洲国の同制度を模倣したもので、その目的は政府財政の増収、特に軍費を調達するためであった[14]。しかし、金の研究では、アヘン専売制度がどのようにして成立したのかがはっきり論じられていないうえ、目的についても、冀東政権の財政状況に検討が加えられておらず、果たして冀東政権は本当に軍費調達のためにアヘン専売制度を制定したのか明らかでない。

そこで本章では、冀東政権の財政状況に注目しながら、いまだ不明確なアヘン専売制度が成立に至る過程を次のように検討する。

はじめに、冀東政権成立時の税収が当初予想されていた額よりも少なかった原因を探るとともに、政権成立時すでに日本側がアヘン専売制度導入の検討を始めていたが、制度導入を時期尚早として撤回した理由について考察する。次に、財源不足に陥った冀東政権がいかなる手段で税収を得たのか、また、政権の財政収支の変化を確認しながら、アヘン専売制度が行われる原因とされた軍費は一体どうなっていたのか、もし軍費の支出が財政に影響を与えていなかったとしたら、そのほかにどのような原因があったのか考察する。最後に、支那駐屯軍が立案したアヘン専売制度の計画が一体どのようなものだったのか検討するとともに、制度実施にあたり何らかの反発の声が挙がらなかったのか、あったとしたらそれはどのようなものだったのか、そして、実際にアヘン専売は行われたのかどうか探る。

第一節　冀東政権の財政政策

一　政権成立時の財政状況

一九三五年一一月二五日朝、通州で「冀東防共自治委員会成立会」が開かれた。会場には委員長に就任した殷汝耕をはじめ、各委員ならびに関係者が顔を揃えた(15)。式典では冀東政権が成立するまでの経緯が報告されるとともに、今後の政策方針に関する決議が行われた。そのなかで財政問題については、冀東政権が支配する冀東全二二県の税収を接収するため(16)、「冀東二十二県税款接収委員会」を設置することが決まった(17)。

式典後の記者会見で殷汝耕は二二県の毎年の税収について、国税（中央税）は五〇〇万元余り、省税（地方税）は三〇〇万元余り(18)、県税は二八〇万元あり、それらは接収委員会が押さえるが、一部外債の担保とされている海関税と塩税は外交関係を考慮し(19)、取り扱いはしばらく様子を見ると発表した(20)。これに対し、記者のひとりが財政状況に不安がないか問いただすと、殷は政権の予算はそもそも六五〇万元あれば充分で、国税のうち多額を占める統税を差し押さえれば余剰すら生まれると反論した(21)。

通州で成立式典が執り行われていた頃、唐山に駐屯していた保安隊第四総隊（総隊長趙雷）は、市内にあった徴税施設と交通機関に隊員を派遣し監視下に置いた(22)。

同夜、式典を終えて列車で唐山に到着した冀東政権委員の殷体新は、二六日、徴税施設の接収を実施するとともに、「北寧鉄路新楡段監理処」を設置し、冀東地区を走る北寧鉄道を管理下に置いた(23)。

一二月三日、冀東政権は今後の財政政策に関する非公式発表を行い、一般歳入概算約一一〇〇万元のうち、警備費と一般経費を除いた五〇〇万元は建設生産事業に投入することや、冀東領内を走る北寧鉄道を接収すれば年額三〇〇万元の利益を確実に見込めるなどと述べ(24)、財政状況に何ら問題はないことをアピールした。さらに、九日、冀東政権は「税制緊急処理令(25)」を発し、これまで冀東地方で徴収されていた国税と省税は全て冀東政権の収入とした。それら税のうち、海関税と塩税については、それぞれの徴税機関がしばらくの間保管し、国民政府へは送金しないと定めた(26)。

二　アヘン専売制度の導入をめぐって

日本側、特に支那駐屯軍など華北問題に関わりを持つ出先機関は冀東政権の財政問題をどのように考え、どういった動きに及んだのか。この問いを検討する前に、塘沽停戦協定成立後の支那駐屯軍による華北経済調査の模様についてみていく。

一九三三年五月三一日、日中両軍の間で塘沽停戦協定が締結され、満洲事変以来の軍事衝突が一段落すると、日本側の関心は満洲国に隣接する華北に向けられた。一九三四年五月、満鉄経済調査会は、華北の資源や交通問題などを調査するため、天津と青島に駐在員を配置した(27)。

これを受け、支那駐屯軍参謀長の酒井隆大佐は一〇月、満鉄に対し華北経済について調査を依頼した。その内容は日本の対華経済発展と日満華北経済ブロック結成による日本の国防資源の充実を目的に、華北の産業、経済、金融、交通などの基礎的調査と具体的方策の研究であった。特に停戦協定によって冀東地区に設置された緩衝地帯は「日、支両国に取り特殊地域なる関係上同地域に対する施策は比較的容易」であると考えられたため、調査は冀東地区から着手するよう指示された(28)。

さらに、酒井は一九三五年五月一四日、西尾寿造関東軍参謀長に対し、華北経済調査実施にあたり調査員として満鉄社員五人を派遣するよう依頼した。これを受けて西尾は七月三日、八田嘉明満鉄副総裁にその旨を要請し、九日、満鉄は社員からなる丙嘱託班を編成して華北に派遣することを決定した(29)。

同じ頃、満洲国からも同国官吏で組織された甲嘱託班が支那駐屯軍に派遣された。丙嘱託班ならびにその後同じく満鉄から派遣された乙嘱託班が華北の産業や交通など経済一般の調査立案を任務としたのに対し、甲嘱託班が担当したのは主に華北の政治や財政に関わる問題であった。

甲嘱託班は調査内容別に五つの班に分かれていた。そのなかで毛里《もうり》英於菟《ひでおと》を主査とする第二班は、華北の財政と貿易の調査立案を担当した(30)。具体的には、財政に関する調査、財政に関する政策的研究、華北貿易に関する調査、華北貿易に関する政策的研究で、特に財政政策の研究では「北支財政の自立的方策」や「新財政組織の確立方策」など華北新政権設立を念頭に置いたテーマが設けられていた(31)。

通州に冀東政権が成立すると、甲嘱託班は冀東政権の財政問題についても調査立案をすることになった。その際に検討された計画案のひとつがアヘン専売制度であった。日本のアヘン専売制度は、一八七九年に内務省衛生局が日本国内で初めて施行し、その経験を受け継いで、一八九七年に植民地の台湾で一般アヘン吸飲者を対象としたアヘン専売が始まった。

禁制品のアヘンは高値で売れたことから、日本の大陸進出にともない、関東州(32)、山東半島、朝鮮でも専売が実施され(33)、財政に不安を持っていた満洲国や蒙疆政権(34)、汪兆銘政権など傀儡政権もこれを行った。

一方、アヘン専売制度を実施したこれら地域からは、密売業者によって大量のアヘンが隣接する中国領内に流れ込んだ。特に冀東政権成立後、冀東地区には長城線を越えて満洲国側からアヘンが運び込まれ、特務機関の黙認のもと、日本人麻薬製造業者の手に渡り、ヘロイン製造などに利用された[35]。

冀東政権にアヘン専売制度を実施させるかどうか検討を重ねてきた毛里は、その結果を一九三五年一二月二〇日付で「冀東区ニ於ケル阿片専売制ニ関スル意見[36]」としてまとめた。このなかで毛里は、「阿片専売実施要綱（別紙案）ニ対スル意見」と「阿片専売創設ノ要否」というふたつのアヘン専売制度に関する意見を述べた。ここに別紙案として掲げられていた「阿片専売実施要綱」とは一体何か。

「阿片専売実施要綱」は正式名を「冀東特別区阿片専売制度実施要綱」という。要綱の起案者や作成年月日などは不明であるが、文中に「冀東防共自治委員会」ということばがあるため、おそらく冀東政権成立直後に作成されたものと推察される。

要綱では方針に「冀東特別区ハ独自ノ政治的立場ニ於テ可及的速カニ其ノ財政確保ヲ企図スルコトノ急務トスル状況ニ鑑ミ、財源捻出ノ一策トシテ特別区ニ於ケル阿片専売制ヲ実施シ財政ノ補強ヲ図ラシメムトス」とあり、アヘン専売の目的が冀東政権の財政を支援するためであったことがわかる。

アヘン専売の実施方法については、まず「冀東防共自治委員会ニ専売公署ヲ設ケ一切ノ専売事務ヲ管掌」させ、「委員会ハ阿片販売ノ統制ヲ図ル為法ノ定ムル所ニ依リ阿片販売公司ヲ設立シ特別区内ニ於ケル阿片ノ一手販売ヲ」実施し、そして、「販売公司ハ満洲国専売公署トノ間ニ満洲産阿片ノ購買ニ関スル特約ヲ」結び、さらに「販売公司ハ必要ノ地ニ指定売捌人ヲ置キ阿片ノ販売ニ当」たるとされた。また、専売を徹底するため専売公署は分署を設置し、「最少限度ノ監督員ヲ駐在セシメ密輸阿片ヲ厳重ニ検査シ密売防止ニ努」めることも計画されていた。

検討結果をまとめるに先だち、毛里ら甲嘱託班は、実際に冀東政権が要綱に基づいてアヘン専売制度を実施する必要があるかどうか判断するため、一一月三〇日、通州で冀東政権の財政状況に関する調査を行った。その結果、冀東政権管下の二二県で得られる県税は、殷汝耕がすでに公表していた額よりもやや少ないおよそ二〇〇万元で、保安隊費約二四〇万元と県公署費など約三〇数万元は、旧省税分の二七〇万元で賄えることや、これまで国税として徴収されていた統税、菸酒税、印花税、海関税、塩税などを合計すると、殷汝耕の公表額より二〇〇万元多い、約七〇〇万元になることがわかった[37]。

調査結果をもとにして、毛里は「阿片専売創設ノ要否」のなかで、「冀東区ノ財政状況ヨリ見テ財源トシテ阿片専売ヲ現在創設スル必要ナ」く、また冀東地方ではアヘンが生産されていないため[38]、領内で阿片統制を布く必要もないなどの理由を挙げ、アヘン専売制度の実施に反対した。そして、「阿片専売実施要綱」についても、「本専売案ハ間接専売案ニシテ実質上政府ノ統制力極メテ微弱ナルカ故ニ其ノ弊害ヲ十分予想」でき、もし実施することになった場合でも、「仮リニ一定ノ財政収入ヲ齎シ得ルトスルモ財源ノ性質上一般財源ニ充当スヘキモノニ非サルコト」になるうえ、「専売法実施前（専売ノ根本主旨確立前）販売公司ヲシテ専売制ヲ代行セシムルコトハ将来ノ専売制確立ノ為メニ危険」であると問題点を指摘し、アヘン専売制度は「根本方針ヲ十分吟味確定シタル上慎重ニ決定スヘク従テ別紙案ハ之ヲ当分保留スルコト」と結論づけた。

では、毛里の調査どおり、果たしてこの時の冀東政権の財政はアヘン専売を行う必要がないほど充分なものだったのか。一九三五年一二月の冀東政権の財政収支（**表1**）を見ると、歳入総額はおよそ三二万四四三六元で、このうち原資不明の当座預金三〇万四四三元を差し引くと、税収額はわずか二万三九九三元と少なかった。なぜ冀東政権は税収を充分に確保できなかったのか。

一九三六年一月一二日、通州を視察に訪れた久保田久晴天津駐在海軍武官によると、冀東政権は発足直後に徴税機関を接収し収税を試みようとしたが、冀東政権が本来手にするはずであった旧国税と旧省税の多くは、このとき、す

表 1　冀東防共自治政府 1935 年 12 月分財政収支（単位：元）

歳入				歳出					
経常部		臨時部		経常部		臨時部			
田賦	2,750.084	塩税収入	-	行政費	4,600.000	行政費	11,570.780	宣伝費	650.000
契税	1,284.854	鉄道収入	-	司法費	-	保安費	23,790.000	機密費	7,250.000
営業税	19,958.190	当座預金	300,443.256	保安費	179,793.000	財務費	-	特別費	14,000.000
統税	-	経費剰余金	-	公安費	-	建設費	-	撥補苛雑	-
		其他収入	-	財務費	60.250	教育文化費	-	其他支出	3,008.400
				教育文化費	-	救済費	-	分庫金往来	35,233.679
				建設費	-	撫恤費	40.000	暫記欠款	37,275.000
				撫恤費	-	警備費	100.000	総金庫存	2,106.770
						交際費	958.550		
合計	23,993.128	合計	300,443.256	合計	184,453.205			合計	139,983.179
		歳入総計	324,436.384					歳出総計	324,463.384

出典：姫野徳一編著『最近対華経済資料』第三輯、日支問題研究会、1937 年、pp.196–199 をもとに広中作成。
注：合計金額が合わないところがあるが、原文のままとした。

表 2　冀東防共自治政府 1936 年 5 月分財政収支（単位：元）

歳入				歳出					
経常部		臨時部		経常部		臨時部			
田賦	26,221.517	塩税収入	350,000.000	行政費	179,443.300	行政費	4,918.090	宣伝費	-
契税	80,598.469	鉄道収入	100,000.000	司法費	12,688.400	保安費	39,392.519	機密費	-
営業税	125,751.918	当座預金	30,774.260	保安費	224,506.400	財務費	427.020	特別費	56,150.000
統税	36,025.780	経費剰余金	2,442.075	公安費	7,741.200	建設費	80,698.500	撥補苛雑	63,867.944
菸酒税	47,426.736	其他収入	2,137.963	財政費	18,860.389	教育文化費	15,399.820	其他支出	13,833.502
印花税	6,496.000			教育文化費	30,054.335	救済費	1,000.000	分庫金往来	60,017.821
巻煙特税	75,000.000			建設費	16,620.300	撫恤費	-	暫記欠款	36,671.426
行政収入	2,804.753			撫恤費	272.490	警備費	-	総金庫存	76,602.237
						交際費	5,000.000		
合計	400,325.173	合計	423,805.778	合計	490,186.714			合計	333,944.337
		歳入総計	824,130.751					歳出総計	824,130.751
5月分の査験料金収入152万元を加算した場合の歳入総計			2,344,130.751	剰余金（歳入総計＋査験料金収入－歳出総計）					1,520,000.000

出典：前掲『最新対華経済資料』第三輯、196～199 頁をもとに広中作成。
注：合計金額が合わないところがあるが、原文のままとした。

でに三月分まで前取りされていて、再び徴税をした場合、二重課税となって民心に悪影響を及ぼす可能性があった。[39]そのため、冀東政権は収税が思うようにできず、税収減を招いた。

一方、歳出を見ると、保安隊の維持管理に用いられた保安費は経常、臨時両支出を合わせると歳出全体の六三パーセントを占める二〇万三五八三元に上り、財政の大きな負担となっていた。しかし、殷汝耕は久保田に対し、政府財政については少なくとも半年後には豊富な剰余金が生まれ、その資金は「挙げて産業開発に振向け保安隊の改良と相俟つて農業に重きを置き次に水利を図り交通を改善し住民福祉実現の手本たらしめん」と、「将来に対する意気込み[40]」を語った。果たして冀東政権はいかなる手段を使って税収を得ようとしたのか。

第二節　税収の回復と交通インフラの整備

一　冀東特殊貿易と新税創設

塘沽停戦協定で冀東地区が緩衝地帯になると、満洲から華北に日本製品を運んでいた貿易業者は、国民政府の高関税を免れるため、陸路や海路を使って冀東地区に製品を密輸入し、その後、それらを天津日本租界で安く売りさばいた。[41]

冀東政権は成立後、領内の農業開発や社会的施設、金融統制などに充てる資金を調達するため、密輸品から低率の税を徴収することを計画し、徴税機関の「冀東沿海輸入貨物査験所」の設立準備に取りかかった。[42]

その最中の一九三六年一月一〇日、砂糖などの荷物を積んだ大連籍の船舶が北戴河沖に停泊中、密輸の取り締まりにあたっていた保安隊の摘発を受けて日本人乗組員一人が連行され、翌日仲間の釈放をめぐって日本人と保安隊が衝突する事件が発生した（留守営事件）。

事件を受けて、天津日本総領事館は冀東政権側に抗議して謝罪や治療費の支出などを要求するとともに、竹下義晴山海関特務機関長と協議し、今後日本人商人の輸入品に対し臨検や没収などしないことを条件に、冀東政権が現地で輸入品に手数料を課すことを黙認する案を冀東政権に提示した(43)。

日本側の提案を了承した冀東政権は、二月一二日、「冀東沿海輸入貨物陸揚査験暫行規定」と「冀東沿海貨物輸入陸揚査験料金徴収細則」を施行し、唐山に徴税を統轄する査験総所を置くとともに、現地で収税に当たる査験分所を秦皇島、南大寺、北戴河、留守営、昌黎にそれぞれ設置し、「査験料」という名目で密輸業者から徴税を開始した(44)。冀東政権は密輸業者から「合法的」に査験料を徴収したことから、この貿易を「冀東特殊貿易」と呼んだ。

冀東政権が密輸業者に課した査験料率は国民政府の輸入税率のおよそ四分の一で、特に輸入量の多かった白砂糖の税率は約五・五分の一、人絹糸の税率は約六・九分の一であった。しかし、この税率は日本製品にのみ適用され、他国の製品には国民政府の税率の約八〇パーセントを課した(45)。

日本海軍旅順要港部の調査によると、冀東政権が得た査験料金収入は徴収が始まった三月は六六万元、四月は一二三万元、五月は一五二万元と大きくに伸びたが、国民政府の対抗措置が効果を現した六月には三六万に減少した(46)。また、貿易収入の一部が関東軍に送られ、内蒙工作の資金に充てられた(47)。

査験料金以外に、冀東政権は二月から印花税と巻煙特税の徴収も始めた。印花税とは許可証や契約書などの証書が発行される際に発生する印紙税のことで、すでに国民政府の国税のひとつとなっていたが、冀東政権は二月二一日、「冀東防共自治政府印花税条例」を公布し、独自に制度化した。これにより、全二七種の証書や書類に一分（元の一〇〇分の一）から一元まで五種類の印花税票の添付が義務づけられ、違反した場合は納税額の一〇倍から三〇倍の罰金が科せられた(48)。

巻煙特税とはたばこ業者が商品を出荷する際に支払う税のことで、紙たばこと葉巻が対象商品とされた。二月二三日に公布された「冀東防共自治政府巻煙特税徴収条例」によると、税率は卸売価格の四割で、違反者は印花税と同様、罰金を支払わなければならなかった(49)。

このほか、冀東政権は一九三六年一月一三日、冀察政権との間で今後北寧鉄道の運営について冀東政権が一切干渉しない代わりに、冀察政権が管理する北寧鉄路局から毎月一〇万元を冀東政権に交付するという申し合わせを交わした(50)。さらに、二二日には長蘆塩の塩務行政を管理していた長蘆塩運使との間で塩税の送金禁止を解除するなど塩務行政を冀東政権成立前の状態に戻す代わりに、塩務収入のなかから毎月二五万元を塩運使から冀東政権に支払うという協定を結んだ(51)。

これら一連の財政政策の結果、冀東政権の財政収支はどのように変化したのか。冀東政権の一九三六年五月分の財政収支（**表2**）を見ると、経常収入と臨時収入を合計した歳入総計は八二万四一三〇元で、前年一二月分と比べおよそ二・五倍に増加した。仮に歳入総計に五月分の査験料金を加えた場合、その額は二三四万四一三〇元に達した。

一方、歳出をみると、これまで財政圧迫の主な原因となっていた保安費は、経常と臨時両支出を合わせると二六万三八九八元となり、歳出全体の三二パーセントと、前年一二月分と比べるとその割合は半分にまで低下した。

これまでの研究では、冀東政権がアヘン専売制度を実施した目的は財源の確保、とりわけ軍費を賄うためだったと主張されてきた。しかし、以上の財政収支を見る限り、査験料金や新税収入などで充分軍費を賄えるだけの財政的余裕が生まれていたことがわかる。では、なぜこのような財政状況だったにも拘わらず、冀東政権はアヘン専売制度を実施したのか。本当に財政に問題はなかったのか。ここでは、冀東政権が推し進めた交通インフラの整備に注目し検討を進める。

二　冀東建設委員会の交通インフラ計画

一九三六年一月九日、冀東政権は「冀東建設委員会組織規程」を公布し、委員会主席に殷汝耕が就任した[52]。冀東建設委員会は、冀東地方の農業、工業、商業、鉱業、金融業ならびに水利交通の発展を目的に組織された[53]。このなかで交通については、北京と山海関を結ぶ北寧鉄道が冀東地方の主要な鉄道交通として機能していた。しかし、各県を結ぶ道路は多くのバスやトラックが往来していたが、充分な舗装がされていなかったため、雨天になると通行に支障が生じるなどの問題が起きていた[54]。

このような道路状況を改善するため、冀東建設委員会は四月一日から四日にかけて開かれた同委員会第一回大会で道路改修に関する審議を行った。そして、委員会の答申を受けて、冀東政権は同月、およそ二四万元を投じて、通密路（通州―順義―懐柔―密雲）など計一三ヶ所の道路を改修することを正式に決定した[55]。

また、同大会では唐通線の建設計画案と楽亭県の大清河河口に商業港を建設する案も決議された。唐通線は唐山から玉田県と三河県を経て通州に至る全長約二五〇キロメートルの鉄道路線で[56]、すでに通州と唐山は北寧鉄道で結ばれていたが、沿線の北平や天津は冀察政務委員会の勢力下にあり、万が一、冀察側が北京と天津の間で鉄道の運行を停めた場合、冀東政権に与える被害は計り知れなかった。そのため、冀東建設委員会は冀東政権が独自に運行できる路線を新設することで、被害を回避しようとした[57]。しかし、工事費用は後に計画された通古線（通州―古北口）と唐古線（唐山―古北口）と合わせると一二〇〇万元に上った[58]。

大清河は楽亭県西部を流れる全長約五五キロメートルの河川で[59]、渤海湾に流れ込む河口部一帯を大清河河口と呼んだ。一九一九年、孫文が『建国方略』をまとめ[60]、実業計画のひとつとして、水深があり冬でも凍結しない、大清河と灤河が流れ込む渤海湾（当時の呼称は直隷湾）の最深部に港湾（北方大港）を建設する考えを明らかにすると[61]、直隷省議会は同年、実業計画をふまえて、大清河と灤河に挟まれた楽亭県沿岸を建設地として決定し[62]、七五〇〇万元の費用を投じて建設を開始した。しかし、その後の戦乱で建設は中断を余儀なくされ、国民政府も一九二八年に港湾の改築を試みたが、経費の不足で完成には至らなかった[63]。

冀東政権にとって不凍港の獲得とは、渤海湾の結氷に関係なく冀東特殊貿易を行えるだけでなく、これまでのジャンク船や発動機船など小型船を使った輸入から、港に入港可能な大型船舶での輸入が可能になるというメリットもあった。

しかし、大会決議後に決まった港湾建設の具体案によると、築港工事は三期に分けて行われ、建設費は土地の買収や浚渫工事、関連施設の建設などで総額七七〇九万二五〇〇元に達した[64]。冀東密貿易などの政策で財政収支を回復させた冀東政権にとって、これら交通インフラの整備にかかる多額の費用をどのように捻出するかが、新たに発生した財政上の大きな問題であった。

第三節　アヘン専売制度の制定

一　アヘン専売制度実施の再検討

冀東建設委員会大会が開かれてからおよそ一ヶ月後の一九三六年四月三〇日、支那駐屯軍司令部は「阿片専売制度実現要綱」を作成し、冀東政権によるアヘン専売制度の実施に向けた方針と要領をまとめた。

このなかで支那駐屯軍は、制度実施に関わる法規を制定したうえで、冀東政権に専売を統轄する「禁煙署」と地方で業務に当たる「禁煙分署」をそれぞれ作らせ、アヘン専売で得た収入を特別会計として計上させることにしていた。また、専売で用いるアヘンは当面の間満洲国から輸入し、政権が指定した卸売人と販売人を介してアヘン中毒者（癮者）に供給され、彼らを収容する戒煙所や青少年への教育もあわせて整備していくとされた(65)。

前年末、甲嘱託班が当面実施を保留すると結論づけたアヘン専売制度を、このとき支那駐屯軍が実施しようとしたのはなぜか。

一九三六年一月一七日、陸軍省は華北における出先機関の行動を統制するため、多田駿支那駐屯軍司令官に対し、一月一三日に同省が決定した「北支処理要綱」（第一次）を実施するよう指示した。要綱では関東軍が推し進めていた華北五省の自治完成を目標とし、冀東政権を冀察政権に合流させるよう指導するが、冀察政権の自治機能が確立するまでの間は冀東政権の存続を支持し、そのために支那駐屯軍は冀東、冀察両政権の財政や軍事について内面指導に当たるよう定められた(66)。

また、冀東政権の各機関には日本人顧問が配置され、各政策の指導にあたるとともに、政権に関する情報が顧問から特務機関を通じて支那駐屯軍側に伝えられた(67)。日本人顧問から報告される情報のなかには、冀東政権の財政状況や交通インフラの整備に力を入れている様子なども含まれていたと想像される。

支那駐屯軍は前述の満鉄に対する華北経済調査の依頼のなかで、「河北省の呑吐港として天津を可とするや或は他に求むべきや」、「港湾位置決定に基づき背後地に於ける鉄路施設を如何にすべきや」など問題を設定して、華北の鉄道と港湾についての調査も求めていた(68)。

さらに、支那駐屯軍司令部は一九三五年七月、「北支新政権発生に伴う経済開発指導案」を作成し、華北で新たな権益を獲得するため、華北全体に開発の手を広げ、「着手は交通、鉱物資源（石炭）、農村問題及其他の順序とす(69)」と、交通の開発を特に重視していた。

このような考えを持った支那駐屯軍にとって、冀東政権が推し進めていた交通インフラの整備は歓迎すべき政策のひとつであり、冀東政権が事業を継続するための資金を求めていたとすれば、支那駐屯軍は何らかの手段を使って、冀東政権を支援する必要があった。支那駐屯軍は冀東政権に交通インフラ整備の財源を与えるため、再びアヘン専売制度の実施について検討を始めたのではないかと考えられる。

「阿片専売制度実現要綱」作成後、支那駐屯軍内でアヘン専売制度をめぐって、どのような議論がなされたのかについては不明であるが、六月一一日にアヘン専売制度の実施に関連する法規や実施計画などをまとめた「冀東防共自治政府禁煙制度案」が成立し、さらに七月一五日、その案に一部修正を加えた「冀東防共自治政府禁煙制度法規案」（以下、法規案）が作成された(70)。

法規案でまず注目されるのが、表題の横に手書きで「冀東政府ニ於テモ十年計画ヲ以テ禁煙事業ヲ展開セントス」と書かれている点である。「十年計画」とは一体何か。

日本と満洲国との間で「日満議定書」が取り交わされた翌日の一九三二年九月一六日、満洲国政府は「暫行阿片収買法」と「阿片専売籌備委員会官制」を公布し(71)、アヘン専売制度制定に向けての準備に取りかかった。当時、満洲国はおよそ四〇〇〇万円の歳入不足を起こしていて、日本の銀行団に公債の発行を依頼して歳入を賄おうとしていた。しかし、満洲国は公債発行の引き換えとなる担保を持っていなかったため、アヘン専売制度を創設し、その収益金を担保に充てることとにした[72]。

一〇月、阿片制度籌備委員会は「阿片制度完成十箇年計画要綱」を作成し、三期一〇年をかけてアヘン専売制度を完成させる計画を決定した。その間に実施しようとした主な事業はアヘン密売を取り締まる法令の制定やアヘンの供給ならびに専売機関の設置、麻薬中毒者の発生予防および救済だった[73]。

法規案にはこの「十箇年計画要綱」に類似した三期一〇年からなる「禁煙制度実施計画」が立案されていた（表3参照）。また、「禁煙制度実施計画」と同様に法規案に記されていた「禁煙条例」、「禁煙条例施行規則」、「査獲違禁毒品奨励規則」もすでに満洲国で施行されていた「阿片法」（一九三二年一一月三〇日公布）、「阿片法施行令」（同）、「査獲私土奨励規則」（一九三二年一二月二〇日公布）と多くの点で内容が共通していた[74]。

このほか、「阿片専売制度実現要綱」で設置が予定されていた禁煙署と禁煙分署について、法規案では「禁煙総局」と「禁煙局」に名称が改められるとともに、具体的な組織規程が設けられた。また、専売用のアヘンは禁煙総局に登録された卸売業者と販売業者が取り扱い、販売業者は販売区域として設定された通州区（通州、三河、平谷、密雲、懐柔、順義、昌平）、塘沽区（寧河、宝坻、香河）、唐山区（灤州、豊潤）、昌黎区（昌黎、楽亭、盧龍、撫寧、臨楡）、遵化区（遵化、玉田、薊県、興隆、遷安）のうちの一ヶ所でのみ営業が許された。

では、支那駐屯軍はアヘン専売制度の実施にあたり、一体どれだけのアヘンを必要とし、結果として冀東政権がどれくらいの収入を得られると予測していたのか。

法規案では、まず冀東政権管下の全二二県の人口を六三〇万人と仮定したうえで[75]、中国や台湾ですでに発表されていたデータをもとに、アヘン中毒者数を人口の三パーセントにあたる約二〇万人と算定した。そして、中毒者ひとり当たりのアヘン消費量を一年四〇両（約一・二キログラム）と推定し、全アヘン中毒者数を掛け合わせた合計八〇〇万

表3　冀東政権の「十年計画」

実施事項	第1期（3年）	第2期（3年）	第3期（4年）
1、禁煙署ノ設置	本署1、分署5ヲ設置ス	整備充実	同
2、原料阿片ノ獲得	満洲国ヨリ輸入ス	同	同
3、阿片煙膏ノ供給	試験	供給開始	普及
4、阿片吸食者ノ取扱	単純登録	認許登録	整備充実
5、阿片ノ供給	卸売人、小売人ヲ指定シテ販売セシム	卸売人ヲ廃止シ直接小売人ニ売下ク	小売人ヲ廃シ全部官業トス
6、阿片吸食器具ノ管理	製造販売ヲ特許制限ス	強化整備	同
7、阿片煙灰ノ使用禁止	—	—	政府ニ於テ回収ス
8、新中毒者ノ発生防止施設	学校教育、強化団体、自治団体、禁煙会等ノ施設ニ依リ国民ノ自覚喚起ニ努ム	強化充実	同及地方ニ官営医療施設充実
9、麻酔薬ノ管理	医療用ニ限リ輸入販売ヲ厳正ニ特許制限ス	強化整備	同
10、密取引ノ取締	一般ニ奨励制度ヲ設ケ官民協力之ニ当ル	強化充実	同
11、阿片及麻薬中毒者救療施設	戒煙所開設	整備充実	同

出典：「禁煙制度実施計画一覧表」（支那駐屯軍司令部「冀東防共自治政府禁煙制度法規案」、1936年7月15日、防衛省防衛研究所図書館所蔵、JACAR〔Ref: C01003184200〕）をもとに広中作成。

表4　事業計画

年次	1年	2年	3年	4年	5年
売下見込量	1,200,000	2,000,000	3,000,000	4,000,000	5,000,000
売下収入	3,000,000	5,000,000	7,500,000	10,000,000	12,500,000
原料購入費	2,400,000	4,000,000	6,000,000	8,000,000	10,000,000
経費	300,000	350,000	400,000	450,000	500,000
益金	300,000	650,000	1,100,000	1,550,000	2,000,000
資金	550,000	850,000	1,200,000	1,800,000	1,900,000

出典：「禁煙制度実施計画一覧表」（支那駐屯軍司令部「冀東防共自治政府禁煙制度法規案」、1936年7月15日、防衛省防衛研究所図書館所蔵、JACAR〔Ref: C01003184200〕）をもとに広中作成。

注：売下見込量の単位は両。それ以外は円。「資金」とは、原料2ヶ月分の費用と経費の半分を足したもの。各年次の事業開始に付き、差し当たって必要な費用として算出された。

両（約二四〇トン）のアヘンが一年間に必要であると判断した。しかし、初年度は制度の不備を理由に、販売量を全消費量の一五パーセントにあたる一二〇万両（約三六トン）とした。

専売用の原料アヘンは満洲国から一両二元（二円）で購入し、冀東政権から卸売人には二元五角（二円五〇銭）で払い下げることが計画された。当時、北京のアヘン卸売価格が一両二円五〇銭前後で推移していたことから[76]、この卸売人への払い下げ価格は実勢価格に即したものといえる。

一両二元で満洲国から予定量のアヘンを輸入した場合、購入費は二四〇万元となり、諸経費三〇万元を合わせると、経費の総額は二七〇万元となった。一方、全て販売し終えた場合の売り上げは三〇〇万元となり、最終的に初年度の収益は三〇万元となる見込みだった。さらに、初年度から五年度までの専売予定量や予想収支総額をまとめた「事業計画」（**表4**参照）をみると、二年度以降は販売予定量（売下見込量）を毎年一〇〇万両ずつ増加させながら専売収入を伸ばしていき、五年度には収益額を二〇〇万元にまで増やす予定であったことがわかる。

なお、満洲国政府は一九三五年一一月四日、日本政府と「日満通貨の等価維持に関する声明」を発表し、一二月六日から満洲国幣一元を日本円一円とする「円元等価」を実施した[77]一方、冀東政権は政権成立後から民間に限り、領内での国民政府法幣の流通を事実上認めていた[78]。法幣は一九三五年一一月三日の「幣制改革」で一元が英一シリング二ペンス半でリンクされたが、当時日本円も為替操作で一シリング二ペンスの価値で維持されていた[79]。よって、日本円と等価の満洲国幣と法幣はほぼ同じ価値であり、以上のような収支計算も可能であった。

法規案をまとめる一方、支那駐屯軍は六月二三日、アヘン専売実施までの具体的日程について冀東政権側と協議し、関連法規を制定したうえで、八月一五日に販売者の指定を完了し、同じ頃アヘンの購入も終え、九月一日に禁煙条例を施行しアヘン専売を開始することにした[80]。

二　外務省の反発とアヘン専売制度の実施

七月一一日、冀東政権は法規案に従い「冀東禁煙条例[81]」、「冀東禁煙条例施行規則[82]」、「冀東査獲違禁毒品奨励規則[83]」、「冀東禁煙総局組織規程」を一斉に公布し[84]、アヘン専売制度実施の準備に入った。同日、冀東政権内に禁煙総局が設けられ、総局長に劉友恵（殷汝耕の義弟）が着任した[85]。

さらに、二一日、冀東政権は実施計画に従い「冀東防共自治政府管轄各県設置戒毒所実施辦法」を定め、戒煙所開設に関する規定を設けた[86]。実施辦法によると、戒煙所は冀東全県に設置され、警務局の指示のもとで、アヘン中毒者の収容や登録、治療などに当たった。

満洲国から専売用のアヘンがいつどのようにして冀東政権に輸入されたのかは、史料がなく不明であるが、当時満洲航空株式会社で奉天管区長を勤めていた河井田義匡によると、九月二七日、察哈爾省徳化で田中隆吉関東軍徳化特務機関長と会談した河井田は、田中から「阿片輸送の件、目的は冀東政府の財源に充つ、一は蒋政権打倒の一助とす」と告げられたという。[87]「阿片輸送の件」の具体的内容ははっきりしないが、少なくともアヘン輸入には関東軍が何らかの協力をしていたものと考えられる。

冀東政権が禁煙条例などを公布すると、外務省は八月六日、田尻愛義《たじりちかよし》天津総領事代理に対し、陸軍側と連絡を取り合って、冀東政権のアヘン専売を中止させるよう命じた。[88]なぜ外務省はアヘン専売制度の実施を阻もうとしたのか。冀東政権が成立すると、外務省は華北に関する問題は中国の内政問題であるため、日中関係改善の交渉には何ら影響ないと、冀東政権との直接の関わりを避けた。一方、中国駐在の日本人外交官らは、国民政府側の外交担当者と接触するなかで、華北の問題を解決するには、まず冀東政権を解消しなければ話にならないという印象を強く受けていた。[89]

このような状況のなか、一九三六年五月一五日、南京総領事の須磨彌吉郎は華北問題を解決する手段として、国民政府中央から特使を現地に派遣し、国民政府に隷属した分治機関的性格を持った「特政会」を設置する案を作成した。二九日に東京に戻った須磨から同案を提案された外務省は、太田一郎東亜局事務官に軍側と協議したうえで、同案をより効果的なものにするため陸軍案という形で新たに起案するよう命じた。[90]

こうして六月一二日に作成された「北支五省特政会設置ニ関スル件」では、華北問題の解決を外交交渉で解決することを目指し、冀察政権の問題を同じく外交的に打開しながら、冀東政権の解消を目標に掲げた。また、「北支処理要綱」の基本理念を再確認するとともに、参謀本部の意見を採り入れ、特性会設置の目的を対ソ防衛ならびに満洲国の確保と発展の促進であると明確に規定した。[91]

あとはこの案をどのように国民政府側に提示するか検討する段階なって始まったのが、冀東政権のアヘン専売であった。もしこのアヘン専売が支那駐屯軍の主導で行われたことが国民政府側に知られると、日中関係に悪影響を及ぼすうえ、陸軍案として作成された特政会案は実現不可能になることが明らかだった。そのため、外務省は何としてもアヘン専売を中止させなければならなかった。

このような外務省の抗議があるなか、冀東政権は実際にアヘン専売を行ったのか。「冀東政府民国廿六年度（半ヶ年）一般会計予算」によると、[92] 一九三七年半年度分の歳出のなかで、禁煙総局が三万六〇〇〇元の経費を計上している。そして、アヘン中毒者救済にあたった唐山戒煙医院も同年度分の支出が八五〇〇元あり、各県戒煙所は一九三六年度後半の歳出が三万六三二三元に上った。これら歳出の様子から、冀東政権はアヘン専売制度を実施したことが確認できる。しかし、実態は「殆んど無実施と同様の状態にあるを以て阿片の密売盛んに行はれつゝあり、而も財政的には何等貢献する所無く徒に阿片商をして巨利を恣にせしめ居る状態[93]」であった。

小結

本章は冀東政権がアヘン専売制度を実施するまでの過程を、一次史料を用いながらたどり、また、実際に制度が実施されたのかという点についても会計予算表をもとに言及した。検討内容をまとめると以下のとおりとなる。

冀東政権は成立するとすぐ、財源を確保するため税款委員会を組織して冀東各県の税収を差し押さえようとした。日本側は冀東政権の財政を支援するため、アヘン専売制度を導入させるべきかどうかの検討に入ったが、現地調査の結果、既存の税収で政権は運営できることがわかり、導入は見送られた。しかし、程なくして冀東政権が手に入れるはずだった税収はすでに国民政府と河北省政府によって三ヶ月先の分まで徴収されていたことが明らかになり、冀東政権は冀東特殊貿易の実施や新税を設けるなどして財源を確保しなければならなくなった。

冀東政権は各種財政政策が成功し多額の収益を得たが、新たに大規模な交通インフラ整備計画を策定したため、再び財政運営に問題を抱えるようになった。冀東政権を内面指導していた支那駐屯軍は、華北経済開発に繋がる交通インフラの整備を歓迎するとともに、冀東政権に新たな財源を与えるため、これまで導入を見送っていたアヘン専売制度に注目し、満洲国の例を参考に、新たなアヘン専売制度案を作成した。

アヘン専売制度の実施に向けて冀東政権が法整備を進めるなか、外務省は華北問題を解決する手段として考え出した特政会設置案がアヘン専売制度の実施で実現困難になる可能性が出てきたことを憂慮し、支那駐屯軍に対し専売実施を中止するよう要求したが、冀東政権は予定どおり専売を開始した。

本章では一般会計予算の歳出から冀東政権が実際にアヘン専売を行ったことを確認したが、財政を助けるほど収益を得られなかった理由については明らかにできなかった。また、検討を進めるにあたり、本稿では主に日本側に残された史料を利用したため、冀東政権がアヘン専売制度を実施したことに対する国民政府側の対応について言及することもできなかった。これら問題点については、今後の課題としたい。

第五章では、冀東政権の財政と関連する問題として、華北経済開発を目指して満洲国、満鉄、興中公司が試みた灤河水力発電所建設計画について取り上げる。

注

（1）前掲「華北工作と国交調整」、『太平洋戦争への道』三、一七二～一七三頁。

(2) 一九二七年一一月、国民政府は、アヘン厳禁を説いた孫文の「禁煙遺訓」に則り、一九二八年から三年以内に完全にアヘンならびに類似薬品を禁絶する計画を発表した。そして、一九二八年七月、北伐完了と同時に禁煙委員会を設置し、九月に禁煙法ならびに同施行細則を公布(一九二九年七月修正)した。しかし、国民政府に対し自立的な軍閥が支配していた中国北方、西方、西南諸省では禁煙法公布後も公然と罌粟栽培が行われ、アヘン収入が大きな財源とされていた。そこで、国民政府は一九三五年、あらためて禁煙五ヶ年計画を設定し、麻薬の即時禁止、癮者の登録、アヘンの販売・購入の統制・制限、罌粟栽培の制限を行い、一九四〇年までにアヘンを禁絶することを宣言とした(前掲『日中アヘン戦争』、一一五~一一七頁)。

(3) 黒羽清隆『十五年戦争史序説』、三省堂、一九七九年、二〇三~二五一頁。なお、ここに収録されている黒羽の論文は、「もう一つのアヘン戦争――日中戦争史の一断面――」(一九七七年一二月二五日初稿、一九七九年六月一四日増訂稿)であるが、発表されていなかった(同、二五五頁)。

(4) 同右、二五五頁。

(5) 江口圭一編著『資料日中戦争期阿片政策』、岩波書店、一九八五年。

(6) 岡田芳政・多田井喜生・高橋正衛編『続・現代史資料12　阿片問題』、みすず書房、一九八六年。

(7) 小林元裕「阿片をめぐる日本と汪兆銘政権の『相剋』」、赤沢史朗・粟谷憲太郎・豊下楢彦・森武麿・吉田裕編『総力戦・ファシズムと現代史　年報・日本現代史』第三号、現代史料出版、一九九七年、一八七~二二六頁。

(8) 山田豪一『満洲国の阿片専売』、汲古書院、二〇〇二年。

(9) たとえば、李恩涵「日本在華北的販毒活動(1910~1945)」、『中央研究院近代史研究所集刊』第二七期、中央研究院近代史研究所、一九九七年六月、四九~九一頁。陳正卿「日本華中〝毒化〟和汪偽政権」、『抗日戦争研究』第三一期、近代史研究雑誌社、一九九九年二月、一二一~一三四頁。張同楽「日偽的毒品政策与蒙疆煙毒」、『史学月刊』第二七五号、河南人民出版社、二〇〇三年九月、六〇~六七頁。曹大臣「日本侵華毒化機構――華中宏済善堂――」、『抗日戦争研究』第五一期、近代史研究雑誌社、二〇〇四年二月、一一五~一三九頁。邵雍『日本近代販毒史』、福建人民出版社、二〇〇四年。王宏斌『鴉片――日本侵華毒品政策五十年(1985―1945)』、河北人民出版社、二〇〇五年。

(10) 馬模貞主編『中国禁毒史資料』、天津人民出版社、一九九八年。
(11) 前掲「阿片をめぐる日本と汪兆銘政権の『相剋』」、『年報・日本現代史』第三号、二二六頁。
(12) Timothy Brook and Bob Tadashi Wakabayashi *Opium Regimes: China, Britain, and Japan, 1839-1952*, University of California Press, 2000.
(13) 金京鎬「冀東の阿片密輸に関する一考察」、『東亜経済研究』第一六七号、山口大学東亜経済学会、一九八六年一〇月、一一一～一二三頁。
(14) 同右、一二〇～一二二頁。
(15) この時、委員に任命されていたのは池宗墨、王厦材、張慶余、張硯田、趙雷、李海天、李允声、殷体新の八人であった(「殷汝耕『自治宣言』」、一九三五年一一月二四日、前掲『傀儡政権』二、一八六頁)。
(16) 冀東政権が統治した二二県とは、おおよそ冀東地区内にあった通州、灤県、臨楡、遵化、豊潤、昌黎、撫寧、遷安、密雲、玉田、楽亭、盧龍、宝坻、寧河、昌平、香河、三河、順義、平谷、興隆、薊県、懐柔で(「冀東防共自治政府組織大綱」、一九三五年一二月二五日、前掲『冀東日偽政権』、一三～一四頁)。
(17) 「冀東防共自治会成立」、一九三五年一一月二五日、前掲『冀東日偽政権』、一～二頁。
(18) 一九二八年八月、国民党二期五中全会で国税と省税を区分する案が可決された。この時、国税とされたのは塩税、常関税、海関税、内地税、菸酒税、釐金(一九三一年から統税)、郵包税、印花税、所得税、国家営業収入、中央行政収入で、省税は田賦、契税、牙税、当税、屠殺税、営業税、市場税、所得付加税、房捐、船捐、地方財産収入、地方行政収入とされた(虞宝棠編著『国民政府与民国経済』、華東師範大学出版社、一九九八年、一八～一九頁)。
(19) 冀東領内には臨楡県の秦皇島港に海関があり(南満洲鉄道株式会社天津事務所調査課『北支経済資料　第五輯　冀東区域の貿易概況と関税事情』、南満洲鉄道株式会社天津事務所、一九三六年、一頁)、渤海沿岸には長蘆塩を産出する塩場が点在していた(曾仰豊著・吉村正訳『支那塩政史』、大東出版社、一九四一年、一〇四～一〇六頁)。冀東政権は前者から海関税、後者から塩税を徴収することができた。

（20）前掲「冀東防共自治会成立」、『冀東日偽政権』、二頁。
（21）「新結成の地域を模範農業地帯へ　宋氏の勢力とは合流の方針　殷汝耕氏抱負を語る」、『東京朝日新聞』、一九三五年一一月二六日。
（22）「冀東偽組織管理下的唐山近況」、前掲『華北事変資料選編』、三四六頁。
（23）「殷逆汝耕叛国之前後」、一九三五年一二月一六日、前掲『冀東日偽政権』、一〇頁。北寧鉄道は一九二九年、平奉鉄道（北京―奉天）を改称して設立された路線で、満洲国が成立すると山海関以東の路線が満洲国の国有となったため、運行範囲が山海関以西に縮小された（東亜研究所編『20世紀日本のアジア関係重要研究資料1　東亜研究所刊行物復刻版（第4期）49　英国ノ対支鉄道権益（一）未定稿――英国ノ対支鉄道借款ニ就テ――』、龍溪書舎、二〇〇二年、一八～一九頁）。
（24）「冀東財政々策　委員会発表」、『東京朝日新聞』、一九三五年一二月四日。
（25）「冀東防共自治政府成立大事記」、『冀東日報』、一九三六年三月二三日。
（26）「最近支那関係諸問題摘要（第六十九特別議会用）」、外務省外交史料館所蔵、六九頁。
（27）満鉄経済調査会「支那経済調査現状概要」、一九三四年一〇月、南満洲鉄道株式会社調査部「支那・立案調査書類　第二編第一巻其二　支那経済開発方策並調査資料」、一九三七年、三五一頁。
（28）支那駐屯軍参謀長「北支に於ける重要なる資源、経済調査の方針及要項」、一九三四年一〇月、同右、三八五頁。
（29）支那駐屯軍司令部乙嘱託班「北支・産業調査書類　第一編第一巻　乙嘱託班調査概要」、一九三七年、四〇二頁。なお、丙嘱託班は一九三五年八月から一〇月末まで調査を実施し、乙嘱託班派遣にともない、一一月一五日解散した（同書、一頁）。
（30）前掲「乙嘱託班調査概要」、四〇七頁。毛里英於菟は一九〇二年二月、代議士毛里保太郎の長男として福岡で生まれる。東京帝国大学卒業後、大蔵省専売局書記、司税官などを経て、一九三三年四月、満洲国国務院総務長事務官に任じられた。その後、満洲国財政部理事官、興亜院書記官、企画院調査官、産業報国会理事、統合計画局第一部長、内閣調査局調査官などを歴任した。一九四七年二月死去（戦前期官僚制研究会編・秦郁彦著『戦前期日本官僚制の制度・組織・人事』、東京大学出版会、一九八一年、二三四頁）。

(31) 前掲「乙嘱託班調査概要」、四〇九〜四一〇頁。
(32) 一九一三年度から一九一四年度にかけて相次ぐ国庫浦住金の削減により、土木事業のストップを余儀なくされた関東都督府は、一九一五年七月にアヘン専売の特許権を得ると、特許料収入による利益が膨れ上がり、一九一六年度以降、大連の都市基盤整備の費用を全てその収入から賄った（前掲『満洲国の阿片専売』、二五頁）。
(33) 前掲『満洲国の阿片専売』、四頁。
(34) たとえば、蒙疆政権は支配力強化と交通の整備を目的にアヘン専売で得た利益の一部を政府収入に繰り入れた。その額は最高で一般会計予算の三〇パーセントほどに達した（朴橿著・許東粲訳『日本の中国侵略とアヘン』、第一書房、一九九四年、二五二頁）。
(35) 山内三郎「麻薬と戦争――日中戦争の秘密兵器――」、前掲『続・現代史資料12』、xlv〜xlvi頁。
(36) 甲嘱託班毛里主査「冀東区ニ於ケル阿片専売制ニ関スル意見」、一九三五年一二月二〇日、「毛里英於菟文書」。
(37) 支那駐屯軍司令部「通州出張報告」、一九三五年一一月、同右。
(38) 冀東地方の灤県や豊潤県の一部では民国以前、アヘンの原料である罌粟の栽培が盛んであったが、中華民国成立後、阿片生産が制限され、同地でも罌粟は栽培されなくなった。しかし、日中戦争勃発後、同地では現地機関の黙認の下、再び罌粟栽培が行われるようになった（興亜院経済部第一課財政班「冀東地区に於ける罌粟栽培並収買に就いて」、一九三九年七月七日、前掲『続・現代史資料』一二、二八三頁）。
(39) 久保田海軍大佐「天津鎖聞」、一九三六年一月二三日、前掲『現代史資料8』、一三九〜一四〇頁。
(40) 同右、一四〇頁。
(41) 岡部牧夫『十五年戦争史論　原因と結果と責任と』、青木書店、一九九九年、七二〜七三頁。
(42) 青島日本商工会議所「冀東沿海よりの密輸入に関する調査並其及ぼす影響に就ての考察」、一九三六年三月一六日、前掲『現代史資料8』、一七一頁。
(43) 前掲「華北工作と国交調整」、『太平洋戦争への道』三、一七二〜一七三頁。

(44) 南満洲鉄道株式会社天津事務所調査課「北支経済資料　第十八輯　冀東特殊貿易の実情」、南満洲鉄道株式会社天津事務所、一九三六年、八〜一〇頁。
(45) 中村隆英『戦時日本の華北経済支配』、山川出版社、一九八三年、三六頁。
(46) 前掲「華北工作と国交調整」、『太平洋戦争への道』三、一七六頁。前掲「冀東貿易をめぐる対策と対中国関税引下げ要求」、『日中戦争再論』、七〇〜七一頁。
(47) 今村均『私記・一軍人六十年の哀歓』、芙蓉書房、一九七〇年、二四五〜二四六頁。満洲国外交部次長の大橋忠一と関東軍徳化特務機関長の田中隆吉中佐は、冀東政権の特殊貿易収入を流用して蒙古軍政府（一九三六年五月一二日、徳王によって設立）の軍備充実と綏遠攻略の資金に充てるため、一九三六年一〇月一一日、冀東政権と蒙古軍政府との間で共同防共と相互援助を趣旨とする協定を結ばせ、冀東政権から蒙古軍政府に援助金として一〇〇万元を送らせた（ドムチョクドンロプ著・森久男訳『徳王自伝』、岩波書店、一九九四年、一四六、四六二頁）。この中に貿易収入がどれだけ含まれていたのかは、現在のところはっきりしない。
(48) 「冀東防共自治政府印花税条例」、一九三六年二月二一日、前掲『冀東日偽政権』、三六六〜三七二頁。
(49) 「冀東防共自治政府巻煙特税徴収条例」、一九三六年二月二三日、同右、三七四〜三七五頁。
(50) 前掲「最近支那関係諸問題摘要」、七三〜七四頁。
(51) 同右、七五頁。
(52) 前掲「冀東防共自治政府成立大事記」、『冀東日報』、一九三六年三月二一日。
(53) 「冀東建設委員会組織規程」、『冀東政府公報』第一号、冀東防共自治政府秘書処、一九三六年五月、四六頁。
(54) 高木翔之助『冀東政府の正体』、北支那社、一九三七年、七三頁。一九三六年、冀東地方を調査旅行に訪れた東亜同文書院学生の近藤敏三郎ら一行は、通州から薊県に向かうバスが来なかったため、近くを通りかかった薊県行きのトラックに乗せてもらったところ、「道は雨の為に諸処破壊され、さなきだに凹凸の烈しい道が益々高低劇しく」、「遂には道路軟弱の為車輪が片側にめりこんで、車輪は四十度位傾いて、乗客は危ふく泥沼の中に放り出されそうになつて了つた」（近藤敏三

郎・山崎大三郎・陳叔康「冀東雑観」、第三十三期旅行誌編纂委員会編『南腔北調』、第三十三期旅行誌編纂委員会、一九三七年、五六～五七頁)。

(55)「冀東即日興修公路」、『冀東日報』、一九三六年四月二〇日。同記事によると、改修予定の一三ヶ所の路線とは通密路以外に、灤楽路(灤県―楽亭)、馬宝路(通州馬頭鎮―宝坻)、宝新路(宝坻県城―宝坻新安鎮)、盧三路(盧龍―遵化三屯営)、遵喜路(遵化―喜峰口)、盧楡路(盧龍―撫寧―臨楡)、石蘭路(石門―馬蘭峪)、石玉路(石門―玉田)、三平路(三河―平谷)、豊盧路(豊潤―盧龍)、盧灤路(盧龍―灤県)、唐荘路(唐山―灤県大荘河口)だった。このうち、竣工されたことが確認できるのが、通密路(竣工時期不明)、石玉路(同)、馬宝路(一九三六年六月上旬竣工)で、上記には含まれていないが、通県八里橋から北門間の道路の改修が一九三六年四月二五日に竣工し、邦遵路(薊県邦均鎮―遵化)の改修も馬宝路と同じ時期に始まった(姫野徳一編著『最新対華経済資料』第三輯、日支問題研究会、一九三七年、一八九～一九〇頁)。

(56) 前掲『冀東政府の正体』、一二二頁。

(57) 前掲『冀東総覧』、九八頁。

(58) 前掲『最新対華経済資料』、一八九頁。前掲『冀東政府の正体』、一八九頁。

(59) 王文清主編『楽亭県志』、中国大百科全書出版社、一九九四年、九一頁。大清河はもともと西灤河と呼ばれ、東灤河とともに灤河の支流をなしていたが、一八八三年の灤河の大洪水で西灤河に土砂が流れ込み、灤河の支流から離れた。

(60)『建国方略』とは、孫文の建国思想とその理論を説いた「孫文学説」(心理建設)と、中国の国民経済の発展と世界の先進レベルを超えた経済の現代化について述べた「実業計画」(物質建設)、孫文の民主政治の思想についてまとめた「民権初歩」(社会建設)の三部から成る。『建国方略』の成立過程と概要は、劉明・沈潜「孫中山与『建国方略』」(謝俊美主編『建国方略』、中州古籍出版社、一九九八年)、一～五四頁を参照。

(61) 前掲『建国方略』、一六七頁。

(62) 前掲『楽亭県志』、一九三頁。

(63) 前掲『最新対華経済資料』、一九一～一九二頁。

(64)　同右、一九二～一九四頁。
(65)　支那駐屯軍司令部天参調第四三号「阿片専売制度実現要綱」、一九三六年四月三〇日、前掲「毛里英於菟文書」。なお、同史料は一九三六年四月一八日付「冀東政府阿片専売制度実施要綱案」を一部修正して作成されたものである。
(66)　広田外務大臣発有吉駐華大使宛「「北支処理要綱」の概要について」、前掲『日本外交文書　昭和期Ⅱ第一部第五巻上』、六七七～六七九頁。
(67)　鹿鳴「冀東通訊　日寇漢奸統治下的冀東人民」、『解放』第一巻第九期、解放週刊社、一九三七年七月、二四頁。
(68)　前掲「北支に於ける重要なる資源、経済調査の方針及要項」、「支那経済開発方策並調査資料」、三八七頁。
(69)　依田憙家『戦前の中国と日本』、三省堂、一九七六年、三一八～三一九頁。
(70)　支那駐屯軍司令部「冀東防共自治政府禁煙制度法規案」、一九三六年七月一五日、陸軍省記録「陸満密綴　第十号」、一九三六年八月二六日～九月一六日、防衛省防衛研究所図書館所蔵、JACAR、Ref: C01003184200。以下、特に注がない限り、アヘン専売制度に関する法規は同史料に依る。
(71)　前掲『満洲国の阿片専売』、二四九頁。
(72)　同右、二三五頁。
(73)　同右、二五〇～二五一頁。
(74)　専売公署「鴉片制度梗概　附鴉片法及其附属法令集」、専売公署、発行年不明、二六～三五、三八～三九頁。
(75)　冀東政権の調査によると、冀東二二県の全人口は六二四万七五九〇人であった（前掲『冀東日偽政権』、二八頁）。
(76)　興亜院華北連絡部経済第一局「北支に於ける阿片流通量に就いて」、一九三九年八月一七日、前掲『続・現代史資料12』、二九八頁。
(77)　小林英夫『増補版「大東亜共栄圏」の形成と崩壊』、御茶の水書房、二〇〇六年、六二一～六二三頁。
(78)　「冀東防共自治委員会改称冀東防共自治政府」、一九三五年一二月二五日、前掲『華北事変資料選編』、三五二頁。
(79)　前掲『満洲国の阿片専売』、九〇四頁。

(80)「冀東政府トノ今後ノ事業進行ニ関スル打合事項」、一九三六年六月二三日、前掲「冀東防共自治政府禁煙制度法規案」。
(81)「冀東禁煙条例」、冀東防共自治政府秘書処編『冀東政府公報』第七号、冀東防共自治政府秘書処、一九三六年八月、一〇四～一〇八頁。
(82)「冀東禁煙条例施行規則」、同右、一〇八～一一二頁。
(83)「冀東査獲違禁毒品奨励規則」、同右、一一二～一一三頁。
(84)「冀東禁煙総局組織規程」、同右、一一三～一一四頁。
(85)殷汝耕政務長官発劉友恵冀東禁煙総局局長宛秘字第七九九訓令、一九三六年七月八日、同右、九頁。
(86)「冀東防共自治政府管轄各県設置戒煙所実施辦法」、一九三六年七月二一日、同右、一二一～一二四頁。
(87)河井田義匡「河井田日記誌抄」、満洲航空史話編纂委員会編『満洲航空史話』、満洲航空史話編纂委員会、一九七二年、二三三頁。
(88)外務省編『外務省執務報告　東亜局　第一巻　昭和十一年（1）』、クレス出版、一九九三年、三四四頁。
(89)前掲『日中戦争下の外交』、三〇頁。
(90)同右、三一～三三頁。
(91)同右、三四～三五頁。
(92)「冀東政府民国廿六年度（半ヶ年）一般会計予算」、前掲「毛里英於菟文書」。
(93)大陸経済会議小委員会「冀東地区産業開発計画案」、一九三七年八月、前掲「支那経済開発方策並調査資料」、二九七頁。

第五章　華北経済開発と灤河水力発電所建設計画（一九三一年〜一九三七年）

はじめに

一九世紀後半、アメリカのトーマス・エジソンが炭素フィラメントの白熱電球を完成させ、同じ頃、欧米で発電機が実用化された(1)。これ以降、電気は産業の近代化を推し進める原動力となり、今日においても、産業の発展や人々の生活になくてはならないものとなっている。そして、その電気を作り出す各種発電所は、その時代の社会や経済の情勢、技術レベルなどを背景に、その状況に最も適した方法で開発、運用された(2)。

たとえば、日本の発電施設は一九世紀末まで都市の電灯需要に応えるための小規模な火力発電が中心であった。二〇世紀に入ると、豊富な水資源と高低差のある地形を生かした水力発電が主となり、火力発電はその補助的役割とされた。これを「水主火従」という(3)。

一九三二年三月、満洲国が建国されると、満洲では資源開発に必要な電力を統制する組織として満洲電業株式会社が創設された。そして、日本と同じく「水主火従」方針のもと、鴨緑江、松花江、牡丹江など大規模河川を使った水力発電所建設が始まった。

一方、一九三五年一一月、河北省通州に冀東政権が成立すると、翌一二月、満鉄の子会社として発足した日本の国策会社の興中公司は、天津電業股份有限公司と冀東電業股份有限公司を設立して天津と河北省東部一帯の電力の統制に乗り出した。さらに、興中公司は、河北省最大級の河川だった灤河に水力発電所を建設する計画を立てた。しかし、満洲国が水豊（鴨緑江水系）、豊満（松花江水系）、鏡泊湖（牡丹江水系）と水力発電所を次々と完成させたのに対し、興中公司は結局、灤河にひとつも水力発電所を建設することができなかった。なぜ、灤河水力発電所は建設されなかったのか。これは一九三〇年代半ばの華北における日本の電力政策の一端を探る上で検討に値する問題といえる。また、華北における日本の経済進出と冀東政権との関係をたどる観点からも一考の価値がある。

この問題に関するこれまでの先行研究を振り返ると、日本では臼井勝美が日中戦争前半期の日中の政治動向を論じた研究のなかで、ごく簡単に興中公司による華北の電力経営について触れている。臼井によると、日中戦争勃発後、興中公司は電力会社など華北の資源開発企業の経営にあたったが、占領地の拡大により満鉄から支援を得ることが難しくなったことから、興中公司がそれら企業の経営を日本国内の民間業者に依頼するようになったと分析している(4)。また、依田憙家の研究でも、臼井と同様、占領地拡大による興中公司の経営の変化について論じている(5)。しかし、両者の研究のなかに、電力経営の一端をなした灤河の水力発電所建設についての言及はみられない。

中村隆英の研究では、日中戦争期の華北における日本の経済支配の実態を考察したなかで興中公司の電力政策を論じ、その政策のひとつとして灤河水力発電所建設の構想があったことを指摘している(6)。しかし、中村はその構想が具体的にどういったものだったのかということについては述べていない。その後、興中公司の電力政策については、柴田善雅が研究のなかで言及しているが、灤河水力発電所の問題は見過ごされている(7)。

欧米では、ボイルが日中戦争前半期の傀儡政権に関する研究のなかで、臼井の研究成果をもとに興中公司と日本側企業による華北資源開発の問題を取り上げているが、灤河水力発電所の問題については述べられていない(8)。

中国では、一九九〇年以降、日本側の研究成果をもとに、華北における日本の経済侵略の視点から徐勇や居之芬らが興中公司による華北電力統制の実態を論じているが[9]、それら研究の中には灤河水力発電所建設についての言及はない。

二〇〇五年に発表された朱成章の研究では、すでに一九三一年に満鉄が灤河を含む満洲の九つの河川に水力発電所を建設する計画が立案されていたことが指摘されている[10]。しかし、朱もこの計画が具体的にどういったものだったのかということについては論じていない。

以上の先行研究の状況から言えることは、興中公司による華北の電力政策に関するこれまでの研究者の関心は、もっぱら電力会社の経営問題や電力統制の実態にあり、電力政策の一翼を担った発電所開発、特に灤河水力発電所建設計画については、計画があったことを指摘する研究者が一部いたものの、具体的な検討にまでは至っていない。そのため、その計画が一体どういったものだったのか、なぜ建設されなかったのかという問題が依然として解明されないままとなっている。

そこで、本章では次のように論証を進め、灤河水力発電所建設計画がいつどのようにして立案され、それがなぜ最終的に建設されなかったのか、その背後にあった問題を考察していく。はじめに、灤河とはどういう特徴を持った河川だったのか、当時の中国の水力発電所建設はどのように進められていたのか簡単にまとめた上で、朱の指摘した一九三一年に立案された水力発電所建設計画を取り上げ、満鉄がいかなる意図で灤河に水力発電所を建設しようとしていたのか検討する。

次に、支那駐屯軍の要請のもと、一九三五年秋から行われた満鉄による華北資源調査を取り上げ、そこで灤河水力発電所建設計画がどう話し合われたのか、一九三一年の計画とはどこが違うのか論じる。また、この計画に冀東政権がどう係わっていたのかも言及する。最後に、華北の電力統制を進めるなかで、興中公司がいかなる計画を立てて水力発電所を建設しようとしたのか、それに対する日本側の反応はどうだったのか、そして、満洲産業開発五ヶ年計画の動きに留意しながら、なぜ興中公司は灤河水力発電所を建設することができなかったのか、その原因を明らかにする。

なお、灤河水力発電所建設計画と並行して興中公司と支那駐屯軍が冀察政務委員会との間で進めていた永定河水力発電所建設計画、ならびに一九三八年以降に満洲国で進められた灤河水力発電所建設計画については別に稿を改める。

第一節　満鉄の灤河水力発電所建設計画

一　灤河の特徴

灤河は察哈爾省沽源近郊の山神廟嶺を水源とし、察哈爾省内を流れた後、熱河省西南部と冀東地区を横断して渤海湾に注ぐ、全長約一二〇〇キロメートルの河川である(11)。支流の小灤河、興州河、蟻馬吐河、熱河、白河、老牛河、柳河、瀑河、長河、青龍河などを合わせた流域面積はおよそ四万四六四〇平方キロメートルに上った(12)。流域のなかでも熱河省内を通る部分は山岳地帯で、流れが激しく峡谷がいくつもあった。そして、万里の長城を越えて河北省に入ると、北寧鉄道が通る灤県北部までは丘陵地帯の間を縫うように進み、さらにその下流は平野の中を渤海湾に向けて流れた(13)。

灤河流域には金や鉄、石炭など鉱産資源が多量に埋蔵されていることで知られていた。また、河北省内の流域では、高粱や大豆、小麦などの農産物が収穫されたため、元代から清代にかけて、船舶を使った河川物流が盛んに行われた(14)。

しかし、民国以後鉄道など陸上交通が発達すると、河川物流は徐々に衰退していった(15)。いくつもの支流が合流していた灤河はもともと低水量(16)が豊富であったが、清末から民国初期にかけて、上流の森林が伐採されたため、流量が減少した。そして、森林がなくなったことで灤河には大量の土砂が流れ込むようになり、黄土などの堆積物が川底を埋め水深を低くした(17)。さらに、流域全体の年平均雨量三五〇ミリから六〇〇ミリのうち、七割から八割が夏期の六月から八月に集中したため(18)、平地の広がる流れの緩やかな下流域では洪水の危険性が高まった。

灤河では、元代以降たびたび洪水を防ぐための堤防工事が行われていたが(19)、日中戦争が始まるまでの民国年間に、灤河下流で一九一七年と一九二四年の二回洪水が発生し、近隣の集落に大きな被害を与えた(20)。特に一九一七年の洪水では、被害が天津市内にまで及んだことから、租界を管理する各国代表は北京政府に対し、共同で委員会を設けて治水計画を討議することを提案した。これを受けて北京政府は、代表者を天津に派遣して協議をさせ、一九一八年、国務院直属の順直水利委員会を発足させた(21)。

しかし、一九二八年、北伐によって北京政府が倒れ、国民政府が中国を統一すると、同年九月、順直水利委員会は華北水利委員会に改組され、一九三一年四月、内政部のもとで、黄河以北の渤海に注ぐ河川の水利事業を担当することになった(22)。

華北の河川は順直水利委員会が成立する以前まで詳細な地形図がなく、順直水利委員会も水害の影響で充分な地形調査ができなかった。そのため、華北水利委員会は一九二八年一二月から、華北主要河川の測量調査を開始し、灤河については、改組直後の一九二九年一〇月から一九三〇年七月、一九三一年六月から七月、同年一〇月から一二月までの三回、計三七九カ所で調査を実施した(23)。また、それと並行して水文調査や気象観測も行ない(24)、水利事業実施のための基礎データを収集した。

二　日中戦争以前中国の水力発電所建設

その灤河に満鉄がどういった水力発電所建設計画を作成したのか探る前に、中華民国成立後から日中戦争勃発前までの中国の水力発電所建設の流れを簡単に振り返る。

一九〇八年、滇越《てんえつ》鉄道（昆明―ハノイ）を建設中であったフランスが鉄道開通後の電灯需要を賄うため、中国全省の商工業を主管する勧業道に雲南省昆明近郊の螳螂川に水力発電所を建設する要求を提出した。しかし、民衆の反発に遭い、雲南勧業道道員の劉永祚《りゅうえいそ》は雲貴総督李経義の支持を得て、フランスの要求を拒否するとともに、雲南官商合辦で同地の水力資源開発を提案した。

そして、一九〇九年一〇月、劉永祚は雲南省商会総理の王鴻図らと螳螂《とうろう》川の急流地帯である石龍壩《せきりゅうは》に自然流水の落差を使って発電する流し込み式発電所を建設し、一九一〇年三月、李経義の同意を得て、耀龍電灯公司を設立した。発電所や送電施設の建設にあたっては、ドイツから資本や技術を導入し、ドイツ製の発電機二台から合計二四〇キロワットの電力が昆明市内に供給された。さらに、石龍壩水力発電所では、日中戦争が始まる前までに五回設備の拡張工事が行われ、五回目となった一九三七年の工事によって、発電所の総発電量が創建当時と比べて約一〇倍の二四四〇キロワットとなり、当時中国最大の水力発電所として機能した(25)。

四川省は水力発電所建設に必要な高低差のある地形と豊富な水資源を有していたため、石龍壩水力発電所以外にも、一九二五年に洞窩《どうか》水力発電所（瀘県龍溪河）、一九二六年に洗面橋水力発電所（成都）、一九三〇年に興業水力発電所（同）、一九三六年に金堂水力発電所（金堂県）が相次いで建設され、住宅や工場などに電気を供給した。

さらに四川省の隣のチベットでは、イギリスで電気工学を学んだチベット人のチャンオルパ・リグゼンドルジが、ダライラマ一三世の許可を得て、一九二五年ラサ北部にチベットでイギリス製発電機を使った水力発電所を建設した。また、福建省や広東省、河南省でも一九二〇年代後半から一九三〇年代前半までに、小規模な水力発電所が建てられた(26)。

一九三五年四月、蔣介石は、日本軍の侵略に備えるため、国民経済建設運動の開始を宣言し、今後は国内経済の建設から国防建設に重点を移す考えを明らかにした(27)。そして、一一月、国民党第五次一中全会で、「国民経済建設実施計画大綱案」が通過し、国民生活の安定と外敵に抵抗できる国防能力の充実を主な目的として経済建設を進めていくことが決定された(28)。

これを受け、資源の調査や開発計画の立案にあたっていた資源委員会は一九三六年三月、「国防工業初歩計画」を作成し、江西省と湖南省一帯に国有の重工業区を設置するとともに、西南各省に埋蔵されている鉱産資源を開発し、工業を発展させる計画を立てた(29)。

これに先だち、資源委員会は一九三五年、調査隊を組織して浙江省と四川省の河川の水力資源調査を実施し、開発計画を作成した。また、調査隊は中国国内の一部に雨量計や流量計を設置して、重工業開発に必要な電気を供給する水力発電所を建設する準備を進めた(30)。しかし、灤河を含む華北の河川は開発計画の地点から距離が遠く、水力発電所の建設計画は作られていなかった。

三　灤河水力発電所建設計画の概要

前述のとおり、これまでの研究で、すでに満鉄は一九三一年に灤河水力発電所建設計画を立案していたことが明ら

表1　灤河水力発電所建設想定地

	建設地（上流部より）	発電施設（発電量〔キロワット〕）
1	外溝門子上流1.5キロメートル地点	ダム式（堰堤式）発電所（2万）
2	老虎溝門	ダム式発電所（4万）
3	郭家屯から豊寧県上流25キロメートル地点	流し込み式発電所（8万）
4	板営子	ダム式水路発電所（4万）
5	承徳の下流12キロメートル地点	ダム式発電所（1万5000）

注：前掲『満蒙ニ於ケル電力資源ト其経済的考察』161～179頁より広中作成。なお、発電施設は調査内容をもとに、前掲『電気事業講座』第8巻の33～37頁にある、水力発電施設の種類別説明を参考にして広中が分類した。

かになっている。では、この計画は一体どういうものであったのか。

満洲事変発生から間もなくの一九三一年一〇月、満鉄地方部商工課(31)は『満蒙ニ於ケル電力資源ト其経済的考察』をまとめ、灤河を含む満洲主要河川の水力資源の調査結果をもとに、水系ごとの水力発電所建設計画案を提示した。同書は「当社並南満《ママ》電気株式会社ニ於ケル電気事業ノ進展ニ伴ヒ予メ満蒙一帯ニ亙ル電気網計画ヲ樹テ以テ将来ノ施設ニ準拠スル」ことを目的に作られ、作成にあたっては、元鉄道省電気局局長で朝鮮の電力計画調査にも携わった、満鉄臨時嘱託の吉原重成が調査を指導した(32)。

「南満電気株式会社」（正式名は南満洲電気株式会社）は、一九二六年六月、満鉄の電気事業が独立した際に設立され、満洲内では資本、技術とも同業他社を圧倒していたが、営業区域が日本の権益下の関東州と満鉄付属地に限定されていたため、事業の拡張に限界があった(33)。

調査対象地域は、東北三省（奉天、吉林、黒龍江）および熱河省と一部蒙古地域を加えたおよそ一二一万平方キロメートルで(34)、その中を流れる河川から地理的、経済的に水力発電所の建設に適していると判断された松花江、牡丹江、嫩江、ウスリー江、豆満江、鴨緑江、遼河、大凌河、灤河など九水系三七地点の流量やその流域状況が調べられた。

しかし、調査にあたり本来ならば調査員が現地に赴いて詳細なデータを収集しなければならなかったが、調査開始時、「時恰カモ排日気分甚ダ濃厚」だったため、「現地踏査ヲ差控へ、専ラ図上ニ発電水力ノ地点ヲ探求スルコトトシ一〇万分の一地図ニヨリ調査地域内ノ各河川ノ概況ヲ調べ進ミテ発電地点ヲ探査」した。(35)

この図上調査の結果、灤河上流の察哈爾省多倫から中流の熱河省承徳までの間に**表1**の五ヶ所の水力発電所建設を想定した。

そして、五ヶ所の灤河水力発電所と西遼河上流の老哈河および大凌河に建設を想定した水力発電所、ならびに熱河省北票に建設を計画した火力発電所を合わせて「第六電力系統区」とし、灤河水力発電所の総発電量一九万五〇〇〇キロワットのうち、一万キロワットを発電所付近に送電し、八万キロワットを錦州まで送電線を三〇〇キロメートル伸ばして送り、残りの一〇万五〇〇〇キロワットを長城線まで送電線を繋げて北平方面に向けて送電する計画を立てた。(36)

以上が、一九三一年に満鉄地方部商工課が作成した灤河水力発電所建設計画の概要であるが、この計画ができたとき、まだ満洲国は建国されておらず、熱河省は依然として中国の支配領域にあった。それにも拘らず、なぜ満鉄地方部商工課は熱河省内に灤河水力発電所の建設を想定し、錦州や北平方面に送電しようとしたのか、南満洲電気株式会社の事業拡大という目的だけでは不明な点が多い。そこで、満洲国建国前の関東軍と満鉄内部の動きに注目しながら、この問題を検討する。

四　満鉄内での満蒙領有論の擡頭

一九二八年六月、奉天軍閥の張作霖が関東軍高級参謀の河本大作大佐らによって爆殺され、日本に対する中国側の反発が強まるなか、同年一〇月、陸軍大学兵学教官だった石原莞爾中佐が関東軍参謀に補された。ドイツ留学中から戦史研究に力を入れた石原は、一九二七年に「現在及将来ニ於ケル日本ノ国防」を執筆し、これまでの戦史研究の成果と自身が信仰する日蓮宗の教義に基づいた日本とアメリカによる世界最終戦構想をまとめた(37)。

一九二九年七月三日、石原は河本の後任として高級参謀に就いた板垣征四郎大佐らと対ソ戦研究を目的に北満参謀旅行に出発した。旅行中の七月五日、石原は「国運転回ノ根本国策タル満蒙問題解決案(38)」を一行に示した。

この案のなかで石原は、日本が生き残る唯一の方法は満蒙問題の解決にあり、それには満蒙領有が実現されなければならず、領有するためには対米戦争も辞さない覚悟が必要であると述べた。また、実際に対米戦争が起きた場合、「断乎トシテ東亜ノ被封鎖ヲ覚悟シ適時支那本部ノ要部ヲモ我領有下ニ置キ」、その際、満蒙を含め中国全土を七ヶ所に分け、それぞれに総督を配置して治安維持にあたらせる案を提示した。たとえば、長春に置かれる満蒙総督は日本軍を使って満洲と熱河を守り、北京に配置される黄河総督は中国側の軍隊を用いて直隷（河北）、山東、山西、河南、察哈爾の治安維持を担った。

そして、一九三〇年三月一日、石原は満鉄調査課で講演を行い、対米戦は必至であり、対米持久戦に向けて日本は「西太平洋制海権ノ確保」、「満蒙ノ占領」、「支那本部ノ領有」を行い、関東軍とともに満鉄調査課も対米戦準備にあたるよう求めた(39)。

当時、満鉄調査課は庶務部に属し、一般調査や統計、営業報告年報の編纂を任務としていた(40)。調査課は一九二〇年代頃、マルクス主義の影響が広がり、一部の課員を除き軍にあまり協力的ではなかった(41)。しかし、石原らが関東軍に入り、満鉄に対し積極的に調査を依頼するようになると、調査課と軍との関係は緊密なものとなった(42)。

石原と交流のあった調査課長の佐多弘治郎は一九三一年一月二四日、旅順の関東軍司令部で「科学的に満蒙対策を観る」と題する講演を行った。[43]講演のなかで佐多は、今後の満蒙対策の基調は「東四省に経済活動の絶対自由を確保し生命財産の安全確実を期」し、大国に囲まれた小国の日本が超大国となるためには、領土を獲得するかまたはそれと同じ価値のものを得なければならず、中国本土は人口過密であるため、残る東北三省と熱河省を「我絶対権の支配下に入れ此処に超大国を建設する」[44]必要があると主張した。

調査課には佐多以外に、法制係の松木俠《たもつ》やロシア係の宮崎正義が石原らと緊密な連携を持ち、佐多よりも専門知識を生かしたより深い関係を築いていた。また、この頃満鉄では調査課内だけでなく一般社員のなかでも強硬的な考えを持つ者が擡頭していた。[45]そして、その社員の一部は、現状打破をうたって一九二八年一一月に満鉄社員や在満商工業者などで結成された満洲青年連盟や、満蒙問題の解決を目指して満鉄人事課主任の笠木良明が中心となり結成した大雄峯会に参加し、満蒙独立や満洲新国家建設を推進する運動を行った。[46]

このように、関東軍参謀の石原が主張した満蒙領有論は、調査課長の佐多など軍と関係の深い満鉄社員に受容され、さらにその考えが一般社員にも浸透していった。そして、地方部商工課内にもこの考えが受け入れられ、満蒙領有論の中でその範囲とされた熱河省を開発するため灤河水力発電所の建設を計画し、南満洲の主要都市である錦州や満蒙とともに領有する可能性があった華北に向けて送電しようと考えたのではないだろうか。

一九三一年九月一八日に満洲事変が起こると、石原は満蒙領有を実行に移そうとした。しかし、事態収拾のため関東軍司令部に派遣された建川美次《たてかわよしつぐ》参謀本部第一部長は、国際連盟が存在する上、九ヶ国条約や不戦条約が結ばれている中で、関東軍が武力によって他国の領土を併合することは到底容認されないとして、石原の考えに反対した。[47]そのため三宅光治関東軍参謀長はじめ、石原や板垣など参謀らは協議の末、九月二二日、「満蒙問題解決策案」を作成し、満蒙領有を諦め、日本の支持を受け「東北四省及蒙古ヲ領域トセル宣統帝ヲ頭首トスル支那政権ヲ樹立」[48]することになった。

第二節　華北における灤河水力発電所建設計画

一　乙嘱託班の結成

満鉄内で立案された灤河水力発電所建設計画が、なぜその後華北で進められることになったのか。ここからは支那駐屯軍の動きに目を向け検討を進める。

一九三四年八月の陸軍定期異動で参謀本部支那課長だった酒井隆大佐が支那駐屯軍参謀長に転補された。酒井は早くから陸軍内で中国に関する情報の収集と分析に従事し、陸軍の対中政策に直接影響を及ぼし得るポストを歴任したいわゆる支那通軍人のひとりであった(49)。

天津で満鉄総務部長の石本憲治と会談した酒井は(50)、「今や日本の平和的対北支工作は満洲国の内部建設工作と相平行して着々準備進捗せしむる」必要があるとして、一〇月二三日、支那駐屯軍が希望する華北資源調査研究の方針と具体的内容をまとめた「北支に於ける重要なる資源、経済調査の方針及要項」を石本に送付した(51)。このなかで酒井は、この資源調査は「帝国の対支経済的発展を助長し併せて戦時我国国防不足資源の充足を容易ならしむる為、北支に於ける帝国の経済的勢力の扶殖増進並日満北支経済ブロック結成の促進に必要なる準備を整ふるを以て主眼と(52)」し、調査は先ず塘沽停戦協定で河北省東部に設置された非武装地帯から着手することを主張した。

また、酒井は各資源調査の緊急性を順序立てした「北支に於ける資源、経済等調査目録」も添付資料として石本に送った。この中では開発の必要性および価値のある水路として、黄河などとともに灤河も選ばれているが、調査の緊急性は全五二個の調査のうち五一番目と低く、水力発電所建設計画についてもまだ検討されていなかった(53)。

一九三五年六月、「梅津・何応欽協定」で河北省から国民政府直属の軍政機関を撤退させることに成功した酒井は、七月、「北支新政権の発生に伴ふ経済開発指導案」を作成し、華北新政権の擁立が実現しようとしているこの機会を利用し、華北にある新たな権益の獲得を目指した(54)。

さらに、支那駐屯軍司令部は同月、日本の国防と国策上華北で緊急に開発しなければならない事項の基礎調査計画を立てるため、同軍司令官の指揮統制の下に関東軍、満洲国、満鉄各関係者ならびに天津駐在の各調査機関などで構成された「北支経済調査班」を編成することを決めた。そして、支那駐屯軍は関東軍参謀の田中隆吉大佐とともに、具体的な編成方針をまとめた「北支経済調査編成要領」を作成し、八月二〇日、満鉄に対し、要領に基づいて天津に常駐幹事を配置して調査を行うよう要請した(55)。

要領では河北、河南、山東、山西、察哈爾、綏遠各省の経済開発と日中経済提携を図る上での基礎的資料の作成を目的に総務を含め六つの班を組織し、担当事項の調査にあたるとされた。この中で第二班は華北の工業と電気事業の調査を担当することになっていた(56)。

支那駐屯軍の要請を受けて、満鉄は九月二六日と二七日、経済調査会などから選定した調査員を天津に派遣すると(57)、支那駐屯軍は調査班を「乙嘱託班」と名付け、一〇月二日、支那駐屯軍が決定した「乙嘱託班調査綱領」を班員に示し、これをもとに調査活動を行うよう指示した。さきの「北支経済調査編成要領」にあった第二班は、綱領では「工業班」となり企業の指導統制に関する検討ならびに調査と「水力発電及電気事業並工業地建設に関する調査立案」を任務としたが、築港計画の立案や水運調査を担当した「港湾班」も「水利及治水は主として水力発電及重要水運関係事項に付調査す」と、工業班と同じく水力発電に関する調査を担った[58]。

乙嘱託班の調査が始まると、支那駐屯軍司令部は一二月一七日、「北支産業開発指導綱領」を立案し、調査の指針とした。このなかで電気事業については、「将来官営又は特殊資本に依り大規模なる発電所を建設して在来発電所を之に統合し工業地帯其の他に対し動力及電灯を安価に供給す」ると定めていたが、「其の電源を石炭水力の何れに求むべきやは追て定む[59]」と、発電方法についてはまだ決定できていなかった。恐らくまだこのとき、支那駐屯軍は発電方法を決定できるだけの調査資料を手にしておらず、乙嘱託班の調査結果に期待を持っていたものと考えられる。

なお、華北の水力発電調査については、乙嘱託班とは別に、満鉄経済調査会が一九三五年五月に発足させた支那電気事業調査小委員会（委員長野中時雄）もすでに行っていた[60]。小委員会は華北の主要電気会社の業態調査を進める一方、山西省壺口での水力電気事業調査とその電力を利用した液化石炭精製の可能性を探っていた[61]。この調査が経済調査会による独自の調査だったのか、あるいは支那駐屯軍などの指示によるものだったのかは定かでない。

水力発電など華北電気事業に関する調査立案を担当した工業班は、一〇月（一一月とも）から「天津電気事業統制に対する一考察」、「天津に於ける電気事業の現況」、「北平電気事業統制に対する一考察」、「北平に於ける電気事業の現況」をテーマに、天津、北平、張家口、済南、青島で調査を行ったが[62]、当初から工業班は経済班とともに一九三六年三月をもって調査を打ち切ると予定されていたため[63]、四月以降の電気事業の調査は港湾班のみで行うこととなった。では、水力発電事業について港湾班はどのような調査を行ったのか。

二　港湾班による灤河水力発電調査

港湾班は発足から一九三六年三月まで、わずか六人で調査を行っていたが[64]、四月から第二次調査が開始されると、港湾班は四〇人あまりの調査員と本部ほか八つの調査隊に拡充された[65]。第一次調査時の六人の構成は満鉄計画部から出向してきた主査の大竹章以外[66]、経済調査会あるいは同会が一九三五年一一月に開設した天津事務所の職員であった。そして、組織拡充後も調査員の半数は経済調査会関係者が占めた。

八つの調査隊はそれぞれ華北の主要河川に派遣され、港湾建設地の選定や水運、水利、水力発電に関する調査立案などを行なった[67]。このなかで灤河と潮河の調査を担当した第八調査隊は、現地までの移動や調査中断の日などを含め、一九三六年一二月一八日から一九三七年二月一三日までの五八日間、灤河と潮河の水力発電候補地調査を行った[68]。現地入りにあたり、調査班は計画部と経済調査会が一九三六年九月に地形図をもとに作成した机上計画を携えていた[69]。この計画とは、灤河上流部を潮河水系へと流域変更させることで生じる落差を利用した高落差水路式発電を想定したものであった[70]。

調査班は冀東政権の協力のもと、一二月二二日から二台のトラックに分乗し、河北省潮河流域の密雲、城廠、西翁荘、太平荘、小十八盤嶺、古北口を回り、二八日から年明け頃まで熱河省豊寧など建設候補地を調査した。その後、一旦調査が中断されたが、一月二一日から再び調査班は河北省に入って調査を開始し、二月九日までに灤河中下流域の潘家口、羅家屯、亀台（亀口）、新集、新荘をめぐった[71]。

これら調査の結果、水力発電所の建設候補地として想定していた、熱河省内の灤河上流から潮河水源に至る一帯、郭家屯付近の灤河本流から支流の興州河上流部に至る区間、鞍匠屯付近、小十八盤嶺はいずれも地形図で測定したよりも高低差が小さく、水力発電には向いていないことが明らかとなり、潮河への流域変更実施を前提に計画していた興州河流域の博爾諾《ボルノ》、潮河流域の磅堆、陳家営子、密雲の水力発電所建設も取り止めとなった[72]。

その一方、地質調査と横断測量の結果、熱河省下板城から下流の灤河流域は発電用ダムの建設に適した地形が点在し、特に下板城南の黄花川、河北省境の潘家口、河北省遷安県の羅家屯は水力発電所建設の候補地としてふさわしいことが判明した。さらに、その後の調査で、熱河省灤平県の満洲国兵営付近とそこから一〇キロメートル上流にある五道河子も水力発電所の建設に適していることがわかった(73)。

これら調査結果をもとに、調査隊は新たに羅家屯、潘家口、黄花川、五道河子を水力発電所建設候補地に選定し、羅家屯に二万一〇〇〇キロワット、潘家口に三万九〇〇〇キロワット、黄花川に二万三一〇〇キロワット、五道河子に六三〇〇キロワットのダム式発電所の建設計画を立案した(74)。

しかし、候補地を流れる灤河の「水利権」は、満洲国と冀東政権がそれぞれ握っていたことから(75)、この地点に水力発電所を建設する場合は、両政権の協力が不可欠であった。

この灤河水力発電所建設計画はその後いかなる歩みをたどったのか。それを検討する前に、まずこの頃の満洲国と冀東政権が行っていた河川行政についてみていく。

三　満洲国と冀東政権の河川行政

満洲国の河川は、黒龍江、遼河、鴨緑江の三大水系が主をなし、黒龍江支流の松花江流域の面積は日本の本州の二倍を誇り、遼河流域もほぼ本州に等しい長さだった。満洲国建国前、これら河川の調査資料は、満鉄調査所が集計したものがあるのみで、なおかつ、この資料は満洲全水系を網羅したものではなかった。

そのため、満洲国の治水事業を統括していた国道局は一九三三年以降、関東軍兵要地誌班と共同で兵要給水班を組織し、県城や主要地点に雨量計や水文計を設置したほか、県公署職員や地方の有志らに観測を依頼するなどして、満洲全域に観測網を広げ、満洲各水系の基本資料を整える作業を行った。このほか国道局は、差し当たり急を要する都市防水工事を進めたり、日本や朝鮮から日系技術者を呼んで応急水害対策などに取り組むなどして治水対策にあたった。さらに、民生部土木司は既存の中国河川法を利用したり、新たに土木工事取締規則や河川取締規則などを施行して、当面の河川統制を行った。(76)

一九三〇年代半ばになると、満洲国では政府官僚の発言力が徐々に強まり、国政に一定の影響力を及ぼすようになった。たとえば、一九三六年八月一五日、満洲国国務院は水力発電を国営とする決定を下したが、これは国道局の土木系官僚の意向に沿ったものであった。(77)

一方、冀東政権では一九三六年一一月一一日に成立した冀東水利委員会が政権領内の港湾、水利、水運などの開発や工事計画の立案などを取り仕切った。(78)一九三七年四月二二日、水利委員会は満鉄関係者と協議を開き、灤河を治水して下流域に一〇万町歩の開墾地を設けること、ならびに灤河の水力調査を冀東政権、満洲国、満鉄の三者が共同で行うことがきまった。

さらに、冀東政権が灤河の河水使用権と水面使用権を担保に満洲興業銀行から二〇〇万元を借り受ける約束を交わしたことが明らかにされた。(79)満洲興業銀行は一九三六年一二月、「満洲興業銀行法」に基づき、新京の朝鮮銀行満洲支店を改編して設立された満洲国の特殊銀行のひとつで、普通銀行業務のほかに満洲国農工業への融資などを行っていた。なぜ、冀東政権は灤河にあったふたつの権利を手放してまで資金を借りようとしたのか。

政権成立直後から深刻な財政危機に陥っていた冀東政権は、一九三六年に入ると新税を創設したり、低関税で輸入した日本製品に「査験料」と称して輸入業者から税を徴収するなどしたりして財源を確保し、同年春頃までには余剰資金が生まれるまでに財政状況は改善された。その一方で、冀東政権は一月九日に冀東建設委員会を発足させ、領内を通る道路の改修や、渤海湾岸の大清河口での商業港（北方大港）建設計画を立案した。しかし、港湾建設には莫大な費用がかかり、財源捻出のために始めたアヘン専売も計画通りにはいかなかった[80]。そのため、冀東政権は灤河に関する権利を抵当に出すことで、当面の資金を確保する必要があった。

四　興中公司の灤河水力発電所建設計画

冀東政権が成立してから一ヶ月近く経った一九三五年一二月二〇日、大連に興中公司が設立された。社長に就任した十河信二は満鉄理事（兼経済調査会委員長）だった一九三四年に二度中国を旅し、日本の対中経済進出を図るための投資機関を創設する構想を立てた。満鉄はただちにこの案を取り上げ、一九三五年二月三日、満鉄重役会で投資機関としての興中公司の設立が決定された。興中公司の資本金一〇〇〇万円のうち、払込二五〇万円は満鉄が出資し、関東軍の意向のもと、国策に従いながら、対中国投資事業を行った[81]。

設立後に初めて開かれた役員会で、興中公司は北京、上海、広州に支店を設置することと、当面の事業計画として、長蘆塩の増産と輸出、龍烟鉄鉱の開発、天津発電所の新設、塘沽港の建設が決定された[82]。

このうち、天津での発電所建設については、天津特別市が経営する天津電業新公司を買収し、同市との合弁で一九三六年八月二〇日、天津電業股份有限公司を設け、発電所を新設することになった[83]。同公司の資本金八〇〇万元と重役はいずれも日中折半とされたが、天津市側の出資金は興中公司が支払った。

また、公司設立に際し、興中公司は日本の主要電力会社五社からなる電力連盟に呼びかけ、電気事業に対する技術援助と経営を委ねるとともに、興中公司が出資した資本金と天津市側に貸し付けた資金のそれぞれ半額を電力連盟に肩代わりさせ、華北に日本の電力資本を導入した[84]。発電所設備は一九三七年一一月中に完成する予定だったが、七月に日中戦争が勃発したことで遅れ、一九三八年三月一日に送電が開始された[85]。

一方、興中公司は満鉄が立てた案に基づいて、冀東政権領内の電気事業を一元化するため、一九三七年六月から一〇月までの間に通県の通州電灯公司、蘆台の蘆漢電灯公司と済光電気公司、昌黎の昌明電灯公司を買収した(86)。そして、一二月に冀東政権と合弁で唐山に冀東電業股份有限公司を設立し、買収した全ての電力会社を同公司に譲渡した(87)。

さらに、興中公司は既設発電所の電力に加え、華北の工業開発に必要な電力を確保するため、火力および水力による発電所の新設を計画し、特に水力発電所については、「由来灤河、永定河ハ共ニ渤海ニ注ク大河川ニシテ而モ其ノ水量並流域地方所々ニ有望ナル発電地点ヲ有スルヲ以テ之ヲ合理的ニ開発スルコトニヨリ、低廉豊富ナル動力資源ノ開発、新興産業ノ勃興誘発、電力利用ノ大衆化ノ機会ト範囲ノ拡充ニ資シタル処大ナルヲ確信シ夫々調査隊ヲ派遣シ調査ノ結果、両河川開発ノ腹案ヲ建テ(88)」た。

この「腹案」の具体的内容は不明であるが、興中公司は一九三七年三月、冀東政権の殷汝耕宛に「灤河筋潘家口及亀台発電所水利許可申請書」、一〇月に満洲国産業部大臣の呂栄寰《ろえいかん》へ「灤河外溝門子、五道河子、黄花川、潘家口及支流青龍河筋桃林口発電所水力使用許可申請書」をそれぞれ提出し、両政権に発電所を建設するために灤河を使用することを願い出ている。

これら点から考えて、興中公司の「腹案」は、これまで満鉄側の調査でも候補地として挙がった、外溝門子、五道河子、黄花川、潘家口のほか、熱河省内にある灤河支流青龍河の桃林口と、河北省遷安県の亀台に水力発電所を建設する計画だったと思われる。

第三節　灤河水力発電所建設の中止

一　日本側の反応

灤河に水力発電所を建設することに対し、日本ではどういう意見がみられたか。電力連盟の一社である日本電力で副社長を務めていた内藤熊喜《ないとうくまき》は、一九三七年一一月、『経済雑誌　ダイヤモンド』誌上で「電力開発の私案」を発表し、今後北京や天津一帯で工業が発展し、それにともない電力需要の高まりが予想されることから、「そこで火力と水力をどういふ風に組み合わせるかといふことが、今からの問題」になると指摘した。そして、水力発電所の建設候補地として永定河と灤河を挙げ、「灤河の開発は、冀東地区内に於ては二個地点あるやうに思ふ。これは開発の仕方に依るが、大体廿万キロ位のものが起るだらう(89)」と、灤河水力発電所建設の実現に期待を示した。

参謀本部第一部長代理の石原莞爾大佐は一九三七年一月一八日、「冀東ノ指導開発ニ関スル私見」を著し、「軍閥ナキ冀東ヲシテ模範的行政ニヨリ新支那建設ノ試験場タラシムルト共ニ日満支経済合作ノ核心タラシム」ため、華北経済開発事業のひとつとして、「灤河水力発電事業」を実施していく考えを明らかにした(90)。なぜ石原は灤河の水力発電開発に注目したのか、日本の対冀東政権政策に注目して検討する。

一九三五年末、華北に冀東、冀察両政権が成立すると、陸軍省は新たな華北情勢に対応するため、一九三六年一月一三日、「北支処理要綱」を決定し、華北民衆の自治完成を援助し、両政権は支那駐屯軍の内面指導下に置くが、冀察政権の自治が完成次第、冀東政権はこれに合流させることとした。また、日本政府は同年八月に決定した「第二次北支処理要綱」で、「冀察政権ノ分治機能信頼スルニ至ラハ冀東地域ハ之ヲ冀察政権下ノ特別区トシテ同政権ニ合流セシムルモノトス」[91]と、冀東政権を冀察政権に合流させる方針は維持された。しかし、日本政府として合流が完成するまでに冀東政権をどう指導するかという方針は具体的に定まっていなかった。

六月、参謀本部第二課長（戦争指導課長）に着任した石原は、満洲産業開発五ヶ年計画の策定を進める一方、一二月に西安事件が発生すると、華北を視察し、中国国内に内戦反対と国内統一の気運が高まっていることや、いままでの日中の国交調整が不充分なものであったという状況を知り、参謀本部として従来の対中国政策を改めて検討しなおす必要があるとの結論に至った[92]。

そして、一九三七年一月六日、第二課は「対支実行策改正意見」をまとめ、今後日本側は華北に対し、「北支特殊地域ナル観念ヲ清算シ之ヲ五省独立ノ気醞ニ誘致スルカ如キ方策ヲ是正シ現冀察政権ノ管掌スル地域ハ当然中華民国ノ領土ニシテ主権亦其中央政府ニ在ル所以ヲ明確ニ」したうえで、「冀東地区ハ満支経済提携ノ楔子トシ該地域内ノ経済開発ヲ急速ニ実現セシムル為暫ク維持セシムルト共ニ支那カ軍閥誅求ノ苛烈ナル圧迫下ニアル現状ニ対スル模範的楽土タルノ一試験場トシテ帝国並満洲国ニヨリテ支援シ後述新支那建設ト相俟チ適時支那ニ復帰[93]」させなければならないと主張した。

冀東地区の経済開発を早急に実現するには、その基礎となる充分な電力の供給が不可欠だった。特に満洲と華北を縦断する灤河の水力発電開発は、冀東地区を「満支経済提携ノ楔子ト」する上で重視しなければならなかったと石原は考えたのではないだろうか。

二　満洲国による灤河水力発電所建設計画

日本でも灤河水力発電所建設に対する期待が高まりつつあった一方、興中公司から灤河の水利使用の許可申請を受けた冀東政権と満洲国はどういった対応をしたのか。

冀東政権が興中公司にどういった回答をしたのかは、現在のところ史料がなくはっきりしない。しかし、前述のとおり、冀東政権は灤河の河川使用権などを担保に満洲興業銀行から二〇〇万元を借り受けたことから、冀東政権が資金を調達してそれら担保を取り戻さない限り、興中公司の申し入れを受け入れることは困難だった。

一方、満洲国産業部は、一〇月二六日、興中公司の十河社長に対し、正式に要請を拒否する回答を行った。[94] 灤河水力発電所の主たる建設候補地を抱えていた満洲国の同意が得られない以上、興中公司は水力発電所の開発を断念せざるを得なかった。

では、なぜ満洲国は興中公司に灤河水力発電所を建設させないようにしたのか。この問題と関わりの深い満洲産業開発五か年計画の経過をたどりながら検討する。

参謀本部の石原莞爾大佐を中心に満洲産業開発五ヶ年計画の策定が進められたことはすでに触れた。一九三五年八月、関東軍参謀から参謀本部作戦課長に転補した石原は、国力の充実と極東兵備の増強を図っていたソ連に対抗するため、満鉄経済調査会東京駐在員の宮崎正義を長とする日満財政経済調査会を創設し、生産力拡充計画の立案を命じた。そして、一九三六年七月、石原は陸軍省に対し、満洲国で対ソ持久戦に必要な産業を急速に開発しなければならないとする要望を提言するとともに、日満財政経済調査会が作成した国力増進計画案の「昭和十二年度以後五年間歳入及歳出計画　付緊急実施国策大綱」（宮崎案）を関係部局に配布し、意見を求めた。[95]

この案では、国力充実のため、日本国内で行政改革や経済統制を図る一方、満洲で軍需工業の建設や増産を行うため、一九三七年から一九四一年までの五年間に、鉄鋼七五〇万トン、石炭四五〇〇万トンを中核とする重工業の建設を目標としていた[96]。

宮崎案を受けて、参謀本部満洲班長の片倉衷《ただし》少佐らは具体的な満洲産業開発計画の試案として、「満洲開発五カ年計画に対する目標案」を作成し[97]、関東軍、満洲国政府、満鉄による協議（湯崗子会議）を経て、一一月一日、「満洲産業開発五カ年計画綱要」が決定された[98]。

この計画綱要では、五年間で満洲の電力開発目標が火力八一万五〇〇〇キロワット、水力五九万キロワット、合計一四〇万五〇〇〇キロワットとされていた[99]。そのため、満洲国政府は一九三七年四月一日、国務院内に水力電気建設局と水力電気建設委員会を設置し、全満洲の河川総合開発計画の具体化に着手した。

計画綱要の決定を受けて、満洲国実業部はこれまでの水力調査のデータをもとに、一二月、「灤河水系水力資源開発計画」を作成した。この計画の中で実業部は、すでに建設が決定した松花江水系の豊満水力発電所（第二松花江発電所）によって、新京、吉林、哈爾濱《ハルビン》の工業地帯ならびに遠距離送電が可能な地域にも電力供給ができるようになるが、「然れども日支《ママ》国境線に近接する熱河省内は、少なくとも前記動力供給圏外に立ち、且火力電源たる石炭の産出比較的少なければ、本地方の産業開発のためには、灤河の水力資源を開発すべきは必至の問題なり」と[100]、灤河水力発電所建設の必要性を主張し、灤河水系に次の八つのダム式水力発電所の建設計画を立案した（表2参照）。

このうち、灤河第一、第五、第七、第八の各発電所のダム建設予定地は、興中公司が申請した発電所建設地と同じか、またはそれに近い場所だった。日本側によって規模が拡大された満洲産業開発五か年計画を実現させるために、満洲国は建設予定地が重なる興中公司の灤河水力発電所建設計画を認めるわけにはいかなかった。

表 2　「灤河水系水力資源開発計画」で計画された 8 つのダム式水力発電所

発電所名	流域	ダム建設地点	発電設備容量（KW）	平均発電量（KW）	年総発電量（KWH）
灤河第一	灤河本流	外溝門子上流2キロメートルの白石磊付近	30,000	15,000	131,400,000
灤河第二	灤河本流	老虎溝上流約12キロメートルの両岸狭窄地点	60,000	29,400	257,000,000
灤河第三	灤河本流	郭家屯上流地点	208,000	109,000	955,000,000
灤河第四	灤河本流	官杖子の本流と支流との合流点直下流部	46,200	20,000	173,000,000
灤河第五	灤河本流	五道河子の両岸狭窄地点	160,000	81,000	700,000,000
灤河第六	蟻螞河	黄姑屯下流15キロメートルの老爺廟	33,000	16,000	140,000,000
灤河第七	灤河本流	国境線潘家口上流の小河口付近	200,000	105,000	905,000,000
灤河第八	青龍河	国境線上流約2キロメートルの両岸狭窄地点	40,000	20,300	178,000,000

注：発電設備容量…その発電所がもつ総発電出力
　　平均発電量…その発電所が一回に発する電力量の平均
　　年総発電量…平均発電量の一年間の総量
出所：満洲国実業部「灤河水系水力資源開発計画」（1936 年 12 月）、南満洲鉄道株式会社調査部「支那・立案調査書類第五編第六巻第四号　北支水力発電計画並調査資料」、1937 年 12 月、122～123、192～193 頁を参考に広中作成。

小　結

本章は、一九三一年から一九三七年にかけて繰り広げられた灤河水力発電所建設の変遷をたどりながら、一九三〇年代半ばの満洲と華北における日本の電力政策について検討してきた。本章をまとめると以下のようになる。

満洲西南部と河北省東部を貫く全長およそ一二〇〇キロメートルに及ぶ灤河は、満洲を流れる部分は流水量が豊富で、かつ地形が険しく、水力発電所の建設に適した場所が点在していた。南満洲電気株式会社の事業拡大を目指していた満鉄は、一九三一年一〇月に『満蒙ニ於ケル電力資源ト其経済的考察』を作成し、満洲を流れる九つの水系を図上調査して水力発電所の建設を想定し、灤河についても建設候補地として外溝門子など熱河省内の五ヶ所を選定した。このとき、まだ熱河省は国民政府の支配領内にあったが、満鉄内には満蒙領有を唱えた石原莞爾大佐に影響を受けた社員が擡頭し、彼らによって熱河省も計画の範囲に組み込まれた。

一九三四年八月、支那駐屯軍参謀長に就任した酒井隆大佐は、日本の対中経済発展と国防資源の充足を実現するため、華北の資源開発に着目し、一九三五年八月、満鉄に対し、天津に調査員を派遣するよう要請した。そして、九月に満鉄から来た調査班を「乙嘱託班」と名付け、資源調査の実施を命じた。そして、この時、工業班と港湾班によって華北の水力発電に関する調査も行われた。

一九三六年三月、工業班の調査打ち切りを受け、同班の電気事業の調査業務を引き継いだ港湾班は、人員が拡充されると八つの調査隊を組織して華北主要河川で水運や水利などを調査した。特に灤河と潮河の調査を担当した第八調査隊は、一九三六年一二月から一九三七年二月にかけて実地調査を行い、熱河省黄花川、五道河子、河北省の羅家屯、潘家口でダム建設に適した地形を発見し、おそよ七万五〇〇〇キロワットを発電するダム式発電所の建設計画を立案した。しかし、これら地点の「水利権」は満洲国と冀東政権が握っていたことから、灤河水力発電所建設計画には両政権の協力が不可欠だった。

このとき、すでに満洲国では満洲各水系の基本資料が整えられたり、河川の治水政策や制度の制定など、河川行政の整備が進められていた。一方、冀東政権は深刻な財政難を補うため、満洲興業銀行との間で、灤河の「水利権」を抵当に出す代わりに、二〇〇万元を借り入れる契約を交わしていた。

一九三五年一二月に創設された興中公司は、冀東政権領内の電気事業の一元化を図るとともに、灤河流域の外門溝子、五道河子、黄花川、潘家口、桃林口、亀台に水力発電所を建設する計画を立て、冀東政権と満洲国にそれぞれ河川利用の許可を願い出た。そして、日本でも電力業界や陸軍内から灤河水力発電所建設に期待する声があがった。

しかし、冀東政権はすでに満洲興業銀行に「水利権」を渡していたことから、興中公司の求めに応じることは難しく、また、満洲国も第一次産業開発五ヶ年計画を進めるため、灤河水力発電所を建設して電力を確保する必要が生じたため、興中公司の要請を受け入れることができなかった。これら灤河流域を支配していた政権の同意が得られなかったため、興中公司は灤河水力発電所の建設を断念せざるを得なかった。

注

(1)　電気事業講座編集委員会編『電気事業講座第3巻　電気事業発達史』、エネルギーフォーラム、二〇〇七年、一〇頁。
(2)　電気事業講座編集委員会編『電気事業講座第8巻　電源設備』、エネルギーフォーラム、二〇〇七年、八頁。
(3)　同右、一五〜一七頁。

（4）臼井勝美「日中戦争の政治的展開（一九三七年〜一九四一年）」、日本国際政治学会太平洋戦争原因研究部編著『太平洋戦争への道　第四巻　日中戦争〈下〉』、朝日新聞社、一九六三年、一五六頁。
（5）前掲『戦前の日本と中国』、三八一〜三八二頁。
（6）前掲『戦時日本の華北経済支配』、六〇頁。
（7）柴田善雅「華北における興中公司の活動」、『東洋研究』第一三八号、東洋文化大学東洋研究所、二〇〇〇年一二月、三一〜三三頁。
（8）John Hunter Boyle, *Japan's Puppet Regimes in China, 1937-1940*, University Microfilms, International, 1969, pp. 115-116.
（9）徐勇「日本加緊蚕食華北、内蒙、中華民族危機加深」、軍事科学院軍事歴史研究部『中国抗日戦争史』上巻、解放軍出版社、一九九一年、三四四頁。居之芬・張利民主編『日本在華北経済統制略奪史』、天津古籍出版社、一九九七年、四二〜四三頁。
（10）朱成章「艱難起歩　勢頭緩慢」、中国水力発電史編輯委員会編『中国水力発電史（1904〜2000）』、中国電力出版社、二〇〇五年、四一頁。
（11）秋草勲『北支の河川』、常磐書房、一九四三年、一三頁。
（12）支那駐屯軍司令部乙嘱託班「北支・産業調査書類　第六編第三巻　灤河及潮河水力発電調査報告」、一九三七年四月、二四七頁。
（13）前掲『北支の河川』、常盤書房、一九四三年、一一〜一三頁。
（14）同右、一三頁。
（15）同右、一六頁。
（16）低水量（低水流量）とは河川流量の指標を示すことばで、河川のある地点で一年のうち二七五日間減少することのなかった流量を、その河川の低水量という（地学団体研究会・新版地学事典編集委員会編『新版　地学事典』、平凡社、一九九七年、八六〇頁。

(17)　前掲『北支の河川』、一六～一七頁。
(18)　同右、九頁。たとえば、灤河下流の盧龍県で一九三〇年から一九三一年にかけて行われた調査によると、同県の年合計降水量七九七・三ミリのうち、約七四パーセントにあたる五九二・八ミリが六月から八月に集中した（沈百先・章光彩等編著『中華水利史』、台湾商務印書館、一九七九年、三二頁）。
(19)　河北省水利庁水利誌編輯辦公室『河北省水利誌』、河北人民出版社、一九九六年、三四八頁。
(20)　灤県誌編纂委員会編『灤県誌』、河北人民出版社、一九九三年、九四頁。
(21)　前掲『河北省水利誌』、九七二頁。
(22)　華北水利委員会編『華北水利建設概況』、華北水利委員会、一九三四年、一頁。
(23)　同右、二～三頁。
(24)　同右、五～六頁。
(25)　前掲「艱難起歩　勢頭緩慢」、『中国水力発電史』、二七～三〇頁。
(26)　同右、三〇～三四頁。
(27)　薛毅『国民政府資源委員会研究』、社会科学文献出版社、二〇〇五年、一三九頁。
(28)　同右、一四〇頁。
(29)　同右、一四二頁。
(30)　同右、二三一頁。
(31)　満鉄の職制によると、地方部は「土地家屋ノ経営並教育・衛生・勧業・社会事業其ノ他地方施設ニ関スル事項ヲ掌理ス」ることを任務とし（南満洲鉄道株式会社編『南満洲鉄道株式会社第三次十年史』（上）、龍渓書舎、一九七六年、四八頁）、その中で商工課は「商工業ノ助長ニ関スル事項」、「鉱務ニ関スル事項」、「産業ノ紹介ニ関スル事項」を扱った（同、五二頁）。
(32)　南満洲鉄道株式会社地方部商工課『満蒙ニ於ケル電力資源ト其経済的考察』、南満洲鉄道株式会社地方部商工課、一九三一年、凡例頁。

(33) 満洲国史編纂刊行会編『満洲国史　各論』、満蒙同胞援護会、一九七一年、六三二頁。
(34) 前掲『満蒙ニ於ケル電力資源ト其経済的考察』、二頁。
(35) 同右、二〇～二一頁。
(36) 同右、三一五頁。
(37) 原田勝正『満鉄』、岩波書店、一九八一年、一三六頁。
(38)「国運転回ノ根本国策タル満蒙問題解決案」、一九二九年七月五日、前掲『国防論策篇』、四〇～四一頁。
(39)「講話要領」、一九三〇年三月一日、同右、四六～四七頁。
(40) 南満洲鉄道株式会社編『南満洲鉄道株式会社第三次十年史』(下)、龍渓書舎、一九七六年、二三六七頁。
(41) 小林英夫『満鉄調査部の軌跡　1907―1945』、藤原書店、二〇〇七年、一〇八頁。
(42) 前掲『南満洲鉄道株式会社第三次十年史』(下)、二三七三頁。
(43) 前掲『満鉄』、一四〇頁。
(44) 佐多弘治郎「科学的に満蒙対策を観る」、前掲『現代史資料7』、一三四～一三五頁。
(45) 加藤聖文『満鉄全史　「国策会社」の全貌』、講談社、二〇〇六年、一二九頁。
(46) 前掲『満鉄』、一四〇～一四三頁。
(47) 前掲『大系日本の歴史』一四、二四七頁。
(48) 関東軍参謀部「満蒙問題解決策案」、一九三一年九月二二日、前掲『国防論策篇』、八五頁。
(49) 前掲『日本陸軍と中国』、一二頁。
(50) 石本憲治は、一九一五年に東京帝大法科大学経済学科卒業後、日本勧業銀行を経て満鉄に入社し、社長室情報課参事、臨時経済調査委員会第四部幹事、社長室情報課長、上海事務所長、奉天事務所次長など、主に調査情報系統の部局に勤め、一九三三年に本社総務部長となり、一九三五年には満鉄理事に昇格した（井村哲郎編『満鉄調査部――関係者の証言――』、アジア経済研究所、一九九六年、七四〇頁）。

(51)　支那駐屯軍参謀長「北支に於ける重要なる資源、経済調査の方針及要項」、一九三四年一〇月、前掲「支那経済開発方策並調査資料」、三八四頁。
(52)　同右、三八五頁。
(53)　同右、三九七頁。
(54)　前掲『戦前の日本と中国』、三一八頁。
(55)　前掲「乙嘱託班調査概要」、一頁。
(56)　同右、二頁。
(57)　同右、五頁。
(58)　同右、一三～一五頁。
(59)　支那駐屯軍司令部「北支産業開発指導綱領」、一九三五年一二月一七日、同右、三五頁。
(60)　経済調査会委員長「支那電気事業調査小委員会組成に関する件」、一九三五年五月、南満洲鉄道株式会社調査部「支那・立案調査書類　第五編第六巻第五号　支那電気事業調査資料（除天津、北京、冀東地区）」、一九三七年一二月、三～四頁。
(61)　野中時雄「北支那経済調査の根本目標を何に置くか」、一九三五年九月、前掲「支那経済開発方策並調査資料」、三七四頁。
(62)　乙嘱託班「昭和十年度各調査班の編成及工業概表」、一九三六年三月三一日、前掲「乙嘱託班調査概要」、一一九頁。
(63)　前掲『満鉄調査部の軌跡』、一六八頁。
(64)　前掲「乙嘱託班調査概要」、一二四頁。
(65)　同右、一三八～一四二頁。
(66)　満鉄計画部は一九三二年一二月に設置され、技術の統制および新規事業の計画に関する事項を掌理した（前掲『南満洲鉄道株式会社第三次十年史』（下）、二四〇六頁）。
(67)　前掲「乙嘱託班調査概要」、六八頁。
(68)　同右、一七二頁。

(69) 同右、一八七頁。
(70) 前掲『南満洲鉄道株式会社第三次十年史』(下)、二二四〇三頁。
(71) 前掲「灤河及潮河水力発電調査報告」、四頁。「冀東政府側満鉄冀東区内水力発電調査班関係処理案」、前掲「毛里英於菟文書」。
(72) 前掲「灤河及潮河水力発電調査報告」、二四五頁。
(73) 同右。
(74) 前掲「乙嘱託班調査概要」、一八七頁。
(75) 満洲国と冀東政権は国際的に国家として認められていなかったことから、「水利権」についても、実際の権利は国民政府にあった。
(76) 前掲『満洲国史　各論』、九六一〜九六三頁。
(77) 堀和生「『満州国』における電力業と統制政策」、『歴史学研究』第五六四号、歴史学研究会、一九八七年二月、二〇頁。
(78) 「冀東水利委員会設立ニ関スル経過報告」、一九三六年一一月一一日、前掲「毛里英於菟文書」。
(79) 南満洲鉄道株式会社調査部「支那・立案調査書類　第五編第六巻第三号　冀東電気事業統制並調査資料」、一九三七年一二月、五八〜五九頁。
(80) 本書第四章参照。
(81) 前掲「華北における興中公司の活動」、『東洋研究』第一三八号、大東文化大学東洋研究所、二〇〇〇年一二月、二七〜三〇頁。
(82) 十河信二「満鉄と興中」、北条秀一編『十河信二と大陸』、北条秀一事務所、一九七一年、五〇頁。
(83) 株式会社興中公司「興中公司関係会社概要」、一九三九年七月、一頁。
(84) 前掲『戦時日本の華北経済支配』、五九〜六〇頁。
(85) 前掲「華北における興中公司の活動」、『東洋研究』第一三八号、三三二頁。

(86) 前掲『戦時日本の華北経済支配』、六〇頁。
(87) 前掲「興中公司関係会社概要」、一四頁。
(88) 株式会社興中公司「電気事業引継書（其六）『添附書類』　事業完了又ハ中絶セルモノノ内重要事業報告書」、一九三八年八月、六三頁。
(89) 内藤熊喜「電力開発の私案」、『経済雑誌　ダイヤモンド』第二五巻三四号、一九三七年一一月、三四頁。
(90) 「冀東ノ指導開発ニ関スル私見」、一九三七年一月一八日、前掲『国防論策篇』、二〇五頁。
(91) 「第二次北支処理要綱」、前掲『現代史資料8』、三四八頁。
(92) 今岡豊『石原莞爾の悲劇』、芙蓉書房、一九八一年、一三五頁。
(93) 参謀本部第二課「対支実行策改正意見」、一九三七年一月六日、前掲『国防論策篇』、一九八頁。
(94) 前掲「電気事業引継書（其六）『添附書類』」、七二頁。
(95) 満洲国史編纂刊行会編『満洲国史　総論』、満蒙同胞援護会、一九七〇年、五二七～五二八頁。
(96) 中村隆英・原朗「解題」、日本近代史料研究会『日満財政経済研究会資料　第一巻――泉山三六氏旧蔵――』、日本近代史料研究会、一九七〇年、四頁。
(97) 前掲『満洲国史　総論』、五二八頁。
(98) 同右、五三二頁。
(99) 同右、五四二頁。
(100) 満洲国実業部「灤河水系水力資源開発計画」、一九三六年一二月、南満洲鉄道株式会社調査部「支那・立案調査書類　第五編第六巻第四号　北支水力発電計画並調査資料」、一九三七年一二月、一二〇頁。

第六章　冀東政権の防共政策

はじめに

一年あまりに及ぶ長征を終え、中国陝西省北部に根拠地を構えた中国共産党は、一二月末、中共中央政治局会議（瓦窰堡《がようほ》会議）を開き、同年夏のコミンテルン第七回代表大会で中国代表団が発表した「八・一宣言」に基づいて、抗日民族統一戦線を正式な政策にするとともに、[1] 政治局委員の劉少奇を天津に派遣し、華北中共組織の建て直しと、抗日民族統一戦線の実現を命じた。[2]

一九三六年春、中共中央北方局の指導を任された劉少奇は、中共党員に中共中央の指示を徹底させる一方、壊滅状態にあった華北各地区の党委員会を再建し、党組織をまとめあげた。[3] そして、一九三七年九月二三日、蔣介石が中共の合法的地位を認め、国共両党による抗日民族統一戦線が成立すると、[4] 中国共産党は一一月七日、山西省五台山に晋察冀抗日根拠地を建設し、[5] 華北に侵攻してきた日本軍に抵抗した。

すでに第一章で、冀東政権がなぜ防共政権として成立したのか述べた。では、その冀東政権がどうして以上のような華北での中国共産党の抵抗運動を抑えることができなかったのか。この問いを明らかにするには冀東政権がいかなる防共政策を実施したのか検討する必要がある。

冀東政権の防共政策に関するこれまでの研究をみると、趙競存は冀東政権が実施した反共宣伝は中国に古くからある孔孟思想を利用して行われたことに特徴があり、主に教育方面に宣伝の重点が置かれたと論じた(6)。

張洪祥らは日本の傀儡政権である冀東政権が言論や集会の自由を奪ってファッショ政治を行うとともに、各学校に日本語課を設けて「奴隷化」教育を行い、共産勢力発生の機会を根絶しようとしたと分析した(7)。

李継准らは中共が国民政府側と非公式に接触し、第二次国共合作の結成を模索するなかで、華北各地では中共の指導で、冀東政権に対する抵抗運動が展開されていたことを論じた(8)。周志運は冀東政権の防共政策に冀東民衆が行った抵抗運動を概説した(9)。

このように、これまでの研究では冀東政権の防共政策が教育に与えた影響や防共政策に対する民衆の抵抗について関心が向けられている。しかし、冀東政権の防共政策がなぜ失敗に終わったのかという点については、依然として明確でない。

そこで、本章では先行研究を踏まえたうえで、これまであまり用いられてこなかった『冀東政府公報』や冀東政権の機関紙である『冀東日報』など冀東政権側の史料を手がかりにして、以下のように検討を進める。はじめに、冀東政権の主張した防共とは一体いかなる意味だったのか考察し、その問題点を指摘する。次に、問題を抱えた防共観のもとで冀東政権がいかなる防共政策を実施したのか具体的にみていく。最後に、通州事件後再建された冀東政権が華北新政権への合併を目前に自らの防共政策をどのように意味付けたのか考察し、冀東政権の主張と中国共産党が勢力を拡げた現実との違いを明らかにする。

第一節　冀東政権の防共観

一九三五年一一月二四日、殷汝耕は通州で池宗墨らと「冀東防共自治委員会成立宣言」[10]を発表し、二五日、冀東防共自治委員会を発足させた。成立宣言のなかで殷汝耕は、国民党による「党治」を激しく非難するとともに、一九二四年に国民党が共産主義を受け入れ、中共と国共合作（第一次）を成立させたことで、「今や赤化は滔々と洪水のように広がり、江西での災禍で人々は絶え、福建、広東は傷を受けて生気を失い、貴州、四川、陝西、甘粛、山西、河南の周辺は匪禍が最も激しくなった。これは実に古今中外の大変化で、数千年来未曾有の惨劇である」と述べ、国民党の容共政策が中国共産党の勢力を拡大させた原因であったと主張した。

また、国民党が国民政府を組織して政権を握ったことで、「孔孟的秩序は乱れ、孔子廟は破壊されて孫文を祀るようになり、邪説を広めて正しい教えを貶めようとした。儒学の経典を無視し、三民主義を教義としたことは正道に反することで、まさに聖教の罪人である」と、儒教を軽視した国民党の態度を非難した。しかし、殷汝耕らによるこれら国民党に対する主張は果たして正しいものであったのか。殷汝耕が批判した第一次国共合作の結成まで時期をさかのぼって検証する。

一九二四年一月、広州で国民党第一回全国代表大会が開かれ、中共党員が個人の資格で国民党に加入する形で国共合作が成立した。大会では同盟会以来、革命の指導理念だった三民主義に新たな解釈を加えた「新三民主義」が宣言され、「連ソ、容共、労農援助」の三大政策とともに、統一戦線の綱領となった[11]。しかし、三民主義のうち民生主義の意味を曖昧にしたまま八月に孫文が死去すると、その解釈をめぐって革命の主導権争いと絡み合いながら、国共両党の重要問題として浮上した[12]。国民党を代表してこの問題の解決にあたった戴季陶は、中共が主張する階級闘争による革命を否定し、儒教の倫理徳目を革命実践の重要な精神要素であると主張し[13]、三民主義を儒教思想の延長線上に位置付けた[14]。

この戴季陶の理論を継承した蔣介石は[15]、一九三四年二月から開始した新生活運動で、国民道徳を高める手段として儒教を利用し、孔子の誕生日とされる八月二七日を国定記念日とし、その日は孔子の経歴とその学説を紹介するほかに、孫文の革命思想と孔子との関係を解説しなければならないとした[16]。

一方、国共合作は一九二七年四月の「四・一二クーデター」で崩壊し、北伐終了後の一九二九年四月二五日に長沙で行われた演説で、蔣介石は孫文のことばを引用して国民革命と共産革命を明確に区別した[17]。共産主義を広め儒教思想を排除したという殷汝耕らの主張には大きな問題があった。

成立宣言で、殷汝耕は国民党と国民政府に対する厳しい批判が繰り返した一方、中国共産党に対する直接的な批判は行わなかった。なぜなら、成立宣言の大きな目的のひとつは、国民党の党治からの離脱を宣言した政権の正当性を訴えることにあったため、非難の対象を国民党と国民政府に向ける必要があり、共産主義に対する批判も中国共産党ではなく国共合作で共産主義を受け入れた国民党に対して行わなければならなかったからであった。

このように、冀東政権は共産主義に対する考え方に大きな問題を持ちながら、一体どのような防共政策を実施したのだろうか。

第二節　防共政策の展開と中国共産党の反発

一　教科書の改訂と情報統制

共産主義を受け入れた国民党の党治に反対を表明した冀東政権にとって、三民主義など国民党の党義が盛り込まれた教科書を改訂することは、早急に行わなければならない課題であった。北京政府打倒を目指し、蔣介石率いる国民革命軍の北伐が行われていた一九二八年五月一五日、第一回全国教育会議が開催され、これまで国民政府の教育方針として掲げられてきた「党化教育」は、「党化」の解釈が曖昧で問題があるとして、新たに「三民主義教育」と改められることになった。

三民主義教育とは各種教育によって三民主義を実現させるというもので、一九二九年三月二五日の国民党第三回全国代表大会第一一回次会議で決議された「教育宗旨及び実施方針案の確定」により、正式に政府の教育方針となった[18]。教材についても、一九二九年一月、関連諸規定が制定され、教育部の審査を経たうえで出版されるすべての教科書は国民党の党義に即した内容に改訂された。それら教科書には日本など列強の中国侵略を非難する記述が含まれていたことから、日本側から「排日教科書」として批判を浴びた[19]。

このような中国側教材を排除するため、一九三二年三月一日に成立した満洲国は、六月一八日、排外教材の取り締まりを命じ、一週間後の二五日には、三民主義およびその他満洲国の建国精神に反する内容の教科書を廃止する訓令を発した。そして、七月には「教科書統制編纂委員会」が組織され、およそ八〇〇種類の教科書の編纂事業に着手した[20]。

満洲国で教科書の改訂作業が進むなか、政府改組宣言を発表した翌日の一九三五年一二月二六日、殷汝耕は満洲国で教科書の改訂に携わった東亜文化協会と現行民国小学校教科書の改訂事業に関する契約を取り交わした[21]。作業は奉天で冀東政権と満洲国双方の代表者によって行われ[22]、一九三六年三月、小学校各学年後期用三四種類、九月新学期用三四種類の教科書の改訂と印刷が終了し、各小学校に配布された[23]。

改訂された教科書のうち、『初級小学常識教科書』第八巻第三三課に掲載された「防共自治と冀東」では、古来の人々により万里の長城と運河が建設されたことに触れたうえで、防共自治の重要性が次のように記された。

「さて、今は長城の建築より更に偉大なる仕事がある、其れ即ち防共である。運河の開通より更に困難なる事業がある、其れ即ち自治である。共産主義は我等の社会に適合しない、我等は此れを防がなければならない、故に防共と云ふ。軍人或は党人が専政するのは国家に悪い現象である、我等は自分の力を以て国家を治む、故に自治と云ふ。我々皆防共自治の決心があり、協力一致して冀東防共自治政府の指導の下に防共の国防を建設することは長城よりも更に堅固に、自治の国脈を開拓することは運河よりも更に長く遠大でなければならない」[24]。

教科書の中に冀東政権の防共自治の理念が書き加えられた一方で、これまでの教科書にあった孫文の業績を称える記述や、国民党ならびに国民政府に関する事柄は書き換えられるか削除された[25]。

教科書の改訂を済ませると、冀東政権は統治区域内から国民党の影響力を排除するため、厳しい統制を敷いた。一九三六年三月四日、殷汝耕は唐山辦事処と政府各庁処を通して冀東政権下の各県に通達を発し、県内住民のうち、国民党員の者は全員自ら脱党を宣言し、公職者で国民党籍を持つ者も自ら党員であることを報告したうえで即日脱党し、もし今後国民党の秘密工作に従事する者を見つけたら厳しく処罰するよう指示した[26]。

それから一月半後の四月一七日、各県を統括する民政庁長の張仁蠡《ちょうじんれい》は各県長と特種公安局長に対し、建物の壁などに書かれたり貼られたりしている国民党の宣伝文や標語を一ヶ月以内に全て取り去るよう命じ、期限後に標語が残っていることが判明した場合は職務怠慢として責任者を罰すると通告した[27]。

さらに、六月、唐山市では新聞検査所が設けられ、「唐山市新聞紙類臨時検査辦法」に基づき、市公安局が唐山市で発行されている新聞や定期刊行物の事前検閲が行われた[28]。臨楡県では、冀東教育庁の指令を受け、県内各書店で販売されている書籍を調査し、風紀を乱す内容が書かれた書物を摘発した[29]。

二　中国共産党の抵抗

一九三六年三月六日、殷汝耕は、唐山辦事処から中国共産党軍の山西省進攻で、冀東地区の治安が脅かされる可能性があると指摘されたため、一一日、各県政府、保安隊などに対し、中国共産党員の検挙を強化するよう命じた(30)。コミンテルン第七回大会で「八・一宣言」が発表されたことを受け、中国共産党は一九三五年一二月一七日から開かれた瓦窰堡会議の中で、「軍事戦略問題に関する決議」を採択して、対日戦争に向けた準備と中国共産党軍の拡大に取り組むなどの方針を定めた。そして、「当面の政治情勢と党の任務についての決議」を決定し、抗日民族統一戦線を今後の戦略方針とした(31)。軍備を整えた中国共産党軍は、一九三六年二月二〇日、黄河を渡って山西省に入り(32)、閻錫山軍に攻撃を仕掛けた。これまで共産化した国民党の脅威のみ主張していた冀東政権にとって、攻勢を始めた共産党の存在は無視できないものとなった。

三月二七日、保安隊第四総隊長の趙雷は、殷汝耕の指示を受け、唐山市で市内各団体代表者らと「公民防共協会」を結成し(33)、中国共産党員の摘発に懸賞金を設けた。また、四月一一日、昌黎県では中国共産党員による暴動が発生したとの理由で、保安隊により七四人が逮捕され、同日、唐山でも趙雷の指揮のもと、大規模な中国共産党員の検挙が行われた(34)。

改訂教科書の配布を終えた冀東政権教育庁は一〇月一一日、県政府を通して各学校に対し、授業を厳しく監視して少しでも学生を共産主義学説に傾倒させないようにすること、学生が中国共産党員の勧誘に掛からないように課外時間を利用して思想の指導をすること、各学校にある書物を調査し、学生に共産主義を宣伝する文字に触れさせないようにすること、学生の家族と随時連絡を取り、学生が家庭内で読む書物について検査し、学校と家庭が協力して防共を行うことなどを指示した。[35]そして、『防共要義』を作成し、各学校に送付した。

『防共要義』では、中国共産党がこれまで中国にもたらした被害について述べるとともに、「共産主義を唱導することは、まさにユダヤが世界を擾乱する狡猾な計画であり、共産党の創設は、まさにユダヤが実際に世界を擾乱するための陰謀である」[36]と、反ユダヤ思想を用いて共産主義を痛烈に批判した。

一方、一九三六年四月初め、華北の抗日運動を指導していた中共中央北方局の書記に就いた劉少奇は一〇日、中共河北省委員会の内部発行雑誌『火線』第五五期に「立三路線の残余を粛正する――関門主義と冒険主義」を発表し、全ての敵の打倒を目指したこれまでの北方局の方針を「左傾の錯誤」として批判し、抗日に向けた民族団結の必要性を訴えた。[37]また、劉少奇は「白区職工運動工作の提綱」、「公開工作と秘密工作の区別およびその連絡」、「空談粛正の指導」、「民族統一戦線の基本原則」などの文章を雑誌に発表し、抗日民族統一戦線の確立に努めた。[38]

劉少奇が北方局書記になって間もなく、冀東地区を視察した北方局組織部長の彭真（傅茂公）は、灤州の古冶で開かれた中共京東特別委員会会議で、今後の指導方針を協議した。[39]京東特別委員会は一九二七年一〇月、玉田、豊潤、遵化、薊県、遷安各県（後に灤州を追加）の中国共産党員を指導する組織として発足し、以後解散と分裂を繰り返しながら活動を続けてきた。[40]一九三六年の夏から秋頃、京東特別委員会書記に就任した李運昌は、[41]冀東政権に抵抗するため、王崇実ら中国共産党員を唐山市内に潜入させた。そして、王と連絡を取り合った唐山開灤医院の看護婦で中国共産党地下党員の谷雲亭（谷少川）は、病院内で抗日宣伝を行うなどの活動を行った。[42]同じ頃、中共河北省委員会は周文彬（金成鎬）を唐山に派遣し、中共唐山工作委員会を設立させ、省委員会の指導下に置いた。[43]

劉少奇の指導のもと、冀東地区で徐々に勢力を拡げた中国共産党は、『先鋒』、『冀東烽火』など雑誌を刊行して、民衆に抵抗を促したり、[44]冀東政権が発行した教科書を抗日的内容に編纂し直して、子どもたちに教えたりするなどの活動を展開した[45]。そして、中国共産党の影響を受けた民衆は、冀東各地で武装蜂起を起こし、そのなかでも遵化県石河区で結成された「反殷人民自衛軍」は、武器を持ったおよそ一〇〇〇人余りで構成され、撫寧、灤州、遵化、玉田などで殷汝耕の打倒を訴えた[46]。中国共産党に指導されたこのような冀東住民の抵抗運動は、冀東政権の統治を脅かした。

三　保安隊の反乱

中国共産党は冀東住民を動員した抵抗運動を繰り広げる一方で、中国共産党員の取り締まりにあたっていた保安隊に対しても抵抗を呼びかけた。四つの保安総隊とひとつの教導総隊の計五個総隊からなる保安隊には、日本側から武器弾薬が供給されるとともに、日本人顧問によって教育訓練が施されていた[47]。特に張慶余率いる第一総隊と張硯田率いる第二総隊には機関銃と大砲が配備され[48]、保安隊の主力を成していた。しかし、保安隊はもともと満洲事変で関東軍に敗れた旧東北軍（張学良軍）の一部を改編して創設された部隊であったため、部隊内の対日感情はよくなかった[49]。

抗日民族統一戦線完成のため、中国共産党は党員の黎巨峰と王自悟を保安隊内部に潜入させ、冀東政権を瓦解させるための内部分裂工作を行わせた[50]。黎らは張慶余と張硯田と関係を築く一方、民団や警察に対しても抗日を呼びかけ、内部分裂を促進させた。

これら黎らの活動により冀東政権に対する反発を強めた保安隊や警察は、冀東各地で反旗の狼煙を上げた。一九三六年八月二七日、保安第二総隊第四分隊の警士一〇〇人あまりが突如反乱を起こし、撫寧県留守営の第二総隊本部では連日反殷汝耕を訴えるビラが撒かれた。また、九月六日には、昌黎県郊外で保安第三総隊一〇〇人あまりが冀東政権に対して反旗を翻し、反殷人民自衛軍と呼応して、冀東政権の地方官員一一人を拉致した[51]。

第三総隊の反抗を抑えるため、保安隊の指導にあたっていた支那駐屯軍は一一月二〇日、特に反抗の兆しが強かった一大隊三〇〇人を他所へ移駐するために列車で輸送したところ、輸送途中で大隊が反乱を起こし、たまたま列車に同乗していた支那駐屯歩兵第二聯隊第三大隊長の古田竜三少佐一行を拉致して豊潤県内に逃げ込んだ（古田事件）。古田らは二一日に自力で脱出を果たし、反乱も支那駐屯軍が派遣した討伐隊によって二二日に鎮圧されたが、二三日、古田は自らの責任をとるために自決した[52]。

そして、日中戦争が発生すると、抗日運動に共鳴していた張慶余が張硯田と図って、一九三七年七月二九日未明、通州で反乱を起こし、政庁を襲って殷汝耕ら冀東政権要人を捕縛するとともに、通州にいた日本人や朝鮮人合わせて二二五人を殺害した（通州事件。詳細は第七章）。

事件発生時、天津に出張中であったため難を逃れた池宗墨は、七月三〇日、支那駐屯軍司令官の香月清司中将の委嘱を受けて冀東政権政務長官に就任すると、新たに政権幹部の人選を行い、八月八日、唐山に政庁を設置して、冀東政権を再建した[53]。

八月一〇日、池宗墨は、仮庁舎を置いた唐山交通大学で就任の挨拶を行い、通州事件を起こした保安隊が、「共産党南京側の買収するところとなり、心ならずも反乱を起し、日本人を虐殺し、地方一般を乱した[54]」として、中共と国民政府を非難した。

第三節　「防共成功」宣言とその実態

冀東政権を再建した池宗墨は、冀東各県を回り、通州事件が起きた原因や、今後の防共政策に対する考えなどを説明した。たとえば、九月一五日、池宗墨は遵化県で警防隊（通州事件後、保安隊から改称）と学生に向けて訓話[55]を行い、「現在日本は東亜共同の利益の為に、犠牲を惜しまず醸禍の妄賊討伐に当つてゐる、国家対国家の戦争ではなく、実に共産主義と三民主義剰除の為の作戦であることを諸君は明かに知ることが必要だ」と、日本軍の中国侵略を正当化するとともに、「中国を救はんと欲せば日本と握手する非ずんば不可能なのである、日本は我等の為に共禍を掃除する良友である、特別に親善でなければならない之を換言すれば、中国を救はんと欲せば、共産党を排除しなければ生存不能なのだ、国民党を打倒するのでなければ自ら保つ能はざるのである」と、中国から共産主義を排除するため、引き続き日本と提携する必要があると主張した。

また、池宗墨は、通州の住民に対し、「本長官就任以来、朝夕焦慮しつゝあるは、我冀東二十二県の安居楽業であつて、真に華を去り実を求めて、一面民衆の安楽を謀り、一面国民党と共産党の蝥賊を剿滅して、人民の福利を興発せむとすることである[56]」と述べて、これまでと同様、防共を徹底する考えを示した。このように、池宗墨は自ら警防隊や学生、住民らの前に出向いて政権の方針を伝えることで、政権の健在ぶりをアピールした。

一二月一三日、日本軍によって南京が占領されると、池宗墨は「防共成功」と題するラジオ放送を行い、「幸いにして今回兄弟の国日本帝国は、隣国の危機は即ち日本の危機なることを思ひ、焦眉の急を救ふべく義兵を進め、此の国を誤る国民党及共産党を根本から撲滅し、彼等の巣窟なる南京を功略《ママ》したのである[57]」と述べ、南京陥落によって防共が達成されたと発表した。

その一方で、冀東地区では、一九三八年一月七日夜、中国共産党員らで結成された「華北抗日聯軍冀東遊撃支隊」（司令員王平陸）が、遷安県を襲撃したり、農村や警防隊内に潜入した中国共産党員が抗日宣伝を行い支持を得るなど[58]、冀東政権に対する抵抗運動は依然として収まる気配をみせなかった。

小結

国民党の党治から離脱を宣言し、防共政権として設立された冀東政権は、政権成立の正当性を主張するため、第一次国共合作結成以後、中国伝統の儒教思想を軽視し、容共政策をとったとして、国民党を激しく非難した。しかし、実際には、孫文の死去後、その後を継いだ蔣介石が、国民革命と共産革命とを明確に区別する声明を発表したり、戴季陶が三民主義を儒教思想の延長線上に位置づけて理論化し、蔣介石が新生活運動のなかで儒教思想を重視する政策を実施するなど、冀東政権が成立を正当化できる事実はなかった。

国民党の党治に反対するため、冀東政権は国民党の党義に基いて制作された国民政府指定教科書の改訂を実施するとともに、冀東地区から国民党の影響を排除するため、冀東政権の公職から国民党籍者を追放したり、刊行物の事前検閲を行うなどの統制を行った。

一方、一九三六年二月、中国共産党軍が山西省に進攻し閻錫山軍に攻撃を仕掛けると、冀東政権は中国共産党員を摘発したり、学生に『防共要義』を配布して、冀東地区への共産主義の浸透を防ごうとした。しかし、劉少奇の指導のもと、中共は冀東地区で組織を拡大し、民衆や保安隊に向けて冀東政権への抵抗運動を呼びかけた。そして、抗日運動に共鳴した保安第一総隊隊長の張慶余は、第二総隊長の張硯田とともに、一九三七年七月二九日、通州事件を起こし、冀東政権を一時崩壊させた。

支那駐屯軍の命により冀東政権を再建した池宗墨は、冀東各県を巡って民衆や警防隊に政権の防共方針を説明し、政権がなおも健在であることを訴えた。そして、日本軍が南京を占領すると、池宗墨はラジオで防共が達成されたことを発表した。しかし、冀東地区の中国共産党の抵抗運動は抑えきることができず、実際には防共を達成できずにいた。

では、冀東政権を崩壊に追いやった通州事件とは一体どういうものだったのか。そして、日中戦争という新たな展開のなかで、日本軍は池宗墨によって再建された冀東政権にどう対応したのか。

注

(1) 劉吉主編『中国共産党七十年』、上海人民出版社、一九九一年、二四五頁。
(2) 同右、二五二頁。
(3) 同右、二五三頁。
(4) 同右、二九一頁。
(5) 魏宏運・左志遠主編『華北抗日根拠地史』、檔案出版社、一九九〇年、三八頁。
(6) 前掲『唐山文史資料』第二一輯、一〇六頁。
(7) 張洪祥・高徳福・李成民「略論〝冀東防共自治政府〟」、『南開史学』第一輯、南開大学出版社、一九八〇年一月、一二頁。
(8) 李継准・屈左軍「総述」、中共中央北方局資料叢書編審委員会編『中共中央北方局　土地革命戦争時期巻』上、中共党史出版社、二〇〇〇年、二五〜三二頁。
(9) 中共唐山市委党史研究室編『冀東革命史』、中共党史出版社、一九九三年、一六五〜一七二頁。
(10) 「殷汝耕『自治宣言』」、一九三五年一一月二四日、前掲『傀儡政権』二、一八四頁。
(11) 前掲『中国近現代史』、一〇五頁。
(12) 北村稔『第一次国共合作の研究――現代中国を形成した二大勢力の出現――』、岩波書店、一九九八年、七二頁。

(13) 同右、七三頁。
(14) 嵯峨隆『戴季陶の対日観と中国革命』、東方書店、二〇〇三年、六七頁。
(15) 一九三一年二月、国民政府教育部で開かれた講演で蔣介石は戴季陶の理論を紹介した上で、「私たちは孫文総理の思想を明らかにしなければならない。すなわち、総理の思想は堯・舜・禹・湯・文・武・周公・孔子以来の仁義道徳の思想であり、これをさらに発展させなければならない。三民主義は仁義道徳の中から生まれたものである」と述べ、戴季陶と同様、三民主義は儒教思想を受け継いだものであると主張した（「中国教育的思想問題」、一九三一年二月、中国文化大学中華学術院先総統蔣公全集編纂委員会編『先総統蔣公全集』第一冊、中国文化大学出版部、一九八四年、六一六～六一七頁）。
(16) 段瑞総『蔣介石と新生活運動』、慶應義塾大学出版会、二〇〇六年、四八～四九頁。
(17) 「本党国民革命和共産革命的区別」、一九二九年四月二五日、前掲『先総統蔣公全集』一、五八五頁。
(18) 呉家瑩『中華民国教育政策発展史　国民政府時期（一九二五～一九四〇）』、五南図書出版、一九九〇年、一七〇～一八〇頁。
(19) 砂山幸雄「「支那排日教科書」批判の系譜」、『中国研究月報』第六八六号、中国研究所、二〇〇五年四月、九～一一頁。
(20) 魏正書「偽満洲国的教育」、斉紅深主編『日本侵華教育史』、人民教育出版社、二〇〇二年、二五五～二五六頁。
(21) 東亜文化協会『冀東防共自治政府排日教科書改訂事業　附北支に於ける教育工作の重要性』、東亜文化協会、一九三七年（『満洲国』教育史研究会監修『「満洲国」教育資料集成Ⅲ期　「満州・満洲国」教育資料集成第9巻　教育内容・方法Ⅰ』、エムティ出版、一九九三年）、四五一頁。
(22) 同右、四八二頁。
(23) 同右、四五一頁。
(24) 同右、四七五頁。
(25) 同右、四七九～四八一頁。
(26) 冀東防共自治政府訓令秘字第一六二号、一九三六年三月四日、冀東防共自治政府秘書処秘書室編『冀東政府公報』第三号、冀東防共自治政府秘書処総務科、一九三六年六月、九頁。
(27) 冀東民政庁訓令民三字第九八号、一九三六年四月一七日、冀東防共自治政府秘書処秘書室編『冀東政府公報』第四号、冀東防共自治政府秘書処総務科、一九三六年六月、五頁。
(28)『冀東日報』、一九三六年六月一二日。
(29) 同右、一九三六年六月一八日。
(30) 冀東防共自治政府訓令秘字第一八九号、一九三六年三月一一日、前掲『冀東政府公報』第三号、一〇頁。
(31) 中共中央党史研究室編『中国共産党歴史大事記（1919.5～2005.12）』、中共党史出版社、二〇〇六年、六九頁。
(32) 同右、七〇頁。
(33)『冀東日報』、一九三六年三月三一日。
(34) 前掲『唐山文史資料』第二一輯、八五頁。
(35)「冀東教育庁通令　各校厳査共産刊物　師長家長均須随時注意　昨已通令各県転飭遵照」、『冀東日報』、一九三六年一〇月一二日。
(36) 冀東教育庁『防共要義』、冀東教育庁、一九三六年、四頁。
(37)「粛正関門主義与冒険主義」、一九三六年四月一〇日、『劉少奇選集』上、人民出版社、一九八一年、一三～二三頁。
(38) 前掲「総述」、『中共中央北方局　土地革命戦争時期巻』上、一一六頁。
(39) 前掲『冀東革命史』、一七八頁。
(40) 趙雲書「中共冀東地区地方組織沿革」、同上、五三七～五三八頁。
(41) 同右、五三九頁。
(42) 前掲『唐山文史資料』第二一輯、一一九頁。
(43) 前掲『冀東革命史』、一七八頁。
(44) 同右、一七九頁。

(45) 前掲「略論〝冀東防共自治政府〟」、『南開史学』第一輯、二九頁。
(46) 前掲『唐山文史資料』第二一輯、一二二頁。
(47) 海光寺会編『支那駐屯歩兵第二聯隊誌』、私家版、一九七七年、一一二頁。
(48) 紀文白「殷汝耕組織偽冀東防共自治政府始末」、中国人民政治協商会議全国委員会文史資料委員会編『文史資料存稿選編 日偽政権』、中国文史出版社、二〇〇二年、五九四頁。
(49) 荒牧純介『痛々しい通州虐殺事変』、私家版、一九八一年、五頁。
(50) 前掲『唐山文史資料』第二一輯、一二八頁。
(51) 同右、一二九頁。
(52) 支那駐屯萱島部隊「古田少佐の俤」、『偕行社記事』第七五三号、偕行社、一九三七年六月、六三～六五頁。
(53) 前掲『冀東から中華新政権へ』、北支那社、一九三八年、一五五～一五六頁。
(54) 同右、一五八～一五九頁。
(55) 同右、六三頁。
(56) 同右、六九～七〇頁。
(57) 同右、九八～九九頁。
(58) 前掲『冀東革命史』、一八六～一八八頁。

第三部　通州事件と冀東政権の解消

第七章　通州事件の史的展開

はじめに

本章で取り上げる通州事件とは、盧溝橋事件の勃発から三週間後の一九三七年七月二九日に起きた冀東政権保安隊による日本軍および日本居留民を襲撃、殺害した事件のことである(1)。本章ではこの通州事件について、事件の経過を克明に記録した通州兵站司令部の「陣中日誌」など関連する一次史料をもとに、軍事史的視点からその実態に迫る。

通州事件が起きた通州は、北京の東方に位置し、城内には冀東政権の政庁のほか、日本軍通州守備隊の兵営や通州特務機関など日本軍の関連施設が点在していた。

通州事件発生前、通州城内には冀東政権の軍事組織である保安隊のうち、第一総隊（総数約一五〇〇人。総隊長張慶余）の一個区隊および教導総隊（総数約三〇〇〇人。総隊長は殷汝耕であったが、実権は副総隊長を兼務していた張慶余と第二区隊長の沈維幹が握っていた(2)）が駐屯し、城外には第二総隊（総数約二〇〇〇人。総隊長張硯田）の一個区隊が配備されていた。これら部隊は支那駐屯軍から派遣された兵士らによって軍事訓練が施され、日本軍の友軍として治安維持活動に従事していた。しかし、保安隊はもともと日本軍と敵対関係にあった旧東北軍の一部を改編してできた部隊であったため、部隊内の対日感情は決してよいとはいえず、幹部のなかには反日感情を強く抱く者も存在した(3)。そのなかでも、以前より抗日運動に共鳴していた張慶余は、盧溝橋事件発生後、河北省政府主席で第二十九軍第三十七師師長の馮治安と密かに会い、日本軍の北京攻撃を合図として、張が通州で、馮が北平南部の豊台でそれぞれ反乱を起こす計画を立てていた。(4)

一九三七年七月二八日、日本軍は北京南部への攻撃を開始した。この攻撃をきっかけに、張慶余は張硯田と図って、二九日未明、通県で反乱を起こした。張慶余に率いられた保安隊は通州守備隊や特務機関、冀東政権関連施設を襲撃するとともに、城内の日本居留民を次々と捕らえ殺害した。通州の領事館警察の調べでは、このとき殺害された居留民は合わせて二二五人（うち日本人一一四人、朝鮮人一一一人）にのぼった。(5) 事件の模様は日本国内および満洲、朝鮮、台湾の日系新聞で大々的に報道され、日本人に大きな衝撃を与えるとともに、「暴支膺懲」のスローガンのもと、日中戦争初期における日本人の反中国感情を高めた。

これまでの通州事件の研究を振り返ると、議論の中心は事件の発生原因の解明に置かれた。一九八二年に張慶余の回想録が公表されて事件発生の真相が明らかになると、それをもとにした研究が日中双方で発表された。たとえば、一九八七年に中国で林華が発表した研究は張の回想録を初めて用いた代表的な成果で、(6) 同研究は、一九八九年に岡野篤夫によって日本に紹介された。(7) また、山中恒や江口圭一は日本軍の史料をもとに通州事件を論じ、居留民の保護を怠った日本軍にも事件発生の責任があったと指摘した。(8) その一方、一連の事件経過については一部回想録が伝えるのみで、当時の史料に基づいた歴史的検証はいまだ充分とはいえない。(9)

通州事件に関する一次史料は決して多くない。そのなかで、防衛省防衛研究所図書館に所蔵されている「通州兵站司令部　陣中日誌」（以下、「陣中日誌」）は事件の経過を知るうえで貴重な一次史料である。(10)「陣中日誌」を記した通州兵站司令官の辻村憲吉中佐は、通州事件で通州守備隊隊長として部隊の陣頭指揮を執った。「陣中日誌」から辻村の足跡を丹念にたどることで、通州事件の実像に少しでも迫ることができよう。よって、本章では「陣中日誌」を用いて、軍事史的側面から事件の実態をとらえ直したい。

第一節　通州をめぐる軍事的展開

一　支那駐屯軍の増員と通州駐屯

華北にふたつの自治政権ができたことを受け、日本政府の関係各省は協議を開き、一九三六年一月、中国の新たな事態に対応するための方針として、「対支処理要綱」を取りまとめた。要綱では、これまで陸軍が独断で進めていた華北自治を追認して日本政府の政策に格上げし、自治実現に向けて日本側が支援すると定められた。また、華北分離工作で変化した華北における関東軍と支那駐屯軍の軍事バランスを是正するため、以後の冀東・冀察両政権の内面指導を支那駐屯軍が担当し、関東軍を本来の任務である満洲の防衛に専念させた。

さらに、陸軍は、一九三六年五月、支那駐屯軍を強化するため、兵力をそれまでの約一八〇〇人から三倍あまりの約五七〇〇人に増員した。

このとき問題となったのが、増員された兵を収容する兵営の確保であった。増員部隊が到着するまでに天津の支那駐屯軍司令部兵舎の増築が間に合わず、北京など既存の駐屯地にも充分な空きがなかった。そのため、収容できなくなった一部の部隊を駐屯させる新たな場所を選定する必要があった。

当時、参謀本部で作戦課長を務めていた石原莞爾大佐によると、陸軍内では駐屯地の選定をめぐって、次のようなやりとりがあった。

「最初参謀本部は通州、北京、天津に重点を置き之に依て冀東防衛の態勢を確立すると云ふ案でありましたが、之に対し梅津陸軍次官よりは条約上に照して不可なりと云ふ強い反対がありまして、遂に軍事的意見が政治的意見に押されて通州の代りに豊台に兵を置くことになりました[11]」。

つまり、参謀本部が通州を駐屯地とする案を提示したのに対し、参謀次長の梅津美治郎中将は条約上の理由により反対し、最終的に豊台（現北京市豊台区）に駐屯地を置くことになった。

豊台は北京の南郊に位置する。上述のとおり、通州と豊台はともに北京議定書で支那駐屯軍が駐屯できる地点に含まれていなかった。陸軍中央は、いかなる根拠で豊台を駐屯地としたのか。

後に支那駐屯軍参謀長となった橋本群少将によると、豊台は北京議定書でどの国にも駐屯が認められていなかったにも拘わらず、「そこには十数年前英国軍が駐屯し何年か居て、どうした訳か引き上げてしまつたことがあるのですが、当時支那側は何等抗議をして居らない。さう云ふ先例があることを陸軍省が外務省で探し出しまして夫れでそこへ決まる様になつて[12]」いったという。

しかし、支那駐屯軍は通州に駐屯しなかったのかといえばそうではなく、すでに、冀東政権成立後の一九三六年一月、支那駐屯軍から小規模の部隊が一時的に通州に駐屯した。そして、豊台に支那駐屯軍の新兵舎が完成するのを前に、通州城内に仮の兵営が建設され、豊台に駐屯予定の部隊がそこに一時的に待機していた。

さらに、通州の仮兵営はその後も維持され、通州の日本居留民の保護を名目に、北京の支那駐屯歩兵第一連隊から歩兵一個小隊約五〇人が、通州警備隊として週替わりで派遣された[13]。

このように、なし崩し的に行われた支那駐屯軍の通州駐屯は、冀東政権の協力なしには実現できなかったと考えられる。しかし、駐屯をめぐって、支那駐屯軍と冀東政権との間でどのような約束が取り交わされたのかという点については、現在のところわかっていない。

二　日中戦争の勃発(14)

豊台に駐屯を開始した支那駐屯軍部隊は、豊台西北の宛平《えんぺい》県城（盧溝橋城）北側の草地を演習場とした。草地の横を流れる永定河は、河北省最大級の河川のひとつで、宛平県城の西側には、ヴェネチア商人のマルコ＝ポーロが著書『東方見聞録』でその美しさを謳った盧溝橋（通称マルコ＝ポーロ橋）が架かっていた。

一九三七年七月七日夜、豊台駐屯の支那駐屯歩兵第一連隊第八中隊が、盧溝橋横の演習場で夜間訓練を行っていたところ、何者かから銃撃を受けた。中隊は銃撃が演習場脇の永定河堤防上で警戒態勢をとっていた冀察政務委員会第二十九軍部隊の犯行と判断し、牟田口廉也第一連隊長の許可のもと、八日早朝、第二十九軍に攻撃を開始した。八年に及ぶ日中戦争の幕開けを告げる盧溝橋事件が始まった。

盧溝橋事件の発生を受けて、現地ではただちに、支那駐屯軍北京特務機関長の松井太久郎大佐や北京武官の今井武夫少佐など日本軍側と、宋哲元の側近で北京市長の秦徳純ら、冀察政務委員会と第二十九軍側の間で停戦に向けた話し合いが進められた。

協議の結果、一一日昼、盧溝橋事件について、第二十九軍側が日本側に遺憾の意を表すとともに、再び衝突するのを避けるため、第二十九軍を盧溝橋付近から撤退させることで合意した。

しかし、その前日の一〇日、陸軍中央は華北への増援部隊の派遣を決定し、一一日、日本政府も現地で停戦協定が結ばれたことを確認することなく、陸軍の提案を承認した。

さらに、一七日、日本政府は陸軍中央の意見に従い、盧溝橋事件の責任をめぐって、第二十九軍軍長の宋哲元の正式謝罪や第二十九軍の現地責任者の罷免、一九日までに宋哲元が停戦協定に正式調印しなければ現地交渉を打ち切り、日本軍が第二十九軍を武力で「膺懲」（懲らしめること）するという内容の「重大決意」を発表した。

これに対し、蔣介石は、日本との避けることのできない最後の関頭（瀬戸際）に至ったら犠牲を払ってでも抗戦すると表明した。

一九日、第二十九軍が一一日の停戦協定に調印すると、国民政府は日本政府に対し、盧溝橋の日中両軍の同時撤退、外交交渉による事態の収拾などを求めた。しかし、二〇日、日本陸軍は武力行使による事件の解決を決意し、現地に向けて日本から増援部隊の派兵を決めた（正式決定は二七日）。

日中両国の対立が激しくなるなか、二五日、北京と天津の中間地点にある郎坊（廊坊）で、軍用電線の修理をしていた支那駐屯軍通信隊一行と同地を守備していた第二十九軍部隊が衝突した（郎坊事件）。さらに、翌二六日には、北京西南の広安門で入城しようとした支那駐屯軍部隊に中国兵が発砲する事件（広安門事件）が起こり、急速に現地で軍事的緊張が高まった。この事態を受けて、二八日、支那駐屯軍は第二十九軍の本拠がある北京方面への総攻撃を開始した。

三　盧溝橋事件発生時の通州城内の警備態勢

盧溝橋事件が起きたとき、通州城内の日本軍兵営には通州警備隊四五人と、通州憲兵分遣隊七人の計五二人が駐屯していた。また、これとは別に保安隊、警団（警衛隊）、保衛団（自衛団）など、冀東政権の指揮下にあった部隊が通州城内外に分駐し警備にあたっていた。

緩衝地帯の警備にあたっていた保安隊は、冀東政権成立後、政権麾下の軍隊として改編され、通州のほか冀東地区の重要拠点に配備された。

保安隊は二個区隊約三〇〇〇人からなる総隊が五個、総兵力約一万五〇〇〇人で構成された。このうち、教育部隊の教導総隊（総隊長殷汝耕）と、第一総隊（総隊長張慶余）、第二総隊（総隊長張硯田）は保安隊の主力で、日本軍から手に入れた新型の野砲四門、迫撃砲数門、重機関銃、軽機関銃を装備していた。そして、それら武器を保安隊員が正しく使えるようにするため、支那駐屯軍から下士官数名が指導者としてそれぞれの総隊に派遣されていた。

一見、保安隊と支那駐屯軍の関係は良好なものにみえた。しかし、第一総隊と第二総隊の幹部と隊員のなかには、満洲事変で満洲を追われた東北軍の出身者が多く、日本と冀東政権に対し強い反発心を持っていた。(15)

警団は冀東政権警務局が指揮する警察機関で、おもに犯罪者の逮捕や秩序の維持にあたった。(16)保衛団は、自警団の一種で、冀東地区に一年以上居住した二〇歳から四〇歳の中国人男性が三ヶ月から六ヶ月間所属した。(17)警団と自衛団の総数は明らかでない。

盧溝橋事件発生時、通州には保安隊教導総隊と第一総隊第一区隊の計五〇〇〇人あまりが城内に集結して警戒にあたっていた。さらに、一二日には殷汝耕の命令で、冀東地区西部の薊県から第二総隊第一区隊と第二区隊の一部計約二〇〇〇人が通州城内の通州守備隊兵営付近に移され、警戒態勢が強化された。

同じく一二日、支那駐屯軍司令官の香月清司少将は、今後の作戦の進展に備えるため、通州に駐留する兵員の数を増やす命令を下した。これを受けて、支那駐屯軍司令部は一四日、天津に駐屯していた萱嶋高《かやしまたかし》大佐率いる支那駐屯歩兵第二連隊（以下、萱嶋部隊）を通州に派遣することを決めた。(18)

同日夜、天津を出発した萱嶋部隊は、敵兵に遭遇しないよう夜行軍を繰り返しながら、一八日午前、通州に到着した。萱嶋部隊は日本軍兵営北側の通州師範学校を借り上げて宿営地とし、次の命令が下るまで、連日訓練に励んだ。

四　保安隊誤爆事件

高い城壁に囲まれた通州市街地（以下、通州城）には東西南北に城内と城外をつなぐ門が五つあった。そのなかでも南側には城内東側の市街地中心部の近くに旧南門、城内西側の日本軍兵営の近くに新南門というふたつの門が設置されていた。それら門のうち、新南門の外側に傅鴻恩《ふこうおん》を隊長とする第二十九軍一個営約五〇〇人（以下、傅鴻恩部隊。営は大隊に相当）が寺廟を兵営代わりにして駐屯していた。

傅鴻恩は盧溝橋事件が起きてから、たびたび日本側に寝返ろうとする態度をみせるようになった。通州城内に本部を構えていた支那駐屯軍通州特務機関の細木繁機関長は、憲兵を派遣して傅鴻恩の意図を探らせた。しかし、傅の真意ははっきりしなかった。

憲兵からの連絡を受けて、細木はこのまま傅鴻恩部隊を放置しておくことは治安上危険と判断し、萱嶋ら連隊幹部と協議の末、二六日夜、傅に対し、翌二七日午前三時までに武装解除をして通州を離れなければ、日本軍は武力を行使すると通告した。[19]

後に通州憲兵隊長になる荒牧純介によると、このとき細木らは、保安隊に傅鴻恩部隊の武装解除をさせ、日本側はそれを側面で助けることにし、保安隊第一総隊長の張慶余にそれを命じた。しかし、張慶余は細木らの要求を一蹴し、「中国人が中国人を撃てるか」[20]と反発してそれに応じなかった。

傅鴻恩部隊の動向を注視していた萱嶋部隊は、指定時刻になっても傅鴻恩からの回答がなかったため、二七日午前四時、小山砲兵部隊（隊長小山哲郎中佐）などを従えて、傅鴻恩部隊に向けて攻撃を開始した。夜が明けると、通州上空には萱嶋部隊を掩護するため、関東軍から派遣されてきた飛行第十五連隊の飛行編隊八機（九四式偵察機。編隊長平長一大尉）が姿を現した。(21)飛行隊は統制を失った傅鴻恩部隊に爆撃を加え四散させた。

通州城南東の旧南門の外側には、保安隊教導総隊の付属機関で、日本の陸軍士官学校に相当する冀東保安隊幹部訓練所があった。関東軍飛行編隊が傅鴻恩部隊に爆弾を投下すると、その様子を見ようと、幹部訓練所のなかから保安隊員や学生が外に飛び出してきた。それを上空から見ていた飛行編隊パイロットは、彼らを第二十九軍兵士と誤認し、幹部訓練所に向けて爆弾を投下した。この攻撃によって保安隊員らに死傷者が出た。

荒牧によると、冀東保安隊幹部訓練所の幹部らは、飛行編隊が上空に見えると、冀東政権の旗である五色旗を空に向けて振り、自分たちが第二十九軍でないことを示していた。それにも拘わらず、なぜ飛行編隊は保安隊を誤爆してしまったのか。

当時、北京特務機関補佐官を務めていた寺平忠輔《てらだいらただすけ》大尉によると、数日前に満洲から華北に派遣されてきた飛行編隊が、「冀東と冀察の境界線がどのようになっているのか、保安隊訓練所がどこにあるのか、そのような細かい点はわからない。だから今、脚下にとび出して騒いでいる冀東保安隊の姿を見た時、二十九軍の一味に違いない、と即断したのも無理はなかった」(22)と、誤爆が情報不足による飛行編隊の判断ミスであった可能性を指摘した。

いずれにしても、支那駐屯軍側にとって、保安隊誤爆事件は寝耳に水で、細木はただちに殷汝耕のもとを訪れ謝罪し、さらに、保安隊幹部を集めて保安隊員の動揺を抑えるよう求めた。しかし、保安隊幹部や隊員の一部からは、日本軍を非難する怒りの声が公然とあがった。

二七日午後、傅鴻恩部隊を掃討した萱嶋部隊は、支那駐屯軍司令部の命令を受けて、通州に帰還せず、そのまま第二十九軍の集結していた北京南部の南苑に向けて移動した。そして、萱嶋部隊と入れ替わるように、通州に通州兵站司令官の辻村憲吉中佐が到着し、通州守備隊の編成を開始した。

なお、保安隊が通州事件を起こした原因は関東軍飛行編隊の誤爆以外にも説がある。この問題については、次章で改めて取り上げる。

五　通州事件直前の通州城内の警備態勢

通州守備隊は、通州事件前日の七月二八日に通州城内の日本軍兵営で編成された。守備隊長の辻村は、一九一二年五月に陸軍士官学校を卒業（第二四期）後、歩兵連隊附勤務や、中等学校などで軍事教練を監督指導する配属将校を長く務めた。そして、日中戦争勃発後の一九三七年七月九日、辻村は支那駐屯軍兵站部に異動し、通州兵站司令官に任ぜられた。辻村にとって、作戦部隊での勤務はこれが初めてであった。

通州兵站司令官は、支那駐屯軍兵站部に属し、警備隊の指揮や、通州に輸送されてくる軍需品の管理といった兵站業務を担当した。

編成完了時の通州守備隊の兵力は、兵站司令部二人、通州警備隊（隊長藤尾心一中尉。以下、藤尾部隊）四九人、山田自動車部隊（隊長山田正大尉。以下、山田部隊）五三人、憲兵分遣隊（隊長松村清准尉）七人、病馬収容班五人、野戦倉庫二人、軍兵器部部員二人の計一二〇人であった。

藤尾部隊は通州守備隊の主力であったが、兵器は手榴弾のほか、軽機関銃二丁と擲弾筒二本しか所持しておらず、戦力としてははなはだ物足りなかった。当時、藤尾部隊は兵営の門と旧南門の警備に加え、通州城内の警戒態勢を強化するため、新南門を占領して、門を出入りする人々の監視を行っていた。

山田部隊は、通州に糧秣や弾薬を輸送する命令を受けて、辻村とともに二七日夜、通州に到着した。同隊は輸送を専門にしていたため、装備らしい装備は数えるほどしか所持していなかった。二八日、山田部隊の一部は傅鴻恩部隊の掃討作戦で負傷した萱嶋部隊の兵約四〇人を天津に後送し、残りは新たな命令があるまで通州城内に待機するよう指示されていた。

通州守備隊が配備された兵営はどのような防御態勢になっていたのか。通州守備隊の兵舎は、通州城の西門を通って北京につながる通称北京街道と、新南門を抜けて天津に向かう天津街道とが交差する場所にあった。

四方を土壁で囲まれた兵営には、ふたつの街道に面してひとつずつ門があり、兵営内の中央と北東側、北西側にそれぞれ木造の小さな兵舎が数棟建っていた。その兵舎のうち、北東側のみ高さ四メートルのレンガ造りの壁で周囲が覆われ、その南側に兵営の外が監視できる高さ六メートルの望楼が建っていた。兵営土壁の内側には防御のための散兵壕が掘られ、外壁の四隅には軽機関銃が設置できる陣地が築かれていた。通州警備隊は中央の兵舎、それ以外は北東の兵舎をそれぞれ利用していた。

通州守備隊以外に、通州城内には日本側の機関として通州特務機関と在天津日本総領事館北平警察署通州分署（以下、通州領事館警察）などがあった。通州特務機関は支那駐屯軍司令部の指示のもと、約五〇人態勢で冀東政権の各保安隊や冀東地区の各県政府顧問として現地指導にあたっていた。そのため、通州に残っていた機関員は少なく、当時、通州特務機関にいたのは細木機関長をはじめ、機関員の甲斐厚少佐ら十数人だけであった。通州特務機関の警備態勢についても防御用の軽機関銃や拳銃があるだけで、普段は何ら武装をしていなかった。

通州領事館警察は、分署長の日野誠直巡査部長を含む計四人が日本居留民の保護と取り締まりにあたっていた。(23) しかし、分署は前年の一〇月一日に開設したばかりで、日野らはまだ通州の細かな事情がはっきりとはわかっていなかった。

通州の日本居留民も自衛のための組織として、在郷軍人会通州分会と日本義勇隊の二団体を組織していた。どちらの団体も所属会員は五〇人ほどで、有事に備えるため、毎月一、二回日本軍兵営で軍事教練を受けていた。しかし、どちらも欠席者が多く、組織として事実上機能していなかった(24)。

このように、通州事件前日における通州城内の日本側の警備態勢は盤石とはいえず、およそ四〇〇人いた日本居留民を守るには、戦力が不充分であった。

六　保安隊員の不審な行動

保安隊誤爆事件の混乱の残る二八日昼、ある日本居留民が、通州城内で保安隊員が車や人夫を使って自分たちの荷物を城外に運び出している光景を目撃した。同じ頃、別の日本居留民は、保安隊員が通州守備隊兵営近くの日本居留民の家屋を調べ歩き、その家の壁にチョークで「△」や「×」の印をつけて回っている姿を見た(25)。日本居留民の一部は、いつもとは違う保安隊員の不審な行動に得もいえぬ不安を覚え、その日の夕方頃から守備隊兵営や通州城外に避難を始めた(26)。

保安隊を統括する冀東政権や通州守備隊は、その保安隊の行動の変化を感じ取っていたのか。二八日昼、満鉄嘱託職員の梨本祐平が冀東政権政庁を訪れ、殷汝耕と会談した。梨本の目的は第二十九軍の敗残兵が冀東地区に逃げ込まないよう治安維持を徹底してほしいという支那駐屯軍参謀の池田純久中佐からの忠告を殷に伝えることであった。

梨本から池田の伝言を告げられた殷汝耕は、日本留学で身につけた流暢な日本語で、「冀東政府三千《ママ》人の保安隊は、皆私に心服している。この三千《ママ》の保安隊員が治安の維持に当っているので、少しも心配はない。むしろ、北京から通州に難を逃れて逃げこんでくる者も相当いる位で、冀東は全く別天地です。池田参謀にも左様お伝えください(27)」と、治安を維持する保安隊に全幅の信頼を寄せていることを伝えた。

それでも、事態を楽観視できないと念を押す梨本に対し、殷は「私は中国人として中国人の感情はよく知っています。抗日もありますが、反蒋も強いものです。池田参謀によくお伝え下さい。冀東の治安は絶対にご心配は入りません」と、自説を繰り返した。このとき、殷汝耕は保安隊が不審な行動をとっていることにまったく気づいていなかった。(28)

通州守備隊はどうか。二八日午前、辻村は藤尾警備隊長から通州城内の警備状況の説明を受け、午後、城内を視察に回った。それが終わると、辻村は殷汝耕や細木らのもとを訪れ、着任のあいさつをし、さらに、夕方には、傅鴻恩部隊の掃討戦で命を落とした萱嶋部隊将兵の告別式に参列した。(29)

山田部隊は二八日夜、兵站本部の田坂専一中佐から、翌二九日に北京北方の高麗営に進んだ独立混成第十一旅団（旅団長鈴木重康中将。以下、鈴木旅団）に燃料と弾薬を補給するよう連絡を受け、急遽、その準備に取りかかっていた。(30)

辻村ら通州守備隊は通州に来たばかりだったことに加え、各種業務に追われる慌ただしさで、保安隊の変化や不安を募らせていた日本居留民の様子に目を遣る余裕がなかった。

七　見過ごされた通州領事館警察からの警告

冀東政権首脳や通州にあった日本側機関のほとんどが保安隊に何ら疑いの目を向けないなか、通州領事館警察だけは以前から保安隊の不審な行動を察知していた。

通州城内でときおり開かれていた日本側関係機関と日本居留民代表らによる治安会議で、日野分署長は、保安隊の動きに注意するようたびたび警告を発した。しかし、その都度、特務機関側から保安隊は日本人顧問に掌握されているため問題ないとして退けられた。

その後も、通州領事館警察は保安隊の監視を続けたところ、通州事件前日の七月二八日夜、保安隊の動きがにわかに活発化し、伝令役の保安隊員が通州城内を走り回っているところを分署員が確認した。これを受けて、夜一〇時、通州領事館警察の浜田末喜巡査は通州守備隊と通州特務機関に対し、保安隊に警戒するよう電話で伝えた。

さらに、二九日午前二時頃、分署員が通州守備隊兵舎の方へ移動している保安隊の集団を目撃し、再び守備隊と特務機関に通報した。

通州特務機関は、通州領事館警察からのたび重なる警告でようやく保安隊の異変を認識し、保安隊第一総隊日本人顧問の村尾昌彦に電話で保安隊の不審な行動を調査するよう命じた。しかし、村尾は、保安隊が日本軍の命令を受けて郎坊事件の援軍にかり出されたのであろうと判断し、何ら調査することなく就寝した。(31) 通州事件はこの直後に起きた。

かりに、通州特務機関などが保安隊に対する通州領事館警察の警告を早く聞き入れていれば、通州事件は未然に防げた可能性は充分にあったであろう。

第二節　通州事件の経過

一　通州事件の発生

七月二九日午前三時、通州守備隊のもとに新南門で警戒にあたっていた通州警備隊の衛兵から門外の旧傅鴻恩部隊兵営付近で銃声が聞こえたとの連絡が入った。藤尾警備隊長は、ただちに新南門を守備していた柏原分隊隊長の柏原朝男上等兵に電話で状況を確認した。連絡を受けた柏原は、自らも銃声を耳にしたため、現在、新南門楼上を占領し、警戒を強化していると答えた。藤尾は日本軍に撃退された第二十九軍の敗残兵が傅鴻恩部隊の兵営を奪い返しにきたとみて、守備隊兵舎内に待機していた警備隊各分隊を緊急招集した。

藤尾が分隊長らと対応を協議するため、兵舎内の電灯を点けたところ、それを狙うかのように、周囲から猛烈な銃声が鳴り響いた。藤尾はすぐさま消灯し、薄暗いなかで平時に作成した警備計画に基づき、各分隊を兵営の壁面と兵舎屋上に配備し、最大限の警戒態勢を敷いた。さらに、藤尾は山田部隊に連絡し、警備隊に協力して野戦倉庫と病馬収容班の厩舎を守備するよう指示した[32]。

鈴木旅団に軍需品を運ぶため、夜明け前から準備を始めていた山田部隊も、銃声を耳にして第二十九軍の襲来とみなし、部隊所属の各小隊を望楼や兵舎周囲などに配置し、敵の動きを探った[33]。

藤尾、山田両部隊が守備隊兵舎の守りを固めていたとき、新南門楼上の柏原分隊は、閉ざされていた新南門の扉を突破して城内に入りこんだ多数の正体不明の中国兵から激しい攻撃を受けていた。わずか六人の柏原分隊は手榴弾を投げて抵抗したが、中国兵の挟み撃ちに遭い、柏原分隊長を含む六人全員が戦死した。

新南門を抜けた中国兵は、午前四時過ぎ、天津街道を進んだ先の通州守備隊兵営にたどり着き土壁を取り囲んだ。さらに、中国兵の一部は土壁を乗り越えて兵営内に侵入し、守備隊兵舎や野戦倉庫の一角にまで入り込んだ（**図1**）。

通州守備隊が通州城内に侵入した中国兵が反乱を起こした保安隊であると知ったのは、夜が白み始めた午前四時三〇分頃のことであった。

通州守備隊に反旗を翻したのは、保安隊第一総隊長の張慶余と第二総隊長の張硯田に率いられた通州駐屯の保安隊

図１　通州事件発生直後（七月二九日午前四時過ぎ）の通州守備隊兵営

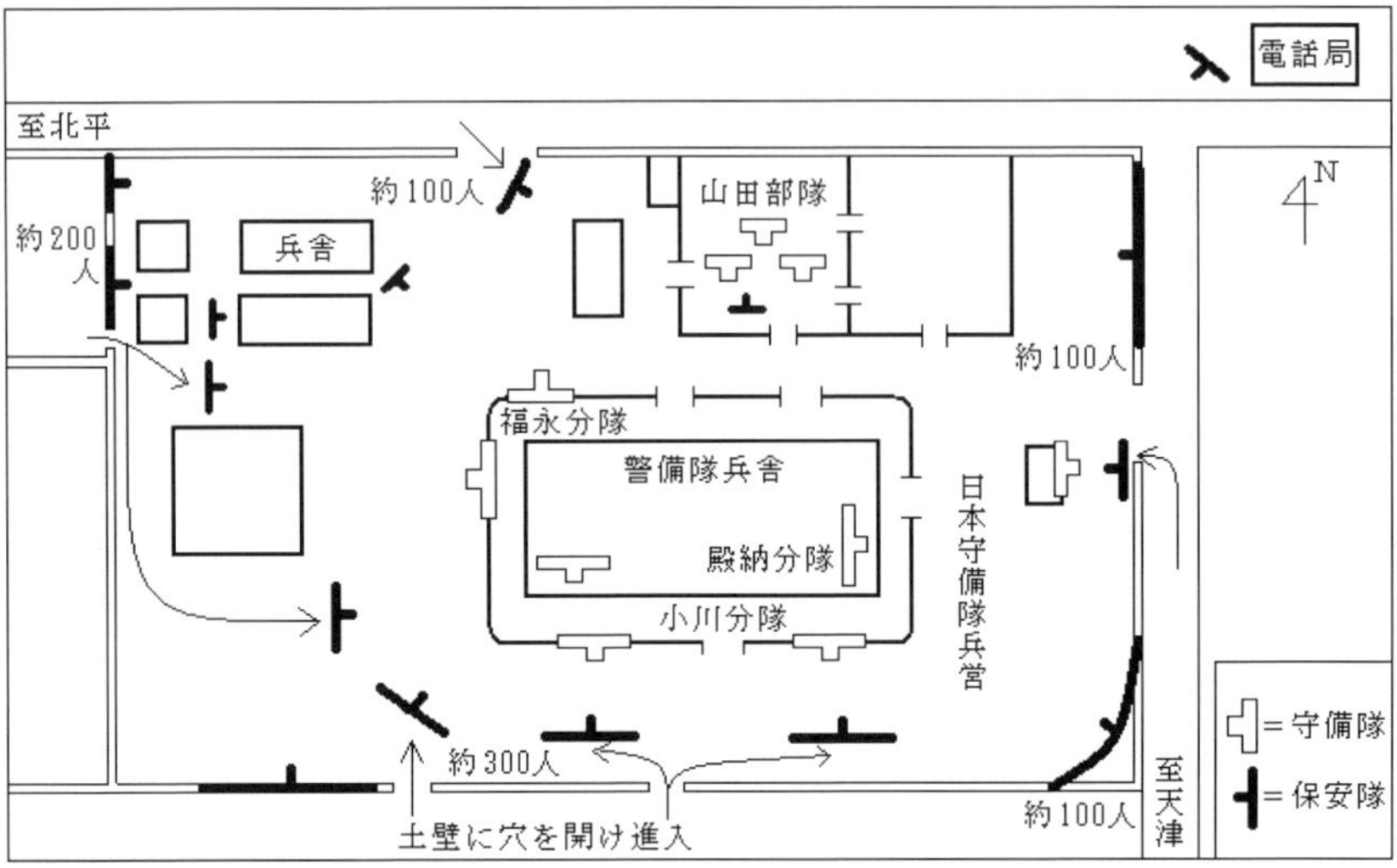

出所：「通州付近辻村部隊戦斗経過要図（其一　本文第一時期）」（支那駐屯軍兵站部通州兵站司令部「昭和十二年七月　七月二十九三十日　於通州附近戦闘詳報」〔以下、「通州兵站司令部　戦闘詳報」〕）をもとに作成。

教導総隊二個区隊約三〇〇〇人、第一総隊一個区隊約一五〇〇人、第二総隊二個区隊約三〇〇〇人のほか、警団約二〇〇人、幹部訓練所所属の学生約四〇〇人の計約七〇〇〇人であった（**表１**）。

張慶余らはどのようにしてこれだけの兵力をいちどに反乱に参加させることができたのか。保安隊第一総隊長を務めていた張慶余は、教導総隊副総隊長も兼務し、名目上の総隊長だった殷汝耕の代わりに、教導総隊を実質的に指揮していた。また、張慶余の第一総隊と張硯田の第二総隊の各隊員は、ふたりに従って反乱に加わった。

冀東保安隊幹部訓練所では、反乱直前、張慶余の命令を受けた幹部訓練所教育長の傅恵泉が職員と学生全員を講堂に集めて、次の旨の訓示を述べたという。「吾々は平素日本側に圧迫されて堪え難き屈辱を忍んでいた。殊に日本軍は今回の日支交戦に当り吾等保安隊の武装没収を要求しておる。斯かる無暴なる要求には断じて屈従するを得ない。即刻日本軍に挑戦し平素

表1　反乱を起こした保安隊の位置と役割

保安隊総指揮 張慶余 全約7000人	教導総隊副隊長 張慶余 約3000人	第一区隊 李歩青	第一大隊	各城門の占領
			第二大隊	日本警備隊攻撃
			第三大隊	通州特務機関、日本領事館、電話局襲撃
		第二区隊 沈維幹	第一大隊・第二大隊 機関銃大隊	日本警備隊襲撃、一部隊員は冀東政府政庁を襲い、殷汝耕を拉致。
			第三大隊山砲野砲大隊	
	第一総隊隊長 張慶余 約1500人	第一区隊 張含明	第一大隊	冀東銀行襲撃
			第二大隊	火薬庫を襲い弾薬を掠奪
			第三大隊	日本警備隊襲撃
		第二区隊 蘇連書	当時、順義県・懐柔県・昌平県方面の警備に就いていた。	
	第二総隊隊長 張硯田 約2000人	第一区隊	第一大隊・第二大隊・第三大隊	通州城外で日本軍の援軍阻止を担当
		第二区隊	第一大隊	通州城外で日本軍の援軍阻止を担当
			第二大隊・第三大隊	薊県・三河県に駐屯
	警衛大隊隊長 杜憲周 約200人	7月29日午前3時頃、杜憲周は張慶余から殷汝耕以下政府要人の捕縛を強要されたが、杜はそれに反対したため、撃たれた。部下50人は武装解除を受けたあと、一部は日本居留民の殺害および掠奪に協力した。		
	幹部訓練所所長 傅恵泉 約400人	学生 400人	教導第一、第二大隊所属の約250人名は原隊に復帰し、反乱に参加。	
			残150人	衛生班50人・救護班50人・連絡班50人
		職員 80人	記録係20人・連絡係20人・視察係20人・指導係20人	

注：「通州兵站司令部　戦闘詳報」をもとに筆者作成。見やすさを考慮して、原文中の語句を一部修正した。兵数の誤差はそのままとした。

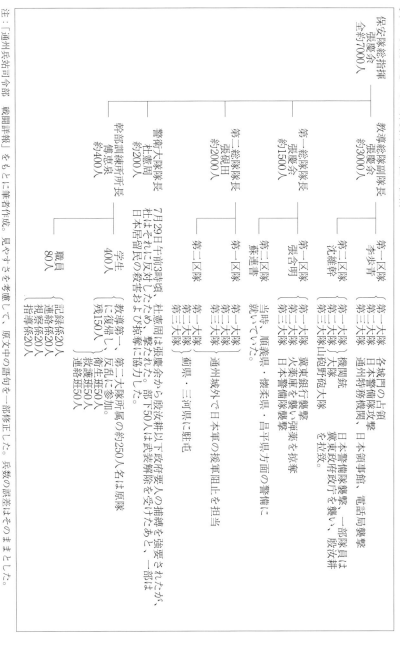

の屈辱を雪がねばならない」(34)。

実際に、傅恵泉が言ったとおり、日本軍が保安隊の武装を没収しようとしたのかはわからない。傅は訓示を言い終えると、一部を残して学生を保安隊の原隊に復帰させ、各隊長の指示に従うよう命じた。

警団にも張慶余から隊長の杜憲周《とけんしゅう》に対し、殷汝耕以下冀東政権要人を捕縛するよう命令が出された。しかし、杜はそれを拒絶したため、まもなく、かけつけた保安隊に銃撃された。その後、杜の部隊は保安隊とともに反乱に参加した。

二　通州守備隊兵営内での戦い(35)

保安隊が乱入した通州守備隊兵営ではどのような戦いが繰り広げられたのか。兵営中央の守備隊兵舎の壁際に隠れていた藤尾部隊の小川分隊と福永分隊は、保安隊からの銃撃をかわしながら手榴弾で応戦し、保安隊がひるんだ隙に突撃を加えて撃退した。その様子を兵舎屋上でうかがっていた殿納分隊は、兵営外へ逃げようとする保安隊に向けて発砲し追い打ちをかけた。藤尾警備隊長は、圧倒的な劣勢にも拘わらず善戦する各分隊を激励に回った。しかし、その途中で藤尾は保安隊が放った銃弾を胸に受けて死亡した。

兵営北側を守る山田部隊では、望月小隊が軽機関銃分隊と通州憲兵分遣隊をともなって望楼に立てこもり、壁面に作られた銃眼から土壁を越えて侵入しようとする保安隊に向けて発砲した。しかし、殺到する保安隊に銃撃だけでは応戦できず、手もとにあった手榴弾と擲弾筒を次々と放って保安隊の前進を食い止めた。これに対し、保安隊も銃眼を目がけて乱射し、その衝撃で望楼の一部が崩壊した。また、このときの保安隊の銃撃によって憲兵分遣隊の松村隊長が命を落とした。

兵営北西側の空き兵舎に陣取った郡司小隊は、保安隊の攻撃で窮地に陥っていた病馬収容班を救い出し、さらに、兵舎北西側の壁から侵入しようとした保安隊に手榴弾を投げつけ追い払った。

戦闘開始から六時間後の午前一〇時頃、保安隊は通州守備隊によって、兵営内から排除され、再び兵営の土壁を包囲すると、壁に穴をあけて銃眼を作り、兵営内の守備隊に向けて銃で攻撃した。さらに、一一時頃から、兵営内に砲弾が撃ち込まれ始めた。当時、通州の電話局に務めていた于祥によると、砲弾を放ったのは、守備隊兵営東北側の冀東民衆教育館という建物の屋上に据えられた保安隊の野砲であった[36]。

このとき、兵営内の野戦倉庫前には、この日の朝に山田部隊が鈴木旅団に輸送するはずであった弾薬を積んだ車両一七台がそのまま駐車してあった。正午頃、命中精度を増した保安隊の野砲弾が兵舎を越えて車両に命中し大爆発を起こした。さらに、その火花が車両近くに置いてあったガソリンに引火し、黒煙が通州の空を覆った。

三　通州特務機関の全滅と冀東政権の崩壊

保安隊は通州守備隊兵営を襲うとともに、通州城内東部の市街地に侵入し、日本軍の関連機関や冀東政権の施設各所を次々と襲った。特に保安隊の標的とされたのが通州特務機関と、冀東政権の中枢で殷汝耕の執務室兼住居となっていた政庁であった。

通州の東門近くにあった通州特務機関では、通州事件が発生すると、甲斐少佐らの機関員が防御用の拳銃と軽機関銃を持ち出して、保安隊の襲撃に備えた。また、機関員らは、特務機関の情報室に保管されていた暗号書など機密書類一式が保安隊の手に渡らないよう、室内にガソリンを撒いて、部屋ごと書類を焼き払った。

特務機関正面の門を破って乱入した保安隊は、特務機関室の窓の外から室内に向けて銃を乱射した。甲斐ら機関員は室内に入ってきた保安隊員に抵抗したが、結局、全員殺害された[37]。

通州特務機関が保安隊に襲われる直前、細木機関長は殷汝耕の身柄を守るため、特務機関を飛び出し、政庁まで車を走らせた。政庁は特務機関の北側、燃灯仏舎利塔脇の孔子廟（文廟。現三教廟）のなかにあった[38]。

細木が政庁の正門に到着すると、すでに政庁は保安隊の襲撃を受けていた。細木の車はすぐさま正門で警戒中であった保安隊員に包囲された。細木は車内から銃で応戦したが、結局、保安隊員の集中砲火を浴び、亡くなった。

冀東政権政庁が保安隊に襲われたときの様子はどうだったのか。後に殷汝耕は新聞記者の取材に次のように答えた。

「当時、自分は就寝中であつたが、時ならぬ物音に眼をさまし、飛び起きた時にはすでに遅く、叛乱兵は壁を乗り越え戸を蹴破つて自分の寝室に侵入して来た。敵は無数、自分はたゞ一人。最愛の妻達は天津に行つてゐたので、割合に心も平静で、かれらのなすがままに委《ママ》せ監禁されてしまつた[39]」。

保安隊に捕えられた殷汝耕は、政庁から拉致され、通州城内の保安隊第一総隊本部に身柄を拘束された。

通州特務機関と冀東政権政庁を襲撃した保安隊は、その後、通州城内の冀東銀行に押し入って、金庫の中の現金を強奪し、さらに、通州の電信局や電話局も占拠して、通州と外部との通信を断ち切った。

さらに、保安隊は午前三時三〇分、通州特務機関近くの通州領事館警察を襲った。このとき、警察官舎には増員されたふたりを含む六人の警官とその家族が武器を持って籠城していた。官舎内に押し入った保安隊は、警官らに向けて銃を乱射した。結局、生き残ったのは、わずか浜田末喜巡査の妻シツと、石島戸三郎巡査の男女ふたりの子どもだけであった。しかし、長女は保安隊員が腕に抱えてどこかに連れ去り、長男は石島宅で働いていた使用人の中国人が引き取っていった[40]。

冀東政権と通州の日本側各機関を襲って都市機能を完全に麻痺させた保安隊は、あらかじめ印をつけておいた通州の日本人居留民宅への襲撃を開始した。

四　日本居留民の殺害

通州事件で日本居留民が殺害された状況は、事件後、通州から逃げのびた生存者の証言によって明らかにされた。以下、代表的な三つの証言から、その一端をたどる。

（一）　村尾こしの（村尾昌彦保安隊第一総隊日本人顧問の妻）

村尾昌彦保安隊第一総隊日本人顧問の妻こしのは、七月三一日、同盟通信社（戦後、共同通信社と時事通信社に分離）の取材に応じ、通州事件に遭ったときのことを次のように語った。

「初めて私共が不安を感じたのは廿八日の夜十時ごろでした。どうも様子が変なので、危険と見て避難の用意をしているうち、廿九日午前二時になると、遽かに表が騒がしくなつたので、夫は直ぐに武装を整へてゐると、保安隊の人が迎へに来て、表の方へ出ようとする途端、三発の銃声が聞え、夫はその場に倒れました(41)」。

こしのは夫を殺害した保安隊員に飛びつき抵抗を試みたが、逆に保安隊員に拳銃で殴打され、頭部を負傷した。こしの様子を村尾家で働いていた中国人の使用人（ボーイ）が目撃していた。こしのによると、「支那人のボーイが危ないからと云つて、親切に私を物置に隠し、体の上を新聞紙や薪で蔽つて呉れたので、わたしはそのまゝ息を殺して隠れてをりました(42)」。

保安隊が村尾宅から去ると、こしのは殷汝耕の秘書孫錯の家に避難し、三〇日夜、孫の日本人妻とその子どもらとともに、中国人に扮して通州を脱出した。

（二）　安田正子（通州植棉指導所主任安田秀一の妻）と浜口茂子（同所員浜口良二の妻）

通州植棉指導所は、冀東地区での綿花増産を目的に設立された冀東政権実業庁所管の組織をいう。安田秀一と浜口良二らは冀東政権の要請を受けて、満洲棉花協会から派遣されてきた綿花栽培の指導者で、通州郊外の小街村にあった六〇ヘクタールの土地に採種圃を開設し、優良品種を増殖させる研究や農民の指導にあたっていた。

安田秀一・正子夫妻は、通州城内西門近くの通称安田公館と呼ばれた広い庭を持つ屋敷に住んでいた。この安田公館には、安田夫妻の邸宅のほか、指導所員の石井亨・シゲ子夫妻宅、浜口良二・茂子夫妻宅、ならびに応接室として使っていた建物などがあった。

通州事件の前夜、安田公館には安田・石井両夫妻、浜口茂子と良二の妹の浜口文子、満鉄から北寧鉄路局の通州棉作試験場に派遣されてきた日本人職員四人の計一〇人がいた。棉作試験場の四人は、試験場の周辺が急に物騒になり、慌てて安田公館に避難してきた。また、浜口良二は連絡宿直として、冀東政権政庁に出向いていた。もともと、宿直の当番は安田秀一だったが、臨月を迎えた正子の出産準備に追われていたため、急遽、浜口良二が当番にまわった。

二九日午前四時、銃声に気づいた安田らは、全員すぐに安田公館の応接室に集まり、息を潜めて身を隠した。応接室には三丁の護身用の拳銃があったが、安田らは自分たちが抵抗しなければ、敵も襲ってこないだろうと楽観視していた。

しかし、安田らの思いとはうらはらに、午前六時過ぎ、安田公館に押し入った保安隊は、応接室に進むと、無抵抗で室内にいた安田らに向けて銃を乱射した。そのときの様子を浜口茂子は後に次のように語った。

「そのとき私ら女たちは、毛布やふとんをかぶって息を殺して伏せていたのですが、安田さんの奥さんが、ちょっと起きあがろうとされたとたんに、たまが飛んできて左下腹にあたり、どっとその場に倒れられましたので、ご主人（安田秀一―引用者注）がとんでこられて、『しっかりするんだ』と励まして、奥さんと私の手をしっかり握ってくださいました。そのとたんに、こんどはご主人のこめかみに弾丸が命中して、あっという間もなく、私らの手をもったまま、悲壮な最期をとげられたのでございます[43]」。

このとき、浜口茂子も保安隊に銃剣で背中を刺され、傷が肺にまで達した。しかし、幸いにも安田正子とともに一命をとりとめた。結局、応接室にいた十人のうち、生き残ったのはこの二人だけであった（浜口良二も冀東政権政庁で死亡）。

保安隊が安田公館から去ったあと、浜口茂子とともに屋外に逃げた安田正子は、通州城内をさまよっているうちに、「漸く親切な家主の支那人の家に行き、奥の一室にかくまって貰ひ不安の一夜を過ごし[44]」た。

村尾、浜口、安田のケースは、いずれも通州の中国人住民に匿われて助かっていた。通州事件は、通州にいたすべての中国人が日本居留民の殺害に係わったと想像しがちだが、事件を起こしたのはあくまでも保安隊であり、通州の中国人住民までも日本居留民の殺害に加わっていたわけでないことは、留意しておく必要がある。

（三）　安藤利男（同盟通信社特派員）

七月二八日夕方、同盟通信社特派員の安藤利男は、冀東政権政庁で殷汝耕に時局問題について取材を行っていた。二九日午前一二時半、取材を終えた安藤は、政庁近くの池の畔に建つ旅館、近水楼に宿泊した。近水楼は大阪汽船の子会社、東方観光株式会社が経営していた通州で一、二を争う人気旅館で、当日も多くの日本人客で賑わっていた。午前四時、銃声で目を覚ました安藤は、外の異様な雰囲気に恐怖を感じ、ほかの宿泊客や従業員とともに旅館二階で身を潜めた。二階にはときおり使用人の中国人が外の様子を報告に現れた。それにより、安藤らは保安隊が反乱を起こし、日本居留民が殺害されていることを知った。

安藤らが二階に隠れてから六時間以上経った午後一二時半頃、突然、近水楼が保安隊の砲撃を受け、同時に、屋根裏から保安隊員が侵入し、二階に隠れていた安藤らを発見した。保安隊員は安藤ら宿泊客が身につけていた金品をすべて奪い取ると、安藤をはじめ男性宿泊客の腕を縛って数珠つなぎにし、二階から出るよう促した。安藤が階段を降りると、そこに血を流した男女の死体が横たわっていた。

安藤らは保安隊に拳銃で背中を押されながら、冀東政権財政庁の庭まで連行された。そのときのことを安藤は後に次のように述べた。

「其処に行くと、約六七十名の内鮮人が既に先着して居つて、軒下に、男は矢張り腕を繋がれ、女は其の儘で、首をうな垂れて元気がない。そこに我々十三人が新に加へられて、『貴様等は喋つてはいけない』と言はれて監視兵を附けて置かれた。（中略）誰も自分の命がどうなるだらうか判らぬと云ふ恐怖の中に、遭難の事情を語る人もあり、『くやしいくやしい』と言ひながら前日の様子を説明する女もあり、中には『私は今度の事件では千両ばかり取られて、えらい損をしました』とまるでもう事件が済んだものの様に楽観的なことを云ふ商人風の男もある」[45]。

まもなく、保安隊隊長から通州の「銃殺場」に連れて行かれると聞かされた安藤は、「この儘では必ず殺される。何とかして逃げなければいけない。このまま銃殺されてしまへば、斯んな重大な事実を誰にも言はないで、どんな事があつたのかも一般の日本人は知らないで済んでしまふ。しかも昨日までは、（保安隊は─引用者注）政府を訪ねれば私等の案内をして、長官も私に会つたのに、今日は殺されなければならない。そんな馬鹿なことがあるものか。自分には報道の任務もある」[46]と、保安隊の厳しい監視下のもと、逃亡の機会をうかがった。

安藤は、保安隊に拳銃を突きつけられながら「銃殺場」までの道のりを歩いていると、「ふと、私の右腕を縛つて居る麻縄が一尺五寸ぐらゐの所で太い麻縄に結ばれて居るのを発見した。この結び目を解けると思つて、非常に危険な仕事ですが、警戒しながら歩調を稍々緩めた。必ずしも一列縦隊ではないから、先頭と云つても私だけが常に前になる訳でもない。他の人も前にちよつと出ることがある。そして私が歩調を緩めるから縄が緩む。其時に斯うやつて左手を体の前から右側に延ばして結び目を摑へた。そこで歩きながら死にもの狂ひの力でやると、結び目が遂に解けた。『しめた。之さへ摑んで居れば宜い』と、如何にも縄を持つて居るやうに見えるが、実は解いた結び目をしつかり握つて居つた訳です(47)」。

安藤ら日本居留民が連れてこられた「銃殺場」は、通州城の壁に面し、城壁に向かって土が盛られていた。銃撃の際は、この土の斜面に居留民が標的として立つことになっていた。

保安隊員に急き立てられて斜面を登った安藤は、保安隊員の隙を見て城壁の頂上まで駆け上がり、高い壁を一気に飛び降りた。安藤は一目散に通州を背にして走り去り、三日後の八月一日、北京で日本領事館員らによって保護された。

安藤の体験は、早くも八月二日の日本主要各紙で報じられ、日本国民に通州事件の悲惨な状況が明らかとなった。

五　狼狽する支那駐屯軍司令部

通州守備隊は、保安隊の攻撃に応戦する一方で、支那駐屯軍司令部や通州付近に駐屯する日本軍部隊に対し、救援を求める電文を送り続けた。通州と外部との通信は保安隊によって遮られていたはずだったが、幸いに数通の電文が外部に届き、通州城内の様子が伝えられた。

通州守備隊が発した救援の電文のなかで、現在確認できるもっとも早いものは、通州事件が発生してからおよそ一時間半後の二九日午前五時三五分、辻村部隊の名で高麗営の鈴木旅団と冀東地区内の密雲県に集結していた独立混成第一旅団（旅団長酒井鎬次《さかいこうじ》少将。以下、酒井旅団）に宛てた電文であった。酒井旅団は、もともと関東軍の隷下にあったが、日中戦争勃発後、支那駐屯軍に配属を移していた。辻村は午前六時一二分に北京守備隊長宛、午前七時三〇分に酒井旅団、ならびに橋本群支那駐屯軍参謀長宛にもそれぞれ救援の電文を発した。

辻村から連絡を受けて、支那駐屯軍司令部ではどのような対応がとられたのか。陸軍省軍務局長の後宮淳《うしろくじゅん》少将の命令で支那駐屯軍の報道業務を補助するため、七月一〇日から同司令部を訪れていた軍務局新聞班の松村秀逸少佐によると、通州事件の一報がもたらされたときの司令部の反応は次のようであった。

「その報、一度天津に伝わるや、司令部は狼狽した。私は幕僚の首脳者が集まっている席上に呼ばれて「この事件は、新聞にでないようにしてくれ」との相談を受けた。

「それは駄目だ。通州は北京に近く、各国人環視のなかに行われたこの惨劇が、わからぬ筈はない。もう租界の無電にのって、世界中に拡まっていますヨ」

「君はわざわざ東京の新聞班から、やって来たんじゃないか。それ位の事が出来ないのか」

「新聞班から来たから出来ないのだ。この事件をかくせるなどと言われるなら、常識を疑わざるを得ない」

あとは、売言葉に買言葉で激論となった。私は、まだ少佐だったし、相手は大、中佐の参謀連中だった。余りに馬鹿気たことをいうので、こちらも少々腹が立ち、配下の保安隊が叛乱したので妙に責任逃れに汲々たる口吻であるのが癪にさわり、上官相手に激越な口調になったのかも知れない(48)」。

通州事件発生の知らせを受け、支那駐屯軍司令部がまず憂慮したことのひとつに、保安隊が反乱を起こしたことに対する支那駐屯軍司令部の責任問題があった。保安隊を内面指導していた支那駐屯軍司令部にとって、通州事件は保安隊の監督責任を問われかねない痛恨のできごとであった。支那駐屯軍司令部は、松村に新聞報道を差し控えるよう迫り、通州事件そのものを隠蔽しようとした。

しかし、通州事件の責任問題に支那駐屯軍司令部の関心が向けられた結果、本来急がなければならなかった通州の日本居留民の保護に遅れが生じ、前線に向かっていた萱嶋部隊に通州へ引き返すよう司令部から命令が発せられたのは、すでに事件発生から一日がたとうとしていた三〇日未明のことであった。

六　通州守備隊と日本居留民の救出

七月二七日、傅鴻恩部隊の掃討を終えて南苑に向かった萱嶋部隊は、二九日午前、通州から二〇キロメートル以上離れた豊台北部の大井村（現北京市豊台区）まで前進していた。当時、萱嶋部隊第三大隊歩兵砲中隊に所属していた日置政治は、通州へ救援要請を受けたときのことを次のように振り返った。

「七月三十日晴れ、状況によれば、通州警備隊が襲撃されて苦戦中との報があり。聯隊は救援の為に午前三時出発する。通州に向け強行軍だ。曇天の空からは大雨となり、仲々止《ママ》みそうもなし。頭からびしょ濡れだ。行軍は益々困難だ。道路が泥田の如くで車輌のある大隊砲は小銃中隊におくれがちになる。折から聯隊長の悲壮なる伝達があり。通州警備隊の消息が分からん。一時を争う落伍する兵は、その儘に残して前進せよと食事の時間もなしだ(49)」。

萱嶋部隊が通州に到着する前の三〇日午後三時、関東軍の飛行隊が通州上空に飛来し、通州守備隊兵営を包囲し続けていた保安隊を目がけて爆弾を投下した。この爆撃で張硯田が逃亡を図るとともに、保安隊は戦意を失い、兵営の包囲を解いて通州城内から撤退を始めた。

午後四時二〇分、未明からの強行軍の末に通州に到着した萱嶋部隊は、城内に残存していた保安隊を掃討すると、通州のすべての城門を閉鎖し、各城門と冀東政権の各機関に監視兵を配置して、保安隊の反抗を防いだ。

萱嶋部隊が通州に着いたとき、城内はどのような状態になっていたのか。日置は次のような光景を目の当たりにした。

通州城壁には先遣隊の小銃中隊によって占領されて日の丸の旗がひろがっている。之なら大丈夫だ、大した事はないと思いながら一歩城内に入って見ると、期待は裏切られて市内には我が軍の外犬の子一匹見当らない。日本人の家屋は窓入口は殆んど破壊せられた。不吉な予感が胸を打つ。果たして予感通り道路上には日本居留民の死体が散乱して、その殺され方の無惨さを見た瞬間、我々の血汐は逆上する思いだ(50)。

そして、通州守備隊兵営に入った日置は、「守備隊に逃げて来て保護を受けている邦人が、涙ながらに物語るのを聞けば、先立つものは涙のみ。戦争には断じて勝たなくてはならぬ(51)」と、中国への敵愾心を昂らせた。

ところで、通州以外にも冀東地区の各地には保安隊が駐屯していたが、彼らは通州事件に呼応して反乱を起こさなかったのだろうか。冀東地区の北東部にある撫寧県で県政府の日本人顧問を務めていた成田乾一は、二九日午後二時、仲間の日本人顧問から通州事件が発生したとの電話連絡を受けた。撫寧県には保安第三総隊が駐屯していたが、すでに通州事件が起きてから一二時間以上が過ぎたこのときでも、彼らにまったく不審な動きはなかった。

しかし、通州の状況の変化によっては、第三総隊も反乱に転じる恐れがあったため、成田は撫寧県の知事に対し、第三総隊の動向を監視するよう命じた。結局、第三総隊にその後も目立った変化はなかった(52)。通州事件は、通州というごく狭い範囲で起きた事件であった。

七　通州事件の「終結」

三〇日午後、通州を脱出した張慶余ら保安隊一行は、第二十九軍と合流して再起を図るため、同軍の本拠地である北京に向かった。

北京は二八日から日本軍の総攻撃を受けていた。同日夜、北京に立て籠もっていた宋哲元は、北京の防衛を第二十九軍第三十八師長の張自忠に託し、側近らとともに河北省保定に退いた。しかし、張自忠も日本軍の攻撃に耐えきれず、二九日、北京から撤退した。

三〇日、北京を占領した日本軍は、冀察政務委員会に代わる新たな行政機関として、北京政界重鎮の江朝宗を委員長とする北京特別市地方維持会を発足させた。同会は冀東政権と同様、政権の中枢に配された日本人顧問の指示のもと運営された傀儡政権であった。

三〇日夕方、保安隊は北京の東の玄関口にあたる朝陽門に到達した。当時、朝陽門外で崇貞学園という女学校を運営していた清水安三（戦後、桜美林大学を創設）は、赤黒い血がこびりついた軍服を着ている保安隊員の姿を目撃した。(53)

第二十九軍と合流しようとした保安隊は、朝陽門が固く閉ざされていたことで、初めて第二十九軍が北京から撤退していることを知った。行き場を失った保安隊は、北京城外をさまよいながら、北京北側の安定門に行きついた。

保安隊は通州から逃れる際、第一総隊本部に監禁していた殷汝耕を一緒に連れ出していた。脱出の機会をうかがっていた殷汝耕は、安定門に到着すると、保安隊に対し、自らが日本側との交渉役になると買って出て拘束を解かせた。そして、安定門近くの鉄道駅に駆け込み、駅長宅の電話から旧知の今井武官に救援を求めた。

今井は殷汝耕からの連絡を受けると、ただちに北京日本大使館の事務官を安定門に派遣し、密かに殷汝耕を北京城内に引き入れた。そして、残った保安隊は安定門に駆けつけた日本軍によって武装解除された。安定門にいた張慶余は、日本軍に逮捕されることを恐れ、手勢を率いて、宋哲元のいる保定に逃走した。

三一日午前、今井武官に面会した殷汝耕は、「通州事件は何等自分の予知せざる事であるが、自分は冀東自治政府長官たるのみならず、事件の中心部隊となった教導総隊の隊長を兼ね、直接責任者でもあるので、その責任の重大なるを痛感し、この際自己の出所《ママ》進退を明らかにし度い」[54]と述べて、冀東政府政府政務長官を辞任し、中国政界から引退する考えを伝えた。

小結

古くから首都北京の防衛の要とされた通州は、一九三〇年代に入り、日本の中国侵略が始まると、北京の隣という地理的特徴から、改めて軍事的重要性を帯びるようになった。

通州に冀東政権が成立すると、支那駐屯軍は通州に兵営を置き、軍事拠点のひとつに定めた。また、通州は満洲から天津に流入するアヘンの密輸ルートの途上にあり、通州に住む日本居留民のなかには、アヘンやヘロインを取り扱う者がいた。

盧溝橋事件が勃発すると、通州には前線に向かう支那駐屯軍の作戦部隊や軍需品を輸送する部隊が出入りした。日中戦争が進展し、通州周辺で散発的な戦闘が起きると、華北に向けて日本国内や満洲から続々と増援部隊が派遣された。しかし、急速な戦局の変化により、部隊同士の情報共有が充分にできていなかった。その結果、関東軍機が味方である保安隊を誤爆してしまう失態を犯した。

保安隊の不審な動きは、早くから通州領事館警察が察知していた。しかし、日本軍と冀東政権は保安隊を信用し、何ら手立てを打たなかった。そのため、日本側は通州事件を未然に防ぐことができるチャンスを逃してしまった。

通州事件が発生すると、日本軍通州守備隊は、保安隊に機先を制されて集中砲火を浴びた。その間に保安隊は通州を占拠し、逃げまどう日本居留民を次々と殺した。その凄惨な殺害の様子は、生存者の証言によって明らかにされた。

突然起きた通州事件に対し、保安隊を監督する立場にあった支那駐屯軍司令部は狼狽し、いちじ事件を隠蔽しようとする動きもみられた。支那駐屯軍司令部が通州事件の対応に手間取ったことで、救援部隊への連絡が遅れ、事件の被害を拡大させた。

前線に向かっていた萱嶋部隊が通州に救援に駆けつけたとき、すでに保安隊の姿はなく、通州城内には日本居留民の遺体が散乱していた。

引き続き、次章では通州事件でいまだに不明とされている点に着目し、検討を試みる。

注

（1）保安隊はもともと一九三三年五月三一日に日中両軍の間で締結された塘沽停戦協定に基づき、河北省東部の非武装地帯内に設置された治安維持部隊であった。この非武装地帯に冀東政権が成立すると、保安隊は冀東政府の軍事組織として吸収、改編された。保安隊は全五個総隊から成っているが、通州事件に第三、第四総隊は関与しなかった（張炳如「冀東保安隊瑣聞」、中国人民政治協商会議全国委員会文史資料研究委員会『七七事変』編審組編『七七事変』、中国文史出版社、一九八七年、七七～七八頁）。

（2）前掲『唐山文史資料』第二一輯、一三〇頁。

（3）荒牧純介『痛々しい通州虐殺事変』、私家版、五頁。
（4）張慶余「冀東保安隊通県反正始末記」、中国人民政治協商会議天津市委員会文史資料研究委員会編『天津文史資料選輯』第二一輯、天津人民出版社、一九八二年、一〇四頁。
（5）在天津日本総領事館北平警察署通州分署「在通州居留民（内地人）人名簿」、同「在通州居留民（鮮人）人名簿」、「通州居留民関係書類綴」、一九三七年七月二九～八月五日、防衛省防衛研究所図書館所蔵。
（6）武月星・林治波・林華・劉友于『盧溝橋事変風雲篇』、中国人民大学出版社、一九八七年、三一三～三二〇頁（通州事件の部分は林華が執筆）。
（7）前掲「惨・通州事件　二人の立役者」、『自由』第三五四号、一六一～一六九頁。
（8）山中恒「通州事件の謎――戦争の歴史と事実――」、『神奈川大学評論』第二八号、一九九七年一一月、六四～七一頁。江口圭一「盧溝橋事件と通州事件の評価をめぐって」、『季刊戦争責任研究』第二五号、一九九九年九月、一～五頁。このほか、日中戦争史との関連で通州事件について言及している近年の研究としては、秦郁彦『盧溝橋事件の研究』、東京大学出版会、一九九六年、三一三～三一五頁、樊吉厚・李茂盛・楊建中編『華北抗日戦争史』中巻、山西人民出版社、二〇〇五年、四五頁、がある。
（9）たとえば、寺平忠輔『蘆溝橋事件――日本の悲劇――』、読売新聞社、一九七〇年、三六三～四〇二頁。ちなみに、寺平は通州事件当時、北平特務機関輔佐官として通州事件に関する情報に接していた。
（10）「通州兵站司令部陣中日誌」、防衛省防衛研究所図書館所蔵。本章中、特に注が付されてない通州事件の経緯に関する記述は、同史料に依る。
（11）参謀本部作成「石原莞爾中将回想応答録」、臼井勝美・稲葉正夫編『現代史資料9　日中戦争2』、みすず書房、一九六四年、三〇四頁。
（12）参謀本部作成「橋本群中将回想応答録」、同右、三二六頁。
（13）前掲『痛々しい通州虐殺事変』、六頁。

(14) 盧溝橋事件の発生とその経過については、広中一成『日中和平工作の記録――今井武夫と汪兆銘・蔣介石』、彩流社、二〇一三年、一八～五八頁参照。
(15) 前掲『痛々しい通州虐殺事変』、五頁。
(16) 「警団整理」、一九三六年九月、前掲『冀東日偽政権』、一五六頁。
(17) 「冀東各県保衛団編組規程」、一九三六年六月二六日、同右、一五一頁。
(18) 前掲『痛々しい通州虐殺事変』、一二頁。
(19) 前掲『蘆溝橋事件』、三六七頁。
(20) 前掲『痛々しい通州虐殺事変』、一三頁。
(21) 前掲『盧溝橋事件の研究』、三一四頁。
(22) 前掲『蘆溝橋事件』、三六九頁。
(23) 「外務省警察史　在天津総領事館警察部　支那ノ部」、『外務省警察史』第二九巻、不二出版、一九九九年、五一頁。
(24) 前掲『痛々しい通州虐殺事変』、七～八頁。
(25) 寺島正信「追想」、前掲『支那駐屯歩兵第二聯隊誌』、一一六頁。
(26) 日置政治「海光寺兵営出発より北京通州付近の戦闘日誌」、海光寺会編『支那駐屯歩兵第二聯隊史』、私家版、一九七七年、一一六頁。
(27) 梨本祐平『中国のなかの日本人』、同成社、一九六九年、一四八頁。
(28) 同右、一四九頁。
(29) 前掲「陣中日誌」、七月二十八日の記述。
(30) 同右、七月二十九日の記述。
(31) 在天津日本総領事館「通州在留遭難概況」、一九三七年八月五日、前掲『外務省警察史』第二九巻、二一四頁。
(32) 前掲『痛々しい通州虐殺事変』、二二頁。

(33)　前掲「陣中日誌」、七月二十九日の記述。
(34)　前掲『痛々しい通州虐殺事変』、二〇～二一頁。
(35)　本節で特に注がなければ、前掲「陣中日誌」七月二十九日の記述に依る。
(36)　于祥「回憶通州事件的前前後後」、中華人民政治協商会議河北省委員会文史資料研究委員会編『河北文史資料選輯』第六輯、一九八二年、一四五頁。
(37)　前掲『蘆溝橋事件』、三七八～三七九頁。
(38)　同右、三七九頁。
(39)　『東京日日新聞』、一九三七年八月一日。
(40)　前掲「通州在留遭難概況」、『外務省警察史』第二九巻、二一六頁。
(41)　『読売新聞』、一九三七年八月一日。
(42)　同右。
(43)　浜口茂子「通州事件遭難記」、無斁会『通州事件の回顧』、私家版、八四～八五頁。
(44)　『読売新聞』、一九三七年八月五日。
(45)　安藤利夫「虐殺の巷通州を脱出して」、外務省記録「本邦対内啓発関係雑件　講演関係　日本外交協会講演集」第三巻、一九三七年一〇月、JACAR、Ref: B02030917700。
(46)　同右。
(47)　同右。
(48)　松村秀逸『三宅坂――軍閥は如何にして生れたか――』、東光書房、一九五二年、一五〇～一五一頁。
(49)　前掲「海光寺兵営出発より北京通州付近の戦闘日誌」、『支那駐屯歩兵第二聯隊誌』、八七六頁。
(50)　同右。
(51)　同右。

(52) 成田乾一・成田千枝『動乱を驢馬に乗って――大陸十五年の回想――』、私家版、三一八～三二二頁。
(53) 清水安三『朝陽門外』、朝日新聞社、一九三九年、三六頁。
(54) 今井武夫『支那事変の回想』、みすず書房、一九六四年、五二～五三頁。

第八章　通州事件に残る疑問

はじめに

通州事件をめぐっては、発生から八〇年を迎えた今日になっても、解明されていない問題がいくつも存在する。通州事件の経緯を明らかにした前章を受けて、本章では、それら問題のなかから、主要な四点を取り上げて検証する。その問題とは、①なぜ保安隊は反乱を起こしたのか、②通州事件によって生じた問題はどのようにして解決されたのか、③通州事件で亡くなった日本居留民は通州で何をしていたのか、④通州事件は日中戦争にいかなる影響を及ぼしたのか、である。

第一節　なぜ保安隊は反乱を起こしたのか

なぜ保安隊は反乱を起こしたのか。張慶余と張硯田が反乱を起こすことを決意した動機はいったい何であったのか。この問題は、通州事件の真相に迫る重要な点で、日本では事件後から現在まで多くの議論が繰り返されてきた。しかし、いまだに明確な結論が出ていない。前章で関東軍飛行機の誤爆について触れたがここでは、その説を含めてこれまで提示されてきた主な説をみていく。

一　デマ宣伝説

なぜ保安隊が反乱を起こしたのかという問題は、通州事件の様子がメディアで明らかにされた直後から、日本側で大きな関心事となった。そして、通州事件の様子が徐々に明らかとなってくると、生き残った日本居留民から保安隊が反乱を起こしたときの状況が語られ始めた。ここでは、その証言のひとつとして、通州事件から三ヶ月後の一九三七年一〇月、雑誌『話』一九三七年一〇月号（文藝春秋社）に掲載された「通州虐殺の惨状を語る　生き残り邦人現地座談会」を取り上げる。

座談会を開いた同誌特派記者の武島義三は、通州事件の発生から四日後の八月二日、事件の現地調査隊に混じって、報道機関の立ち入りが禁じられていた通州城内に入り、保安隊に破壊し尽された通州の生々しい惨状を取材した。座談会は同日夜、通州守備隊兵舎の一室を借りて、武島と事件の生存者、現地調査員合わせて八人が集まって行われた。座談会のなかで、生存者のひとりの森脇高英は、保安隊が反乱を起こした原因について、次のような独自の見解を語った。

これは僕の考へですが、保安隊には相当前から根強く中央よりの指令に働いてゐる煽動分子が入込んでゐたと思います。少も保安隊の幹部は完全にその指示に依つて行動したと思つてゐます。[1]

森脇は中国側分子が保安隊を扇動し、彼らを完全なコントロール下においたうえで反乱を起こさせたと推測した。さらに、森脇は保安隊が反乱を起こしたきっかけについても、次のような意見を述べた。

それで、中央から廿九日払暁にやれと指示して、次に新聞やラヂオによって怪宣伝をやったのです。即ち――蔣介石は日本軍に対し廿四時間以内に北支より撤退せよ、然らざれば二百台の飛行機を以て、大挙、北平、天津を空爆するぞと通告せり――とか、支那軍は到る処に大勝を博して日軍を壊滅し北平、天津、豊台は完全に支那軍が占拠し、郎坊は奪還せり――とか、支那軍飛行機は、満洲国を襲撃し、瀋陽（奉天）市内は火災を生じ錦州も同様にて、目下暴動叛乱が蜂起せり――とか、蔣介石は目下鄭州にあり全軍の指揮に当つてゐると言ふ様なのですが、それで保安隊の幹部連もそら中央がやつた、我々も愚図々々しては居られないと言ふので、廿七日か八日に一同を集めてその訓示をしたさうです。(2)

はたして、森脇が述べたような事実と異なった「怪宣伝」（デマ宣伝）が、実際に新聞やラジオで流れたのだろうか。寺平北京特務機関輔佐官は、回想のなかで、通州事件発生二日前の七月二七日、北京特務機関が南京の放送局から、第二十九軍が豊台と郎坊を占領し、日本軍を華北一帯から追い出したという偽りの内容のラジオニュースを傍受したと述べている。(3)

北京特務機関の記録である「北平陸軍機関業務日誌」によると、二七日に宋哲元が新聞とラジオ放送を使い、国民政府と全国各界に向けて、第二十九軍が国民政府に従って自衛護国の努力をしているという宣伝を行った。(4)

さらに、同業務日誌には、七月二八日の中国側新聞の号外に、中国軍が日本軍から豊台と天津東駅を奪回したという報道があったとの記録が残っている。この報道もデマのひとつで、実際にはこの日、日本軍が天津東駅を含む天津の各鉄道駅を占領した。

このように、森脇や寺平が述べたような中国側の勝利を報じたデマ宣伝は実際に行われていて、保安隊もそれを見聞きできる状態にあったと考えられる。

このデマ宣伝説は、戦争についての情報が統制されていた戦時中にあって、通州事件の主たる発生原因として信じられた。たとえば、通州事件から約五年後の一九四二年六月に刊行された大川正士著『大東亜建設史』では、「通州事件の真相」という一節のなかで、デマ宣伝説を取り上げている。

なお、森脇がデマ宣伝とともに指摘した中国側分子による保安隊への扇動については、後述のように、それを実行したとする元国民政府特務機関員の証言が残っている。

二　保安隊誤爆説

戦後、通州事件の発生原因として主張され始めたのが、前章でも触れた関東軍飛行編隊による保安隊誤爆説であった。この説を主張したひとりに外交官の森島守人がいた。森島は、一九一九年に外務省入省後、哈爾濱総領事や東亜局長などを務めた、外務省きっての中国通として知られていた。通州事件が起きたとき、森島は北京日本大使館参事官として、事件の外交面での解決に奔走した（詳細は後述）。

森島は、一九五〇年六月に発表した自著『陰謀・暗殺・軍刀』で、保安隊への誤爆について、次のように述べた。

中国部隊を掃蕩するため出動したわが飛行部隊が、誤って一弾を冀東防共自治政府麾下の、すなわちわが方に属していた保安隊の上に落すと、保安隊では自分たちを攻撃したものと早合点して、さきんじて邦人を惨殺したのが真相で、巷間の噂と異り殷汝耕には全然責任がなく、一にわが陸軍の責任に帰すべきものであった(5)。

以保安隊誤爆説で注目すべき点は、通州事件が起きた責任が誤爆した日本陸軍側にあると指摘したことであった。以後、保安隊誤爆説は、通州事件の責任問題をめぐる議論のなかでたびたび取り上げられた。

三　張慶余の手記

日本では、通州事件で保安隊が反乱を起こした原因としてデマ宣伝説と保安隊誤爆説が唱えられた。これに対し、中国ではどのような説が出されたのか。

中国では日中戦争が終わると、まもなくして中国国民政府と中国共産党による国共内戦が始まった。さらに、一九四九年一〇月に中華人民共和国が建国されてからも、中国国内は政治や経済の混乱が続いた。このようななかで、通州事件を歴史的に振り返ろうとする動きはなかった。

その状況に変化が起きたのは、日中戦争終結後から三〇年以上が過ぎた一九八二年、戦争を生き延びた張慶余が長い沈黙を破って回想手記「冀東保安隊通県反正始末記」(6)を発表し、通州事件の当事者として初めてその顚末を明らかにした。

張慶余は通州事件に敗れて宋哲元のもとへ逃れた後、南京に招かれ、蔣介石から通州事件を起こしたことへの賛辞を受けた。その後、張慶余は河南省開封の第六補充兵訓練処中将処長や第九十一軍副軍長を務めたが、まもなく病を患い辞職した。

張慶余は手記のなかで反乱を起こした理由についてどのように語ったのか。手記をもとに張慶余の動きをたどっていく。

河北省滄州で生まれた張慶余は、若くして軍人の道に進み、一九三〇年代初頭、国民革命軍第五十一軍で頭角を現した。一九三五年二月、張慶余は同僚の張硯田とともに保安隊に異動を命じられ、河北省で徴集した新兵を訓練しながら、冀東地区の警備にあたった。

同年一一月、冀東政府が成立すると、張慶余は張硯田とともに、冀東政権の幹部に名を連ねた。冀東政権に協力することが本意でなかった張慶余は、副官を介して密かに河北省政府主席の商震に今後の身の振り方について相談した。張慶余の問いに商震は、「目下、殷汝耕と決裂することはよくない。しばらくは従ったふりをしなさい。私は責任をもってそのことを国民政府に伝えておく」と答えた。

同年末、張慶余と張硯田は、冀東政権と対立していた冀察政務委員会の宋哲元に従って抗日の意思を表明するため、張樹声を介して、天津にあった宋哲元の邸宅を密かに訪れた。

張慶余らと宋哲元を引き合わせた張樹声は張慶余と同郷で、張慶余の二番目の兄の張慶雲と義兄弟の契りを結んでいた。さらに、張樹声は中国に古くからあった秘密結社の哥老会の幹部で、張慶余と張硯田も哥老会に属していた。

張慶余らと対面した宋哲元は、ふたりを快く迎え入れ、抗日に向けて指示があるまで、保安隊の訓練に励むよう命じ、ふたりにそれぞれ活動資金を手渡した。

後に張慶余は、「その後の通州での保安隊の反乱は、私たちと宋哲元のそのときの会談が関係している」と、振返っている。

盧溝橋事件が勃発すると、張慶余は宋哲元の腹心で、当時河北省政府主席を務めていた馮治安から連絡が入り、日中両軍の本格的な戦闘が始まったら、日本軍の不意を突いて通州で反乱を起こし、前進する日本軍を挟み撃ちにするよう指示された。

同じ頃、通州で開かれた軍事会議で、張慶余と張硯田は細木特務機関長に対し、通州防衛のため、冀東各地に分散配置されていた保安隊を通州に集中させてはどうかと提案した。これを受けて、薊県に駐屯していた張硯田の部隊が殷汝耕の命令で通州に移駐された。

七月二八日、日本軍が北京方面に向けて総攻撃を開始すると、張慶余は張硯田と図って、馮治安の命令どおり、通州で反乱を起こした。

以上が張慶余の手記に書かれた通州事件発生の理由とその経過である。張慶余と張硯田は、冀東政権成立直後から抗日の意思を持ち、宋哲元と関係を築いていた。そして、張慶余らは宋哲元側の指示のもと、通州事件を起こした。この手記の内容がすべて真実であるかどうかは、それを裏付ける史料が乏しいため確認できない。しかし、この手記は通州事件を起こした張本人の証言として注目され、日本では日本語訳が発表されたほか、これをもとにした研究が報告された。

四　軍統謀略説

張慶余の回想録以外にも、中国や台湾では、保安隊の反乱に関与したと明かす証言がいくつか残っている。そのひとつが、蔣介石直属の特務機関である軍統局の幹部、陳恭澍の証言である。

陳恭澍によると、軍統による保安隊への謀略工作は、冀東政権成立から一年近くたった一九三六年秋頃から始まった。軍統の地下組織、河南站で副站長を務めていた尚振声は、親戚で保安隊第一総隊督察長の方誠沢《ほうせいたく》を介して張慶余に近づいた。そして、張慶余を操縦して冀東政権を崩壊させようとした。

しかし、実際に謀略が決行される段階になって、計画が漏洩してしまい、河南站も保安隊への工作をいちじ中断した。

それから数ヶ月後の一九三七年春、北京城内に本部を構える軍統の組織、北平区のリーダー李果諶《りかしん》は、陳恭澍ら幹部とともに、河南站の任務を引き継いで、保安隊への謀略工作に着手した。

李は部下の傅丹墀《ふたんち》を通州に派遣して、張慶余の説得にあたらせた。傅丹墀は張慶余とかつて同じ学校に通っていた同窓生であった。傅丹墀の説得を受けた張慶余は、張硯田ならびに保安隊関係者数人をともなって、北京の李果諶のもとを訪れた。そして、張慶余は李に対し、抗日の態度を示すとともに、国民政府の命令に従って行動することを誓った。

張慶余らの決意を確認した李果諶は、軍統局長の戴笠にその旨を報告した。戴笠は蔣介石がとりわけ信頼を置いた側近のひとりで、蔣介石の手足となって、数多くの謀略工作を指揮した。

戴笠は、李果諶に張慶余側と緊密に連絡し、いつでも謀略が実行できるよう準備をさせた。さらに、戴笠は張慶余側に北平区と直接連絡がとれるよう、無線機一台と通信係一名を提供した。以後、通州事件が発生するまで北平区の謀略は冀東政権側に知られることはなかった。(7)

五　中国共産党謀略説

一方、軍統とは別に、中国共産党も保安隊に謀略を仕掛けていた。

長征を終えて、陝西省延安に新たな拠点を置いた中国共産党は、華北の党組織を立て直すため、一九三六年三月、劉少奇を中共中央駐北代表に任命し、華北に派遣した。戦後、国家主席にまでのぼりつめた劉少奇は中国共産党初期メンバーのひとりで、労働運動の指導や白区とよばれた国民政府支配地域での党組織の建設に活躍していた。

劉少奇は厳しい反共政策を行っていた冀東政権に対抗するため、共産党員を冀東地区に潜入させ、秘密裏に党組織の建設を進めるとともに、労働者に向けて抗日運動に参加するよう呼びかけた。(8)

さらに、劉少奇は冀東政権を崩壊させるため、保安隊内部に共産党員の黎巨峰《れいきょほう》と王自悟《おうじご》を送りこんだ。共産党側の資料をもとに書かれた「通州事変的経過」によると、「党員の黎巨峰と王自悟は各種の関係を経て通州に入り、保安第一・第二総隊隊長の張慶余と張硯田に会い、数多くの工作を行った。そして、彼らに抗日救国の大義を理解させた」(9)とある。張慶余らは、殷汝耕に従うそぶりみせながら、保安隊の指揮権を掌握し、反乱を実行するための準備を密かに進めた。

さらに、「通州事変的経過」によると、張慶余らが通州事件を決行するきっかけとなったのは、事件前日の二八日、第二十九軍への攻撃をめぐって、細木機関長が攻撃に消極的な張慶余を批判したことであった。反乱を決意した張慶余らは、第一、第二、教導各総隊に戦闘準備を指示し、二九日未明、通州城内への銃撃を合図に行動を起こした(10)。

この中国共産党謀略説でひとつ疑問に残るのが、保安隊が本当に中国共産党の工作を受けていたとしたら、通州事件後に保安隊は、なぜ中国共産党側ではなく、国民党側の第二十九軍と合流しようとしたのかという点である。

当時、中国共産党は第二十九軍側にも党員を派遣して反日工作を行っていて、第二十九軍副参謀長の張克俠《ちょうこくきょう》は中国共産党の秘密党員であった(11)。よって、第二十九軍も保安隊と同様に中国共産党の影響が深く及んでいて、保安隊がそこに合流するのもおかしなことではなかった。しかし、保安隊と第二十九軍との合流に中国共産党がどのように係わったのかはよくわかっていない。

以上の各説をみると、日本側で出たふたつの説は、どちらも保安隊が反乱を起こすきっかけにはなったようである。しかし、それらの理由だけで、保安隊の反抗心に火をつけ、日本軍や冀東政権を攻撃したり、多くの日本居留民を殺傷したのだろうか。

通州事件が周到な準備のうえに実行された背景には、張慶余の手記や中国・台湾側の説で述べられているとおり、保安隊員らがもともと抱いていた抗日意識、または、軍統や中国共産党による謀略工作が大きく影響したと考えたほうが自然であろう。この問題をより明らかにするには、新しい史料の発見と、さらなる研究の深化が俟たれる。

第二節　通州事件で生じた問題はどのように解決されたのか

通州事件では、保安隊によって多くの日本居留民が死傷しただけでなく、日本軍との戦闘により、通州の都市機能に深刻な被害が及んだ。

日中戦争勃発以降、華北で戦線を拡大する日本軍にとって、通州は占領地の後方を維持する重要な拠点であった。そのため、日本軍は通州事件で廃墟と化した通州を早急に復興させる必要があった。また、通州事件で日本居留民が犠牲となったことに対する責任を誰に求めるかという問題も残っていた。通州事件によって生じたこれら問題がどのように解決されたのか。これら問題を前掲「陣中日誌」をもとに探る。

一　通州治安維持会の結成

七月三〇日午後四時二〇分、通州に救援に駆けつけた萱嶋部隊は、保安隊の攻撃で死傷者を出した通州守備隊に代わって、通州城内の治安を確保すると、生き残った日本居留民の救出と、散乱していた遺体の収容作業を開始した[12]。翌三一日、通州守備隊のうち、被害の少なかった辻村司令官の率いる通州兵站司令部が萱嶋部隊の作業に加わった。八月三日、支那駐屯軍司令部は、辻村に対し、通州事件で全滅した通州特務機関について、後任の機関長が着任するまで、その任務を代行するよう命じた[13]。このとき、通州事件で崩壊した冀東政権は再建のさなかにあり、通州の都市機能は事実上停止していた。そのため、本来、冀東政権が担うはずの通州の治安維持は、しばらくの間、通州特務機関長代理の辻村が陣頭指揮を執ることになった。

表1　通州治安維持会組織図

会　長	辻村憲吉通州兵站司令部司令官
委　員	新川通州警備隊長、財前通州憲兵分遣隊長、武田主計少尉、 酒井兵団副官部員、 玉木大尉
（民間側）	宇佐美義雄通州居留民会会長
（警察側）	田口弥八
（中国側）	長友利雄通州県政府顧問、王季章通州県長、 宋漢波通州商務会会長、韓釆玕

総務部	部　長 副部長	王季章 長友利雄
警務班	主　任	長友利雄
行政班	日本側 中国側	田口弥八 韓釆玕
衛生班	主　任	王鉄民
土木班	主　任	五十川国記
電業班	主　任	史通

注：「通州兵站司令部　陣中日誌」をもとに作成。

八月五日、通州で日本軍と冀東政権の関係者が集まって、通州事件後の通州の治安維持に関する初めての会議が開かれた。(14) 会議に出席したのは、日本軍側から辻村のほか、酒井鎬次独混第一旅団長など、支那駐屯軍の将校計一一人、冀東政権側から、通州県長の王季章と通州商務会長の宋漢波の二人、さらに、冀東政権で日本人顧問を務めていた長友利雄、川本定雄、佐藤虎雄も「民間側」代表という肩書きで加わった。

会議のなかで、辻村は治安維持の業務を統括する組織の設立を提案し、全員から賛同を得た。これにより発足したのが通州治安維持会であった。

通州治安維持会は、辻村を会長に、支那駐屯軍、日本領事館警察、日本居留民、冀東政権から選ばれた委員によって構成された（**表1**）。委員の内訳を見ると、支那駐屯軍の将校が半数を占め、通州治安維持会が支那駐屯軍主体の組織だったことがわかる。

二　中国人住民の帰還作業

通州治安維持会が行ったおもな活動は、通州事件で生き残った日本居留民の保護と、戦火で被害を受けた通州城内の復興作業であった。ここでは特に後者に注目し、通州治安維持会の活動実態をみていく。

通州治安維持会発足前の八月一日、通州兵站司令部にひとりのアメリカ人宣教師が訪れた。宣教師は辻村に対し、通州城外の教会に収容している約一万人の中国人が食料に窮しているため、早急に彼らを助けるよう求めた(15)。教会に集まった中国人は、通州事件による戦火で行き場を失った通州城内の住民であった。通州城内の人口は、前年の一九三六年の統計をもとに、およそ五万人いたと考えられる(16)。よって、通州事件によって、通州城内の五分の一の中国人住民が被災し、城内に戻れなくなっていた。

約一万人もの中国人住民を避難民としてそのまま城外に放置しておくことは、通州の治安上問題であり、早急に対処しなければ、復興作業にも悪影響を及ぼす可能性があった。通州治安維持会はまずこの問題の解決から始めた。

八月六日、通州治安維持会は通州城内の電話局で会議を開き、通州城外に避難していた中国人住民を城内に帰還させるための方法について話し合った。その結果、現場での混乱を避けるため、まず一家族一人を基準にして通州城外の住民を城内に帰還させるやり方がとられた(17)。

八日から始まった中国人住民の通州城内への帰還作業は、通州の郷長（郷は県より以下の行政単位）が監督となって、住民らを五人一組にして、新南門から順に入城させた。また、北門と東門からは、通州商務会員の監督のもと、一般商人の出入りも許可された。

しかし、この作業は開始早々にある問題に直面した。その問題とはいったい何か。

九日、通州治安維持会の会議で、行政担当の長友利雄は、前日八日の帰還作業中、通州城外にいた中国人住民計五〇〇人が城門の前まで来たにも拘わらず、日本軍に対する恐怖心から入城を拒んだことを報告した。日本軍に対する中国人住民の不安を和らげるいわゆる宣撫工作はすでに行われていたが、長友の報告により、その工作が充分に効果を上げていないことが明らかとなった。はたして、通州治安維持会は中国人住民の帰還作業について、どのような対応策を講じたのであろうか。

三　通州の復興

八月一〇日、通州治安維持会の会議で、辻村は通州城内への入城をためらっていた中国人住民約一〇〇〇人に対し、日本軍に対する不安を和らげるため、通州治安維持会側から食糧を配給することを決めた[18]。そして、商店がほとんど閉まっていたため、極度の物資不足にあえいでいた通州城内の住民に対しても食糧を分け与えた[19]。

さらに、通州治安維持会は住民が安心して城内に戻れるよう治安問題の解決に取り組んだ。通州事件で保安隊主力は第二十九軍と合流するために通州を離れたが、一部の保安隊は便衣兵（軍服を脱いで一般民衆になりすました兵士のこと）となって通州城外の集落を襲撃し、治安を脅かしていた。例えば、通州の東北郊外にあったある集落では、便衣の保安隊員が集団で現れ、住民を襲って衣服や食糧を強奪していた[20]。

この事態を受け、八月二〇日、通州治安維持会は、宣撫班に対し、通州警備隊や支那駐屯軍憲兵隊などと緊密に連絡を取りながら、人心の安定と通州の住民に帰宅と仕事への復帰を促すための宣伝を強化するよう指示した。

これら取り組みは、どれくらいの成果を上げたのであろうか。九月二日、通州兵站司令部に提出された「通州兵站司令部旬報　第四号」によると、通州事件発生後から八月末までの約一ヶ月間の通州城内の居住者数は、累計して一万六三一四人増加した[21]。この数を見る限り、通州治安維持会が実施した約一万人にのぼる通州城内への中国人住民の帰還作業は、一定程度の成果を上げ、解決へと向かっていたと考えられる。

辻村は中国人住民の帰還作業が成功した理由について、「華人に対する施米は、宣撫班の工作と相俟ち民心安定の効果多く、入城増加の一原因と認めらる[22]」と、食糧配給と宣撫班の工作が功を奏したと評価した。

通州城内の復興についてはどうか。前掲「通州兵站司令部旬報　第四号」によると、「城内治安は殆んど回復し、支那人店舗も営業を開始せるもの約八割に達し[23]」ていた。通州城外に避難していた中国人住民が続々と城内に帰還し、通州に活気が戻ったことが、復興を促進させたといえる。

通州治安維持会の会長として、通州事件後の通州の復興に尽力した辻村は、九月六日、北京に新設された北支那方面軍司令部に異動するため、通州を離れた。そして、通州治安維持会も通州の治安回復が確認されたとして、九月一〇日、復興作業を通州県政府側に委ね、その役目を終えた。

四　通州事件の責任問題

通州治安維持会が通州の復興作業を進めていたとき、日本政府は少ない情報のなかで事件の対応に追われた。七月三一日、杉山元陸軍大臣は、貴衆両院の本会議に出席し、華北の戦況について報告した。そのなかで杉山は、通州事件が発生したことを認めるとともに、通州の日本居留民が現在どうなっているかわからないと述べ、現地の情勢が依然として厳しいという見解を示した[24]。

現地で日本政府側の責任者として通州事件の対応にあたった森島守人参事官は、このとき次のような解決策を考えついていた。

私としては現地の責任者でもあり、また遺族に対する立場からしても、この事件の急速な解決を必要と考えた。また通州事件の真因が明らかとなれば、かつてシベリア出兵中、尼港事件に関し田中陸相の責任が大きな政治問題になったと同様に、政治問題化することが必然なので、議会開会前に現地で解決するを有利と考えた。[25]

森島のいう尼港事件をめぐる政治問題とはいったい何か。

尼港事件とは、シベリア出兵中の一九二〇年三月、ハバロフスク近郊のニコラエフスク（尼港）で発生したパルチザン部隊による日本居留民殺害事件をいう。

同年六月、尼港事件の全容が明らかになると、日本では救援部隊を派遣しなかった原敬内閣の判断に批判が集中した。さらに、七月六日、衆議員予算員会で尼港事件の問題で説明に立った陸軍大臣の田中義一は、陸軍のことは陸軍大臣が責任を負うが、尼港事件については陸軍に過失はないとする旨の答弁を行った。しかし、この発言がかえって陸軍の責任を追及しようとした野党議員から非難を浴び、田中の進退問題にまで発展した。[26]

通州事件も、その直前に起きた関東軍機による保安隊幹部訓練所への誤爆が、事件発生の原因とみなされた場合、陸軍さらには日本政府の責任問題に及ぶ恐れがあった。森島は尼港事件の轍を踏まないよう、通州事件の責任問題をできるだけ早く解決しようとした。

五　冀東政権による謝罪と賠償

通州事件で崩壊した冀東政権は、八月九日、河北省唐山に仮庁舎を置いて再建された。殷汝耕に代わって政務長官代理に就いた池宗墨は、一〇日の就任演説のなかで、通州事件について遺憾の意を表すとともに、支那駐屯軍と冀東民衆の後押しを受けて、政府再建に向けて職責を全うすると宣言した。[27]

冀東政権が再建されたことを受けて、森島は冀東政権側と通州事件の責任問題について協議を進めた。そして、一二月二四日、北京日本大使館で森島と池宗墨は書簡を取り交わし、次の三つの条件を冀東政権側がすべて受け入れることで通州事件の責任問題を解決させた。

その三つの条件とは、ひとつ目に、冀東政権から日本政府に対し、通州事件が発生したことへの責任を認め、正式に謝罪すること、ふたつ目に、冀東政権から通州事件の日本側犠牲者遺族などに対し、弔慰金（物損被害の賠償金と負傷者本人への見舞金も含む）総額一二〇万円（現在の貨幣価値に換算すると約三〇億円。以下同じ）を支払うこと、三つ目に、通州城内に日本側が通州事件の犠牲者を追悼する慰霊塔を建設する際の用地を冀東政権側が無償で提供すること[28]、であった。

以上、三つの条件のうち、慰霊塔の建設用地については、冀東政権から日本側に通州城内の約七〇〇〇坪の土地が無償提供された。このとき、すでに通州には通州事件の死者を弔う木製の慰霊碑が建立されていた。慰霊塔はこの慰霊碑に代わるものとして建設が予定された。

一九三八年二月に北京日本大使館内に設置された通州慰霊塔建設委員会が作成した当初計画によると、経費は塔建設費、ならびに塔の周囲に造成されることになっていた公園の設備費と維持費の計一〇万円（約二億五〇〇〇万円）とされた。その費用はすべて日本側の寄付で賄われ、外務、陸・海両大臣、朝鮮総督、満鉄総裁、満洲国政府からそれぞれ二万円（約五〇〇〇万円）の寄付を求め、足りなかった場合、通州事件で亡くなった日本居留民が勤務していた企業からも寄付を募ることになっていた[29]。

結局、寄付金は予定を下回る七万五七二一円（約一億九〇〇〇万円）しか集まらなかったが、その資金を使って、一九四〇年八月、慰霊塔が建設された[30]。

表2　「通州事件遭難者ニ対スル冀東政府ヨリノ見舞金等配付表」

種別	被害者数	推定被交付者	弔慰金		物的損害賠償見舞金		負傷見舞金		合計
			人数	金額	人数	金額	人数	金額	
日本人（内地人）	185	161	117	764,250	147	152,091	9	13,500	929,841
朝鮮人	150	95	106	189,600	86	43,771	5	4,000	237,371
合計	335	256	225	953,850	230	195,862	14	17,500	1,167,212

注：1、朝鮮総督府外事部「昭和十四年　通州事件遭難者見舞金関係綴」、大韓民国国家記録院所蔵。
2、欄外に「冀東政府提供ニ係ル賠償金一、二〇〇〇、〇〇〇円中前期分配額一、一六七、二一二円ヲ差引残額三二、七七八円ハ今後申告アルヘキ分ノ為保留ス」とある。3、原文中、数字の明らかな間違い以外そのままとした。

一方、通州事件の被害者遺族に対する弔慰金は、再建中の冀東政権が財政難に陥っていたため、一括で支払うことができず、一回目に四〇万円（約一〇億円）、二回目に八〇万円（約二〇億円）と分割払いされることになった。

冀東政権は通州事件から約半年後の一九三八年一月末、日本軍占領下の北京に成立した傀儡政権、中華民国臨時政府に合流して解散した。はたして、冀東政権は解散するまでに予定額の弔慰金を用意することができたのだろうか。そして、弔慰金は通州事件の被害者遺族に支払われたのか、支払われたとしたら、その金額はひとりいったいいくらであったのか。

表2は、通州事件の被害者遺族に支払われた弔慰金の総額を示したものである。これを見ると、弔慰金を受け取ることになっていた通州事件の犠牲者遺族および負傷者計二五六人のうち、日本人一六一人に九二万九八四一円（約二三億円）、朝鮮人九五人に二三万七三七一円（約六億円）の総額一一六万七二一二円がそれぞれ支払われていた。この総額は冀東政権が支払いを約束していた弔慰金の額とほぼ同じであることから、冀東政権は何らかの方法で弔慰金を全額工面したものと思われる。

一方、ひとり当たりの弔慰金の平均額は、日本人が約五七七〇円（約一四四〇万円）に対し、朝鮮人が約二五〇〇円（約六二五万円）と日本人の半分以下となっていた。ちなみに、弔慰金の最高額は日本人が二万一〇五〇円（約五二六

表3　通州事件で日本軍に収容された日本居留民負傷者の数

種別	男性	女性	子ども	合計
日本人（内地人）	41	20	12	73
朝鮮人	15	23	20	58
合計	56	43	32	131

注：「通州兵站司令部　陣中日誌」をもとに筆者作成。

表4　通州事件で火葬・埋葬された日本居留民の遺体数

種類	区分	男性	女性	子ども	性別不明	合計
特務機関関係者	火葬	9				9
通州領事館警察関係者	火葬	7	3			10
その他	埋葬	79	51	12	22	164
合計		95	54	12	22	183

注：「通州兵站司令部　陣中日誌」をもとに筆者作成。日本人と朝鮮人の区別は不明。

○万円）、朝鮮人が八二六〇円（約二〇六〇万円）であった。

なぜ同じ通州事件の被害者遺族であるにも拘わらず、日本人と朝鮮人で弔慰金の額にこれほど差が生じたのかは明らかでない。しかし、この事例から、当時「皇国臣民」として昭和天皇のもとで日本人と対等に扱われているはずであった朝鮮人は、実際には不当な扱いを受けていたことがわかる。

第三節　通州事件で亡くなった日本居留民は通州で何をしていたのか

通州事件では、二二五人もの日本居留民が命を落とした。通州領事館警察の調査によると、通州事件発生直前の六月末に通州にいた日本居留民の数は、日本人が一五一人、朝鮮人が一八一人の計三三二人であった。その後まもなくして盧溝橋事件が勃発し、北京から通州に避難してきた日本居留民も数多くいたため、通州事件が起きたときの通州の日本居留民の総数はこれより多かったと思われる。

そして、通州事件発生後、日本軍に救出された居留民の数は、日本人七四人、朝鮮人五八人の合わせて一三二人（表3。通州領事館警察の調べでは一三三人）であった。単純な比較はできないが、以上の統計から、通州事件によって通州にいた日本居留民のうち、半数以上が亡くなったと推測される。

死者のうち、通州特務機関と通州領事館警察の関係者計一九人の遺体は火葬され、それ以外の回収できた一六四人分の日本居留民の遺体は、通州守備隊兵営近くの警団幹部訓練所前の広場にすべて埋葬された（表4）。

前述のとおり、通州はその昔、華北の都市のなかでも、北京や天津と並び称されるほど繁栄していた。しかし、清朝の首都として栄えた北京や、列強の租界地として発展した天津に対し、通州は、鉄道や自動車など新たな輸送手段の登場で、漕運で知られた往時の繁栄は過去のものとなり、通州事件が起きた頃には、小さな一地方都市となっていた。

このような通州で、日本居留民はいったい何をしていたのか。ここではその問題に迫る。

一　密輸に手を染める日本居留民

はじめに、ひとつの手がかりとして、通州の日本居留民がどのような職業に就いていたのかみていく。表5は通州領事館警察が調査した一九三六年一二月末時点での日本居留民の職業別人口である。これを見ると、日本人は男女とも何らかの職業に就いていたのに対し、朝鮮人は八七戸（家族）中、四分の一近くの二〇戸が無職であった。

小林元裕によると、北京や通州の周辺にいた日本居留民のなかには、密輸品や麻薬などの禁制品を取り扱う者が少なくなかったという。[31] なぜ、一部の日本居留民らは、それら禁制品に手を染めたのか。

外務省亜細亜局第一課の報告によると、華北に密輸品が流入するようになったのは次のような理由からであった。

表5　1936年12月末時点での通州日本居留民の職業別人口（通州日本領事館警察調べ）
日本人（内地人）

職業	戸数	本業者		家族		計		合計
官吏	3	男	3	男	2	男	5	10
		女	0	女	5	女	5	
雇員	15	男	15	男	0	男	15	18
		女	0	女	3	女	3	
旅館、飲食店、興行場	7	男	6	男	7	男	13	18
		女	1	女	4	女	5	
仲居、女給、女中	16	男	0	男	0	男	0	16
		女	16	女	0	女	16	
嗜好品製造者	2	男	2	男	0	男	2	2
		女	0	女	0	女	0	
料理人	3	男	3	男	0	男	3	3
		女	0	女	0	女	0	
会社員	3	男	3	男	0	男	3	3
		女	0	女	0	女	0	
限地開業医	1	男	1	男	1	男	2	2
		女	0	女	0	女	0	
冀東政府日系顧問	10	男	10	男	2	男	12	14
		女	0	女	2	女	2	
新聞記者業	1	男	1	男	0	男	1	1
		女	0	女	0	女	0	
土木建築業	3	男	3	男	1	男	4	6
		女	0	女	2	女	2	
水道工事業	2	男	2	男	0	男	2	2
		女	0	女	0	女	0	
日語教師	3	男	3	男	1	男	4	4
		女	0	女	0	女	0	
郵便電信電話従業者	1	男	1	男	0	男	1	1
		女	0	女	0	女	0	
その他自由業	4	男	4	男	2	男	5	8
		女	0	女	3	女	3	
合計	74	男	57	男	15	男	72	109
		女	17	女	20	女	37	

朝鮮人

職業	戸数	本業者		家族		計		合計
旅館、料理店、興行場	7	男	7	男	4	男	11	16
		女	0	女	5	女	5	
限地開業医	1	男	0	男	1	男	1	2
		女	1	女	0	女	1	
官吏	1	男	1	男	0	男	1	1
		女	0	女	0	女	0	
売薬請負業	1	男	1	男	0	男	1	3
		女	0	女	2	女	2	
新聞販売取次業	1	男	1	男	1	男	2	3
		女	0	女	1	女	1	
歯科限地開業	2	男	2	男	0	男	2	5
		女	0	女	3	女	3	
豆腐製造業	2	男	2	男	3	男	5	8
		女	0	女	3	女	3	
洗濯業	2	男	2	男	0	男	2	3
		女	0	女	1	女	1	
雇人	18	男	8	男	6	男	14	18
		女	0	女	4	女	4	
酌婦稼業者	17	男	0	男	0	男	0	17
		女	17	女	0	女	17	
写真撮影業	1	男	1	男	1	男	2	4
		女	0	女	2	女	2	
日語教師	2	男	2	男	2	男	4	9
		女	0	女	5	女	5	
綿布販売業	1	男	1	男	2	男	3	5
		女	0	女	2	女	2	
無職	20	男	20	男	11	男	31	53
		女	0	女	22	女	22	
合計	87	男	59	男	36	男	95	181
		女	18	女	68	女	86	

注：1、「昭和十一年在天津総領事館北平警察署通州分署警察事務情況」、「外務省警察史　支那ノ部在北京公使館附属警察官第一（二冊ノ内)」(『外務省警察史』第30巻所収）をもとに、筆者作成。
2、表内の文字と数字の誤りは原文のままとした。

表6　国民政府の輸入関税額の変化（100キログラムあたり）

品目	1929年税率（元）	1933年税率（元）
貝柱	19.8	48
人造絹糸	95.7	120
砂糖	4.78	9.6
角砂糖	16	20
氷砂糖	9.57	13

注：参謀本部「支那の密輸問題に就て」、『現代史資料8』をもとに筆者作成。

北支密輸入は当初客年銀の密輸出旺盛なりし当時、之に従事せる密輸者が密輸銀を処分せる資金を以て人絹、砂糖、毛織物、雑貨類等を購入持帰り密輸入し居りたるものなるが、銀価下落に伴ひ銀密輸出殆ど終息せる後も引続き行はれ、冀東政権の出現後は特に甚だしきを加ふるに至れるものなり。(32)

華北に密輸入されていた人絹（人造絹糸〔レーヨン〕）、砂糖、毛織物、雑貨などは、一九三〇年に国民政府が関税自主権を回復すると、国内産業の保護を名目に、関税（海関税）引き上げの対象とされた。**表6**によると、関税自主権回復前後のそれら商品の一〇〇キログラム当たりの関税率の変化は、約一・二五倍から二・五倍以上にまで跳ね上がっていた。

これら商品の多くは、自由港の大連を経由して華北に輸入された日本製品であった。よって、国民政府の高関税政策は、一面には反日政策でもあった。おもな密輸品の流入ルートは、満洲から長城線を越えて馬車や列車などで運ぶ陸路と、ジャンク船や発動機船によって大連から渤海湾沿岸や山東半島に運搬する海路の二種類があった。特に海路は、冀東地区が緩衝地帯になって以降、中国側の取り締まりが十分に行き届かなくなったため横行していた。

二　冀東密貿易

華北の密輸は一九三六年春にもっともピークを迎えた。そのきっかけとなったのが、冀東政権が同年二月から実施した冀東密貿易（冀東特殊貿易）という政策であった。冀東密貿易とは、冀東政権が密輸品として入ってきた人絹や砂糖などに対し、検査（査験）のためと称して、国民政府の関税率のおよそ四分の一相当の特別税を新たに設け、密輸業者がこれを冀東政権側に支払えば、密輸を「合法化」するというものだった。

冀東密貿易の目的はいったい何か。当時、上海日本大使館書記官を務めていた曾禰益によると、冀東政権に冀東密貿易を始めるよう指導したのは、山海関特務機関（後の通州特務機関）長の竹下義晴大佐であった。竹下は、冀東密貿易で得た収入で、財源の乏しかった冀東政権の財政を支えようとしただけでなく、国民政府の関税収入に打撃を与えて、現行の高関税政策の見直しを迫ろうとした(33)。

冀東政権は密輸入を統制するため、渤海湾沿岸の秦皇島、南大寺、北戴河、留守営、昌黎を荷揚地に指定し、天津に住む日本居留民の三宅富一が経営する運送会社旭組に荷役と荷揚地から鉄道駅までの運搬請け負わせた。青島日本商工会議所の調査によると、旭組を介しての密輸品の輸入の手続きから運搬までの流れは具体的に以下のとおりであった。

同店の仕事は大連より貨物を輸送し河東寨或ひは洋河口（どちらも渤海湾沿岸―引用者注）附近に沖懸りせる発動機船及汽船より、政府指定の苦力、ハシケを使用して荷役し、海岸にてインボイスを受取り、所定の査験申告書に摘要記載の上査験分所の検査を求め、検査費即ち輸入税を支払ひ、納費証書を受取りたる後更に指定の荷馬車を以て北戴河駅若くは留守営駅迄の運搬を行ふ範囲に限定され居れり(34)。

そして、荷揚地周辺や密輸品が通過する通州や唐山には、日本居留民のなかでも、密輸入でひと儲けしようと企む者や、密輸業者を客にとる飲食業者や宿泊業者、ならびにそこで働く給仕など従業員が住みつくようになった。

冀東政権は冀東密貿易でどれくらいの収入を得たのか。まとまった統計はないが、日本海軍旅順要港部の調査によると、冀東密貿易が始まった翌三月の収入は六六万元、四月は一二三万元、五月は一五二万元であった。冀東政権一ヶ年の財政収入予算が約一五〇〇万元であったことから、その割合をみると、冀東密貿易の収入が政権の主要な財源のひとつとなっていたことがわかる。(35)

関税収入が国家財政の主要部分を占めていた国民政府にとって、冀東密貿易は早急に対策を取らなければならない深刻な問題であった。また、国民政府の関税収入を対中国借款の担保としていたイギリスなど列強諸国も、冀東密貿易に批判の目を向けた。国民政府は、冀東政権に冀東密貿易を止めさせるよう日本政府に抗議するとともに、これ以上密貿易が進展しないよう、中国本土に流入する密輸品の取り締まりを徹底した。その結果、一九三六年六月以降、冀東密貿易は徐々に衰退した。

三　アヘン密輸とヘロイン製造

冀東密貿易以上に中国に大きな被害をもたらしたのが、冀東地区を舞台にしたアヘンの密輸であった。冀東地区の北側に隣接する熱河省とさらにその西北方にある綏遠省（現中国内蒙古自治区の一部）は、中国屈指のアヘン生産地で、そこで栽培されたアヘンが冀東地区を通って、天津の外国租界に存在したというアヘンマーケットに流入していた。

特にアヘン密輸が盛んになったのは、満洲国成立以後であった。満洲国はアヘン専売制を実施するため、満洲国内でのアヘン栽培と流通に統制を加えたが、その過程で一部のアヘンが密輸品として冀東地区に流れた。

アヘン密輸はどのようにして行われていたのか。一九三五年四月、長城線を挟んで熱河省に隣接していた山海関の日本領事館警察は、アヘン密輸の様子を次のように記した。

当管内北方は満支国境にして密輸阿片の運搬に便なる関係上、満支関門たる長城線義院口及九門口附近の国境線一帯に於て熱河地方産出の阿片、満支人密輸業者と連絡、支那国に密輸入しつつあるが、山岳を選び三、四貫目位を駄馬に積載し、昼間は山間又は連絡部落に休憩し、夜間を利用運搬入国するものにして、密輸業者は隊伍を組み、一行七、八名以上にして各自弾丸装塡の拳銃を所持し、前衛を附し、支那官憲又は税関吏と遭遇したる場合は、直ちに後方部隊に連絡する等、其の用意頗る周到なるものあり。(36)

これらアヘン密輸を、殷汝耕はじめ緩衝地帯の中国側機関は保安隊を動員するなどして取り締まらなかったのか。当時、陸軍参謀本部附の中国研究員として北京に滞在していた岡田芳政《おかだよしまさ》大尉によると、一九三五年、華北分離工作が進むなか、支那駐屯軍は満洲国の手にあった熱河産アヘンを使って天津のアヘンマーケットを支配するため、熱河省承徳と北京を走る自動車運送会社の阪田組を経営していた阪田誠盛《さかたしげもり》に命じて、大量の熱河産アヘンを天津に輸送させる計画を立てた。(37)

阪田は一九〇〇年に和歌山県で生まれ、北京留学を経て、一九三〇年、参謀本部調査班に入り、輸送機材の調査に携わった。そのときの分析能力が買われ、一九三一年、阪田は尉官待遇で関東軍参謀部に移り、さらに、満洲国自治指導部訓練所（後の大同学院）で交通政策を講義する教官にもなった。一九三三年、阪田はそれまでの経験と人脈を生かして阪田組を立ち上げ、日本軍の下請けとして軍需品の輸送を行っていた。

このアヘン輸送計画を成功させるためには、できるだけ秘密裏に行って、中国や諸外国の批判をかわす必要があった。そのため、阪田は緩衝地帯を支配していた旧知の殷汝耕と会い、アヘン輸送に便宜を図るよう求めた。殷汝耕はこの阪田の要求を受け入れ、冀東政権ができると、熱河産アヘンを積んだ阪田組のトラックを半ば公然と冀東地区で走らせた。

阪田組は承徳から冀東地区を通って天津まで敷かれた軍用道路を使ってアヘンを運んだ。その軍用道路の途上に通州があった(38)。

阪田組のトラックに積まれてアヘンが冀東地区を通過するようになったことで生じた通州の変化を、元満洲製薬社長の山内三郎は次のように述べた。

新しく作られた自治連合政府（冀東政権のこと―引用者注）が、親日派を長官に選び、日本の軍部と手を握っていたことから、この冀東地区にこそ、満洲、関東州などから送り込まれるヘロインなどの密輸基地の観を呈し始めたのである。

首都は通州に所在したが、この首都郊外ですら、日本軍特務機関の暗黙の了解のもとに、麻薬製造が公然と行なわれたのである(39)。

ヘロイン（塩酸ジアセチルモルヒネ）は、アヘンの主成分であるモルヒネに無水酢酸を加えてできる麻薬で、依存性がきわめて高いことで知られている。山内によると、もともと中国の主要なヘロイン輸入先はドイツだったが、第一次世界大戦に敗れたドイツからヘロインが輸入されなくなると、代わりに日本から運ばれてくるようになった。そして、一九二〇年代に入ると、中国でヘロインの現地生産が始まり、中国全土にヘロインの販売網が広がった。

「ヘロインは中国で需要が高く、また製造方法も簡単であったため、「徴兵検査前の日本人の青少年がヘロイン製造と販売のいずれかにちょっと手を染めるだけで、身分不相応な収入を得ることができ、彼等の遊び興ずる姿が、天津の花柳界に夜な夜な見うけられるようになった(40)」。

中国でのヘロインの製造や販売に日本居留民はどのように係わっていたのか。山内は次のように述べている。

日本人がヘロイン販売をする場合は、原料であるモルヒネ・バーゼを手に入れる製造人と、その製造人から規程の工賃をもらって、モヒ・バーゼにアセチルを加えて、薄桃色のジ・アセチル・モルヒネを作る〝チル屋〟と、さらに塩酸ヘロインを作る〝結晶屋〟、製造販売部である〝大卸し〟、そして〝中卸し〟までを受け持つこと《マ》なる《マ》。製品はそれから先、〝小卸し〟を経て〝零売人〟から消費者へと受けつがれるが、〝小卸し〟から先の販路はすべて朝鮮人の仕事となっている(41)。

麻薬製造が公然と行われていたという通州にも、これらヘロインを取り扱っていた日本居留民が住んでいたと思われる。そして、そのなかの一部が通州事件に遭い命を落としたとしても不思議ではない。

第四節　通州事件は日中戦争にいかなる影響を及ぼしたのか

通州事件は、その後の日中戦争の展開にいかなる影響を及ぼしたのか。通州事件の歴史的意義の解明につながるこの問題も事件の発生原因をめぐる議論と同様、戦後、日本の研究者を中心に検討が繰り返された。

例えば、秦郁彦は日中戦争の研究のなかで通州事件について取り上げ、日本のメディアが通州事件を「第二の尼港事件」と呼んで中国人の残虐性を宣伝し、日本国民の中国膺懲熱（膺懲とは懲らしめるの意）を煽ったと論じた(42)。

小林元裕は、通州事件とメディアとの関係について考察した研究のなかで、新聞報道で出回った通州事件の残虐なイメージが雑誌記事や戯曲にも採用されて日本国民の脳裏に定着したと分析した(43)。

以上のふたつの研究から、通州事件の残虐なイメージが新聞報道を通して日本に伝えられ、それにより日本国民の反中感情が高まったことが明らかにされた。

これを通州事件が日中戦争の展開に与えた影響のひとつとした場合、残虐的な新聞報道とは具体的にどのような内

表7　戦前大手各紙に掲載された三つの事件に関する報道写真の点数
（1937年7月26日〜8月10日）

	東京日日新聞	東京朝日新聞	読売新聞	合計
郎坊事件	10	6	15	31
広安門事件	10	3	3	16
通州事件	35	20	33	88

注：1、点数に挙げたのは、事件現場を直接撮ったもの以外に、事件発生前の現場の様子、事件関係者の顔写真も含めた。
2、範囲を8月10日までとしたのは、前日の8月9日に上海で日本海軍督戦隊大山勇夫大尉殺人事件が殺害され、これをきっかけに報道の中心が華北から華中に移り、上記三つの事件があまり報道されなくなったことによる。
3、同じ写真が別の日の記事、あるいは同日でも別号に転載された場合は、各1点とした。

容だったのか。その報道に日本政府、または日本軍は関与していなかったのか。ここでは日本の主要紙や雑誌に掲載された報道写真と、日本国民の戦争熱を煽った反中プロパガンダの側面から問題点を検証していく。

一　通州事件の注目度と報道写真の内容

（一）　報道写真の掲載数の比較

かりに、日本が通州事件の報道写真を反中プロパガンダに利用していたとしたら、掲載された写真の数は、ほかの事件のものと比べて多くなっているはずではないか。この疑問を検証するため、まず戦前の日本三大中央紙の『東京日日新聞』（現『毎日新聞』）、『東京朝日新聞』、『読売新聞』の三紙に掲載された通州事件とその直前に華北で起きた郎坊事件と広安門事件の報道写真の点数を比べる。

表7は該当事件に関する報道写真の点数結果である。これを見ると、三紙の各事件の報道写真の総点数は、郎坊事件が三一点、広安門事件が一六点に対し、通州事件が八八点と前のふたつの事件の点数を大幅に上回っていた。これらから、通州事件の報道がほかのふたつの事件と比べて、かなり過熱していたことがわかる。

このような結果が出た理由として、郎坊事件と広安門事件が通州事件と比べて早く収束したことや、通州事件が前のふたつの事件と異なり、民間人である日本居留民が殺傷され、読者の高い注目を浴びたことなどが考えられる。

次に通州事件の報道写真に限定して見ると、報道が過熱していたとはいえ、三紙の掲載数にはやや差があり、事件の取り上げ方に違いがあった。たとえば、『東京日日新聞』が三五点ともっとも多く、『読売新聞』は三三点掲載したのに対し、『東京朝日新聞』は二〇点と、東京日日新聞の半分にも及ばなかった。なぜ三紙の掲載点数にこのような違いが出たのか。

戦前、新聞や雑誌など紙媒体を使った伝統的な日本のマスメディアの動きを統制する法的根拠となっていたのは、一八九三年制定の出版法と、一九〇九年制定の新聞紙法であった。このふたつの法律は、政府の体制維持を目的に、内務大臣による秩序や風紀を乱す記事の掲載禁止や、発売頒布禁止の行政処分など、厳しい罰則が設けられていた。(44)そのなかで、三紙は大正期に入ると、デモクラシーを求める風潮を受けて、護憲運動や軍縮を支持する世論を形成し、政府や軍部を批判する論陣を張った。(45)

しかし、一九三一年九月、満洲事変が勃発すると、軍と警察による言論統制が強化され、軍部を批判する論調への批判が高まった。そのなかでも『東京朝日新聞』は批判の標的となり、軍関係者を中心に不買運動(46)や、編集部に対する嫌がらせ行為が起きた。(47)

新聞メディアに厳しい目が向けられるなか、発行部数でほかの二紙に後れを取っていた『読売新聞』(48)は、満洲事変勃発後、好戦的な新聞報道が売り上げにつながると判断し、それまで控えていた平日夕刊の発行に踏みきった。(49)

さらに、一九三二年一二月一九日、ニュース通信社の日本電報通信社をはじめ、読売、東京朝日、東京日日など新聞社一二〇社あまりは、満洲国の独立を支持する共同宣言を発表し(50)、メディアとして自ら戦争協力の意思表明をした。

一九三七年七月、日中戦争が勃発すると、日本のメディア統制はさらに厳しさを増した。このとき、陸軍の主張に沿って、中国に対する一撃膺懲を訴えた『東京日日新聞』と『読売新聞』[51]に対し、『東京朝日新聞』は社説などで日中の和平解決や戦争全面化の回避を訴え続け[52]、二紙と一線を画した。

このような日中戦争に対する三紙の報道姿勢の違いが、通州事件の報道写真の掲載数に表れたと考えられる。

(二)　報道写真は通州事件の何を写したのか

それでは、三紙はそれぞれ報道写真を使って、通州事件をどのように伝えたのか。そして、事件の何を写し、何を写さなかったのか。**表8**は通州事件発生後、三紙の事件に関する報道写真に付されたキャプションを、各日種類別にまとめたものである。

ここでは、三紙の写真報道の変化から前期（七月三〇日〜八月一日）、中期（八月二日〜八月七日）、後期（八月八日〜八月一〇日）と期間を三分割して、それぞれ比較していく。

①　前期（七月三〇日〜八月一日）の報道写真

前述のとおり、通州事件の発生を受け、七月三〇日午後四時二〇分、通州に救援に駆けつけた萱嶋部隊は、保安隊の去った通州の各城門に歩哨を配置し、厳戒態勢を敷いたうえで、居留民の救出と遺体の収容作業に入った[53]。そして、許可があるまで、通州城内には日本軍と警官以外、一般人の入城を禁止した[54]。このような状況のなか、三紙は通州事件について、どのような報道写真を掲載したのか。

三紙のうち、もっとも熱心に取材に取り組んだのが『読売新聞』であった。通州事件発生翌日の七月三〇日、同紙は東京に住む冀東政権指導者の殷汝耕の義妹夫婦を取材し、号外二面に保安隊に拉致された殷汝耕の安否を気遣うふたりの姿を掲載した。管見の限り、これが通州事件に関する初めての報道写真であった。

なお、この記事の見出しには、「通州叛乱に悲憤」とあり、保安隊が反乱を起こしたことは触れたが、居留民が殺害されたことについては言及がなかった。なぜなら、このとき通州ではまだ戦闘が続いていて、保安隊が日本居留民を殺害していることがまだメディアにまで伝わっていなかった。

三一日、『読売新聞』は二段組みからなる通州の城壁上で戦う日本軍兵士の写真を掲載した。この報道写真によって、通州事件の戦場の様子が初めて日本に伝えられた。

八月一日、『読売新聞』は朝刊七面で、通州事件で城外に逃れた日本居留民の出迎えを受けて通州に入城する日本軍の様子を報じた。また、前述のとおり、このとき通州城外には通州事件で避難していた一万人あまりの中国人住民もいたはずが、この日の『読売新聞』の報道に、そのことについては何も触れられていなかった。

一方、『東京日日新聞』は、三一日朝刊三面で、「恨み深き通州」と題し、五段組みからなる通州事件に関する報道写真を掲載した。すでにこのとき、通州事件で日本居留民が殺害されたことは明らかになっていたため、扇情的なタイトルがつけられたと考えられる。

五枚組みの報道写真のうち、二枚は通州事件発生前の通州市内の様子を捉えたもので、残りの三枚は、同紙特派員を除き、通州事件に巻き込まれた人物が写っていた。

このなかの「細木中佐」と「宮脇顧問」とは、それぞれ事件で命を落とした細木繁通州特務機関長と、冀東政権経済顧問の宮脇賢之助《みやわきけんのすけ》のことであった。ふたりとも身元がはっきりしていたため、『東京日日新聞』は彼らの顔写真を通州事件の日本人犠牲者として、いち早く掲載することができた。

表8　戦前中央三紙にみる通州事件に関連する報道写真のキャプション（1937年7月30日～8月10日）

			東京日日		東京朝日		読売	
7月	30日	号外					2面	写真は道男氏と百合子さん
	31日	朝刊	3面	恨み深き通州　【上】冀東防共自治政府			1面	通州で奮戦の我軍　（上）城壁によつて射撃
				【中左】冀東政府における殷汝耕長官（右）と一色本社特派員（左）の記念撮影＝去る廿一日				（下）城壁下の哨兵＝空輸・福岡より電送＝陸軍省検閲済
				【中右】通州の市街				【写真は殷長官】
				【下左】細木中佐				
				【下右】宮脇顧問				
8月	1日	朝刊	2面	（写真は行方不明の細木中佐）	2面	【写真は細木中佐】	1面	【上】城壁に拠つて射撃する我兵
				通州のわが両機関　（上）特務機関				【下】排日教育の巣・潞河中学校爆破の跡＝天津より空輸＝陸軍省検閲済
				（下）守備隊			7面	通州入城の皇軍を迎へて安堵する同胞【天津より
		夕刊	1面	池宗墨氏	1面	池宗墨氏	1面	殷汝耕氏（右）と長官代理池氏＝冀東政府門前にて
			2面	（写真は殷汝耕氏）	3面	通州爆撃（軍撮影）		
		号外	1面	殷汝耕氏				
			2面	殷汝耕夫人民慧さんと三原特派員				
	2日	朝刊	2面	【写真は安藤氏】	2面	叛乱事件の起つた通州城内	2面	【写真は安藤記者】
	3日							
	4日	朝刊	9面	通州鬼畜の犠牲？　島田不朽郎夫妻と	2面	【写真は細木中佐】	7面	通州の露と消えた人々　【右】行方不明の石井夫妻
				（上）石井亨氏	11面	【写真上は石井氏夫妻　下は島田嘱託】		【左上】戦死した島田嘱とその妻子
				（下）鈴木郁太郎氏				【同下】行方不明の鈴木郁太郎氏―円内―と妻茂子さん、三女紀子さん、左は生残つた節子ちゃん
		夕刊	1面	殷汝耕氏救出に活躍する荒木五郎氏　北平城門外にて＝本社京城移動電送＝	1面	細木機関長	1面	皇軍通州爆撃の跡‥破壊された学校
							2面	通州で戦死の六警官＝（上から金東旭、草場敏夫、石島戸三郎、千葉貞吾、日野誠直、濱田末喜の諸氏）

5日	朝刊	11面	日章旗翻る通州特務機関　自動車の傍に立てるは奮戦遂に討死せる甲斐少佐	2面	【写真は先月通州に殷汝耕氏（左）を訪問した進藤特派員】	1面	通州特務機関、人物は奮戦遂に討死せる甲斐少佐（天津より空輸）
					通州特務機関正門　自動車の傍らに立てるは奮戦討死した甲斐少佐	7面	【写真その青年団員の方々】
				11面	襲はれた冀東銀行		
6日	朝刊					7面	奇しくも救出された殷汝耕氏
7日	朝刊	2面	通州における我軍の警備（卅日）	10面	【写真は細谷氏と其手紙】	7面	【写真（上）細谷氏と（右から）松平女史、いと子夫人、令嬢（下）徳子さんと旬川氏
			下は通州から兇手を脱れ北平に帰つた人々＝左端が冀東政府保安隊顧問村尾昌彦氏夫人				
		7面	細谷源四郎氏				
	夕刊	1面	【同月卅一日】天人倶に許さぬ同胞の仇敵通州叛乱保安隊を○○において武装解除				
8日	朝刊					10面	【写真は安藤記者】
	号外	1面	惨！痛恨の通州暴虐の跡　写真説明　【上】通州日本守備隊の弾痕	1面	写真説明＝いづれも八月四日撮影　【1】通州戦歿者の墓に生存者が涙の黙禱		
			【下】通州城門前のわが○○部隊＝四日写す＝福岡本社電送		【2】支那兵の暴虐に死の街と化した通州		
		2面	写真説明　（上）我が通州守備隊に収容れた居留民負傷者		【3】鬼畜の手から生残つた居留民		
			（下）平和再来の通州		【4】日章旗翻る通州日本軍守備隊		
					【5】敵が遺棄した野砲		
					【6】支那兵によつて無残破壊された通州の市街		
					【7】我軍が鹵獲した敵の銃器の山		

9日	朝刊	2面	通州・地獄図絵（写真第二報）（上）通州冀東警団幹部教練所の弾痕				
			（中左）通州犠牲者の仮の墓に花を手向ける生存者				
			（中右）通州の我が領事館警察				
			（下）被害甚大であつた通州最大の日本旅館近水楼（いづれも四日写す）＝本社門司電送				
	号外	1面	通州残虐の跡　通州冀団幹部教練所の弾痕＝四日本社特派員撮影＝本社門司電送				
		2面	長恨の通州・写真第二報　①犠牲者の仮の墓標に花を手向ける生存者				
			②惨憺たるわが領事館警察				
			③居留民多数の生命を奪はれた日本旅館料理店近水楼				
			④守備隊兵営内に安置された特務機関の遺骨				
			⑤冀東政府前のわが軍＝四日撮影＝本社門司電送				
10日	朝刊					2面	通州惨事の跡　【上】わが守備隊
							【下】わが領事館警察　【尾崎、船越両特派員撮影】
						7面	写真＝【上】通州守備隊内に安置された甲斐中佐らの遺骨（中央細木大佐の右隣）
							【中】甲斐兄弟の作文
							【下】悲涙の作文綴る甲斐春作君と恭子さん＝船越、尾崎両特派員撮影
							故甲斐厚少佐

八月一日、『東京日日新聞』は、朝刊二面で細木の顔写真のほかに、通州特務機関のアーチ状の門と、通州守備隊兵営入り口の写真を掲載した。さらに、夕刊と号外で殷汝耕の顔写真とともに殷が保安隊に拉致されてから解放されるまでの顚末を報じた。『東京日日新聞』は、報道写真の点数は三紙の中でもっとも多かったが、『読売新聞』のような通州事件の現場を捉えた写真はなかった。

『東京朝日新聞』は、三紙中もっとも遅く、八月一日になって通州事件に関する報道写真付きの記事を掲載した。載っていたのは朝刊二面に細木中佐の顔写真、夕刊一面に辞職した殷汝耕に代わって冀東政権の指導者となった池宗墨の肖像写真、三面に日本軍が通州を空爆した際の航空写真であった。

以上、前期の三紙の報道写真は、三紙それぞれの通州事件に対する報道姿勢により、特徴がはっきり表れていた。もっとも熱心に取材した『読売新聞』は、現地の写真を掲載して、事件の現状を伝えた。また、『東京日日新聞』は目新しい報道写真はなかったが、掲載点数で『読売新聞』を上回った。これに対し、通州事件の報道に消極的であった『東京朝日新聞』は、報道写真も三点とわずかであった。

② 中期（八月二日〜八月七日）の報道写真

新聞報道によって、通州事件の様子が徐々に明らかとなる一方、事件発生から日が経つにつれ、通州から逃れた生還者の口から、生々しい体験談が語られるようになった。

通州事件発生後、もっとも早く報じられた体験談は、七月三一日の『東京日日新聞』号外に掲載された村尾昌彦保安隊第一総隊顧問の妻こしの証言であった。このとき、村尾は通州事件を尼港事件になぞらえて語った。

尼港事件が起きたのは、通州事件の一七年前で、読者の頭に事件の記憶がわずかでも残っていたと思われる。通州事件の様子がほとんどわかってないなか、村尾こしのの証言は、尼港事件の記憶と相まって、通州事件の残虐的なイメージを増幅させた(53)。

報道写真をともなった体験談の最初は、八月二日に『東京日日新聞』と『読売新聞』の両紙に掲載された安藤利夫の記事であった。

この安藤の体験談は日本で関心を集め、同月八日、天津から日本全国に向けて、安藤自身が体験を語るラジオ放送が行われ、同年中に『通州兵変の真相　安藤同盟特派員脱出手記』（森田書房）も刊行された。

一日空けて八月四日、三紙は朝刊でそろって通州事件で行方不明になった島田不朽郎夫妻、石井亨夫妻、鈴木郁太郎の写真と、彼らの安否を気遣う記事を掲載した。島田は通州特務機関嘱託、石井は冀東政府実業庁植棉指導員、鈴木は通州城内で開業医をそれぞれ務めていた。報道写真自体は三紙でそれぞれ異なるが、通州事件について三紙が同日に同内容の報道写真を取り上げたのは、事件発生以来初めてであった。

さらに、翌五日、三紙の朝刊に掲載された通州特務機関門前に立つ機関員の甲斐少佐の報道写真は、三紙ともまったく同じで、キャプションの文面もほぼ一緒であった。

このように、中期の報道写真は、前期にあった三紙ごとの報道姿勢の違いは影を潜め、反対に、三紙が横並びに同じ内容の報道写真を掲載するようになった。また、キャプションについても、前期と比べて、通州事件の残虐性を強調するようなことば遣いに変化した。

③　後期（八月八日～八月一〇日）の報道写真

通州事件が発生してから一〇日後の八月八日、『東京日日新聞』と『東京朝日新聞』は、ともに号外で八月四日に撮影された通州の現地写真を掲載した。このなかには、通州事件で廃墟と化した通州城内を捉えた写真も含まれていた。また、『東京日日新聞』は報道写真とあわせて、キャプションに「惨！痛恨の通州暴虐の跡」、『東京朝日新聞』は記事のタイトルに「痛恨断腸の地・屻られた通州」と記し、事件の残虐性を強調した。

『東京日日新聞』は翌九日、朝刊二面で、「通州・地獄図絵（写真第二報）」と題して、前日に続いて四日に撮られた通州城内の報道写真を掲載し、同日の号外にも同じ写真を転載した。建物の壁面に残った無数の銃弾の跡や、犠牲者の墓に花を手向ける生存者の姿は、通州事件を尼港事件のイメージと重ね合わせてみていた読者に、強烈なインパクトを与えたと考えられる。なお、『東京日日新聞』は、通州事件の際に保安隊によって焼き払われた日本軍の自動車の写真を撮影していたが、後に陸軍から掲載不許可を命じられた(56)。

一方、当初から通州事件の報道に積極的だった『読売新聞』は、二紙に遅れ一〇日になって、朝刊に特派員によって撮影された通州城内の写真を報じた。写真の掲載が遅れたことで、結果的に三紙によって、八日から一〇日までの三日間、崩壊した通州城内の様子が報道写真を通して、日本の読者に連続して伝えられた。

改めて、三つの期間の通州事件の報道写真の変化についてみていくと、前期は通州が封鎖され取材ができないなかで、『読売新聞』のように城壁の外から事件現場を撮影したり、『東京日日新聞』や『東京朝日新聞』のように、事件発生前の通州を捉えた写真を使ったりして事件を報じた。そのため、三紙それぞれに報道写真や報じる内容に違いがあった。

しかし、中期になると、三紙の間で報道内容が同じになることが多くなり、それにともない、報道写真にも前期のような違いが少なくなった。特に、八月五日の甲斐少佐の写真は、三紙とも同一のものを使用した。また、報道写真の内容やキャプションも残虐性を強調するようになった。

後期になると、瓦礫と化した通州城内の報道写真が三日間にわたり、五月雨式に三紙に掲載され、事件現場の悲惨な状況が日本に伝えられた。そして、報道写真とキャプションには残虐性が前面に押し出された。

以上のことから、次のような推論が成り立つ。通州事件の報道写真は、八月二日頃を境に徐々に三紙の独自性が失われ、その内容も客観性が薄れ、残虐性といった感情に訴えるような主観的な報道が目立つようになった。それはこのときから、通州事件の報道写真が日本の反中プロパガンダとして利用されるようになったからではないかと考えられよう。次に通州事件までの日中双方のプロパガンダをめぐる動きを踏まえながら、この推論を検証する。

二　日中のプロパガンダ戦と通州事件

（一）　中国の反日プロパガンダに対する危機

日本は通州事件の報道写真を反中プロパガンダに用いたのか。もし、用いたとすれば、それはなぜか。この疑問を検討するうえで手がかりとなるのが、通州事件の発生から四日が経った八月二日に駐上海日本公使館附武官の喜多誠一少将が、陸軍次官の梅津美治郎中将と参謀次長の今井清中将に宛てた電文である。

このなかで喜多は、「支那側は数日前より日本軍が無辜の支那民衆及外国人を殺害し或は殺傷しある旨の宣伝を開始しあるに鑑み之が反駁に就て当地に於ても通州事件の如きは迅速に報道せしむる要あるべく社会部記者等をして十二分に活動せしめられ度重複を厭はず重ねて切望す(57)」と述べて、通州事件の報道を中国に対抗するためのプロパガンダに利用するよう求めた。

喜多がいかなる情報に基づいてこの電文を作成したのかは不明であるが、実際に喜多の指摘したような宣伝があったのか。

例えば、電文が発せられる二日前の七月二二日、上海で発行されていた中国を代表する新聞のひとつである『申報』に、三〇日、天津郊外の郭荘子で日本軍の銃撃によって多くの市民が命を落としたという報道が掲載された[58]。また、翌八月一日、同紙にフランス人からの情報として、三一日に天津フランス租界で進路を妨害された日本兵が、対応にあたったフランス人兵士に暴行を加え負傷させたと報じられた[59]。上海を中心に活動していた喜多は、『申報』を情報源のひとつにし、この記事に目を通していた可能性はある。

なお、当時中国で出回っていた出版物は、一九三〇年一二月一六日に国民政府が施行した「出版法」と、一九三一年一〇月七日公布の「出版法施行細則」に基づいて発行されていた。「出版法」は出版物の範囲や出版物の内容について規定が設けられていて、中国国民党や党是の三民主義を破壊すること、ならびに国民政府の転覆や公序良俗に反することが掲載された場合、責任者の逮捕や停刊の措置がとられた[60]。

さらに、新聞は満洲事変翌年の一九三二年から、書籍や雑誌は一九三四年から、それぞれ事前検閲が始まり、一九三五年一二月には出版や放送などを含むあらゆる文化事業を統一管理する中央文化事業計画委員会が設置されるなど、国民政府による統制がいっそう強化された[61]。

そして、盧溝橋事件が勃発すると、中国各地の新聞は、日本軍の侵略行為を大々的に報じ、中国軍の「連戦連勝」を伝えた報道や画報の一部は海外にも広まった[62]。

このような状況のなかで発せられた喜多の電文は、これら中国の反日プロパガンダに対抗しなければならないという出先からの警告であった。

（二）　日本の戦時プロパガンダにおける通州事件の位置

では、日本側はプロパガンダについてどのような態勢をとり、そして、中国の反日プロパガンダにどう対処したのか。喜多の電文を見ると、八月三日付で陸軍省大臣官房とその下部組織の陸軍省新聞班の受領印がそれぞれ押されていた。陸軍省新聞班は、一九一九年二月一〇日、第一次世界大戦後の軍縮ムードのなかで、以前から閉鎖的といわれていた陸軍を日本国民に広くアピールすることをおもな目的に設立された[63]。

日本は第一次世界大戦を契機に、プロパガンダによる内外世論の操作の重要性に着目していた。しかし、まだこのとき、日本政府にプロパガンダに関する統一的な政策があったわけではなく、陸軍省新聞班のように、関係各省にそれぞれプロパガンダに係わる組織が置かれた程度であった。たとえば、新聞班以外に、外務省には一九二一年八月に外務省情報部、海軍省には一九二三年五月に海軍省軍事普及委員会がそれぞれあった。

しかし、満洲事変が勃発すると、プロパガンダの統一的な運用の必要性から、一九三二年五月頃、外務、陸軍両省の関係者によって時局同志会が設けられ、同年九月一〇日には、外務、陸軍のほかに、海軍、文部、内務、逓信の関係者を含めた非公式の情報委員会が発足した。

さらに、一九三六年、ロンドン海軍軍縮条約が失効し、日本がいわゆる「無条約時代」に入ると、国家規模のより強力なプロパガンダ機関の設立が求められるようになった。そして、議論の末、同年七月一日、内閣書記官長を委員長とする内閣情報委員会が成立した[64]。

このように、矢継ぎ早に日本のプロパガンダをめぐる態勢が整備されるなか、新聞班のおもな役目も当初の国民向けの広報活動から、情報統制や世論操作へと変化した。たとえば、一九三七年七月二八日に新聞班が定めた「新聞掲載事項許否判定要領」は、戦闘中の日本軍に関して報じた記事や写真について、新聞掲載の許否の基準を定めたもので、三一日に陸相の名で公布された陸軍関係記事の取締りを定めた「陸軍省令第二十四条」[66]とともに、新聞報道を厳しく統制した。[65]

通州事件は、このような日本の戦時プロパガンダが確立されるさなかに起きた。そして、喜多が電文で発した警告は、新聞班にとって考慮に値するものであった。

（三）　反中プロパガンダに利用された通州事件

喜多の電文を受領した新聞班が、プロパガンダについてどのような議論を交わしたのかは史料がなく不明だが、以下の二点から、新聞班は喜多の提案を受け入れ、外務省とともに、通州事件の報道写真を反中プロパガンダとして利用したとみなすことができる。

ひとつ目は、喜多の電文が受けた直後から、それまでできなかった通州城内での取材が可能になったことである。八月三日、陸軍省は中国に駐在していた各紙特派員を「陸軍従軍記者」として認める旨の指示を出した。陸軍が新聞記者にこのような優遇をするのは、日露戦争以来のことであった[67]。

そして、翌八月四日、事件発生以来、関係者以外立ち入れなかった通州が開城され、城内の取材が許された。このとき撮影された報道写真が、八日以降に一斉に紙面に掲載されたのは、上述のとおりである。

新聞班が喜多の電文を受けたのと、従軍記者の任命、ならびに通州の開城がたまたま続いたとみなすこともできなくはないが、前述した通州事件の報道写真の変化を踏まえると、この一連の流れはただの偶然ではない何らかの意図が働いていたと思われる。

ふたつ目は、海外に向けて、日本側に有利なように通州事件の情報を伝える印刷物が作成されたことである。通州事件の発生からちょうど二週間後の八月一二日、日本外事協会（The Foreign Affairs Association of Japan）から『通州で何が起きたのか』（原題は、*What Happened at Tungchow?*）と題したパンフレットが発行された[68]。日本外事協会は、もともと東京に住む外国人ビジネスマンやジャーナリストに向けて、日本の情報をパンフレットにして発信することをおもな業務としていたが、一九三〇年代に入ると、外務省情報部や内閣情報委員会と結びついて、日本のプロパガンダ政策に係わるようになった[69]。

同書の目的は、英文で通州事件の経緯を詳述し、事件が保安隊によって引き起こされ、日本居留民に大きな被害が出たことを、現場写真や英訳された新聞記事を交えて訴えかけることにあった。また、奥付には同盟ニュース（同盟通信社発行[70]）、東京朝日新聞、東京日日新聞、読売新聞の協力に感謝する一文があり、このことから、同書の作成にあたり、日本の通信社や主要中央紙も係わっていたことがわかる。

同書に掲載された通州事件の現場写真は六枚で、そのうち三枚は読売新聞が提供した報道写真だったが、残りの三枚は出所が示されてなく、いつ誰が撮影したものかはわからない。その出所不明の写真のうち、最後の一枚は、空き地に仰向けに並べられた男性二人、女性一人と思われる遺体写真で、英文キャプションには、この遺体が「通州大虐殺の犠牲者」（"Victims of the Tungchow Massacre."）であると記されていた。これら写真は、どれも通州事件後の通州を写した軍紀に係わる写真であり、陸軍の協力なしには利用できなかったことがわかる。そして、同書は一万部印刷され、おもに外務省の在外公使館を通して、各国に配布された[71]。

以上、ふたつの反中プロパガンダは、前者が陸軍省新聞班による日本国内向けのものであったのに対し、後者は外務省情報部による国外向けのものであった。

これらプロパガンダは、果たしてどれほどの効果があったのか。ふつう、報道写真は記事と一緒に新聞や雑誌に掲載されるため、報道写真だけでプロパガンダとしてどれだけの効果があったのかを実証することは難しい。

これまでの研究で明らかになったとおり、通州事件の新聞報道が日本人の中国膺懲熱を煽ったことかから、報道写真を使った新聞班による国内向けの反中プロパガンダも、一定程度の効果があったと考えられる。

しかし、日本人のなかには、中国人の残虐さを強調する通州事件の報道を冷静な目で見ていた者も存在した。例えば、女性運動家の神近市子《かみちかいちこ》は、八月七日、『読売新聞』朝刊に寄稿した「通州事件について」のなかで、通州事件で日本居留民が殺害されたことは悲憤に堪えないが、事件で助かった居留民のなかには中国人住民に救われたという「美談」がいくつもあり、「又支那市民の美談をきくと一服の涼味に心が洗はれて、失望するにはまだ早いといふ気持ちを起させらるのである[72]」と、中国膺懲熱の高まる日本の輿論に一石を投じた。

一方、外務省情報部による国外向けの反中プロパガンダはどうであったか。一九三八年三月、外務省文化情報局が日本在住の外国人記者を招いて行った「北支・満洲国視察旅行」で、通州を訪れた外国人記者らは、通州事件の現場を視察したあと、異口同音に日本側が「宣伝をより能率的に行つたなら、通州事変の一事をもつてしても、世界に瀰漫する支那側製造の反日デマを覆がへすに充分であつたらう[73]」と語った。

この発言は、外務省情報部による国外に向けた反中プロパガンダが、必ずしも成果をあげていなかったことを示唆していた。

三　慰霊としての通州事件

通州事件の報道がまだ世間を騒がせていた一九三七年八月九日、上海郊外で日本海軍特別陸戦隊の大山勇夫中尉が中国側保安隊に射殺された（大山事件）。これをきっかけに、一三日から上海市内で日中両軍が戦端を開くと、日中のプロパガンダ戦は華北から華中へと舞台を移した。

中国側の報道機関は、日本の手が及ばない租界から国内外に向けて日本の侵略を大きく報じ、国際世論を味方につけた。一方、日本側は八月二〇日、新聞班員らを集めて上海派遣軍内に報道部を設置し、国内外の記者に戦況を報告したが、プロパガンダの面では中国に大きく後れをとった。(74)

このような状況のなか、通州事件は写真を通してどのように報じられたのか。これまでの報道写真と異なる点があったとしたら、それはどこか。

七月三〇日以降、連日のように新聞に取り上げられていた通州事件の報道写真は、大山事件を境に、いちじほとんど報じられなくなった。しかし、通州事件の発生から一ヶ月近く経った八月下旬になると、紙面に事件のその後を写した報道写真が掲載されるようになった。

『読売新聞』を例にとると、八月二四日朝刊に、通州事件で亡くなった警官とその家族計八人の遺骨が木箱に収められて運ばれていく様子が写真で報じられた。(75)そして、翌二五日の同紙朝刊には、警官らを弔うため、東京の築地本願寺で開かれた外務省主催の法要に参列した遺族の姿が掲載された。(76)

雑誌では何が報じられたか。大手各雑誌社は、七月一三日に日本政府から報道について協力するよう要請を受けると、作家を特派員として中国に派遣し、戦地の状況を取材させた。(77)

その作家のなかには、通州を訪れた者もいた。女性小説家の吉屋信子は、通州事件の発生からちょうど一ヶ月後の八月二九日に通州城内を取材し、それをルポルタージュにまとめた。

記事には文章とともに、通州守備隊兵営の壁に残った弾痕や、略奪を受けた通州領事館警察官舎内の様子といった事件の悲惨さをものがたる写真のほか、通州守備隊兵営内に建てられた戦死者の墓標の前で首を垂れる吉屋の姿や、同日に北京大使館で開かれた通州事件の慰霊祭に吉屋が参列している場面が載せられた[78]。

このように、通州事件発生から一ヶ月後の報道写真は、事件直後と同じく読者の反中感情を煽るような内容のものがみられた一方、新たに死者を悼む姿が写しだされるようになった。

さらに、時間を進めて報道写真の変化を見る。通州事件の発生からまもなく一年を迎えようとした一九三八年七月七日、『東京朝日新聞』夕刊二面に、「悲劇の孤児も健やかに」というキャプションで、ブランコに乗る女児の姿が報じられた[79]。彼女の父親は一九三七年八月三日の中央三紙で行方不明と報じられ、その後死亡が確認された通州の開業医鈴木郁太郎であった。

記事には「昨秋日本へ来た当時は『私悲しい父ちゃんも殺された、母ちゃんも殺された、紀ちゃんも頭を割られて投げられた』と語つてお祖父さんをこまらせたものだつたが、このごろはもうすつかり忘れたか口にしないさうだ」と、事件で負った女児の心の傷が時間とともに癒えていったことを伝えた。

そして、一九三八年七月三〇日、同じく『東京朝日新聞』夕刊二面に「揺らぐ香煙に涙新た」と題して、その前日に東京府内の寺院で開かれた通州事件一周年法要の様子と、鈴木の女児と一緒に手を合わせる殷汝耕の妻井上民慧（民慧は井上民恵の中国名）の写真が掲載された[80]。また、雑誌や書籍でも、通州に設置された日本居留民の犠牲者を弔う木製の慰霊碑や墓標を参拝に訪れた人々を写した写真が載った[81]。

このように、通州事件の発生から一年後の報道写真には、これまであった残虐な内容のものは見られなくなり、その代わりに事件の傷みを乗り越えた遺族の様子や、慰霊の場面など事件の犠牲者を悼む姿が強調されるようになった。

しかし、残虐な写真がなくても、読者は事件の犠牲者を悼む場面を報道写真で目にすることにより、事件直後に報じられた残虐な現場写真を思い出すことができた。通州事件の報道写真は、慰霊の現場を写すことで、事件後も国内向けの反中プロパガンダとして機能し続けた。

小　結

本章では、通州事件に関する四つの問題点を検証した。日中戦争が進展し、通州周辺で散発的な戦闘が起きると、華北に向けて日本国内や満洲から続々と増援部隊が派遣された。しかし、急速な戦局の変化により、部隊同士の情報共有が充分にできていなかった。その結果、関東軍機が味方である保安隊を誤爆してしまう失態を犯した。戦後、日本ではこの誤爆が原因で通州事件が起きたといわれた。しかし、保安隊はもともと抗日意識があり、軍統や中国共産党から謀略工作を繰り返し受けていた。さらに、保安隊は通州事件を前に通州城内の日本居留民の家屋に目印をつけるなど、反乱に向けた準備を周到に進めていた。よって、実際は誤爆という偶発的な原因だけで通州事件が起きたとは考えにくい。

通州事件では、日本居留民に大きな被害が出たほか、通州に住む中国人住民の一部も家を追われ通州城外に逃れていた。通州を復興させるために結成された通州治安維持会は、通州城内への帰還を怖がる中国人住民に対し、食糧を配給することで、日本軍への警戒心を解いた。その結果、通州事件が起きてから一ヶ月ほどで、廃墟と化した通州はほぼ元の姿に戻った。

通州事件が起きたことの責任をたどると、その一端は、保安隊を誤爆し、また彼らを監督できていなかった日本側にあった。現地で通州事件の処理にあたっていた森島守人参事官は、通州事件の責任問題が尼港事件のときのように日本の国会で取り上げられ、陸軍大臣の進退問題に発展しないよう、早急に解決を図ろうとした。

森島は再建された冀東政権側と話し合い、冀東政権側に責任を全面的に認めさせ、被害者遺族らに対する弔慰金と慰霊塔の建設用地を提供させた。後に弔慰金は遺族にそれぞれ支払われたが、その金額を見ると、日本人はおおむね高額であったのに対し、朝鮮人は日本人の半分以下でしかなかった。当時、朝鮮人は「皇国臣民」として日本人と対等に扱われているはずであった。しかし、実際にはこの事例のように不当な扱いを受けていた。

冀東政権のできた通州は、満洲から天津に流入するアヘンの密輸ルートの途上にあった。そのため、通州に住む日本居留民のなかには、政府機関や飲食業の従事者以外に、冀東密貿易に関わったり、アヘンやヘロインを取り扱ったりする者もいた。

通州事件は二二五人の日本居留民が殺害されたことから、直前に華北で起きた日本軍が絡む事件と比べて、日本で大きな注目を集めていた。これは、日本の中央三紙に掲載された通州事件に関する報道写真の点数をみても明らかであった。

その報道写真の内容を見ると、通州事件発生からはじめの三日間までは、三紙それぞれ取材方針や方法の違いによって特徴が表れていて、他紙と同一の写真を掲載することもなかった。しかし、四日目に入ると、三紙が同じ報道写真を掲載するようになり、事件から一〇日目以降、三紙がそれぞれ日時をずらして凄惨な事件現場の写真を報じた。

このような、三紙上でみられる通州事件の報道写真の変化は、その背景にこれら写真を反中プロパガンダに利用しようとした日本側の思惑があった。

盧溝橋事件発生以来、中国が国内外に向けて大々的に反中プロパガンダを展開していたことに危機感を抱いた日本陸軍は、通州事件の従軍記者に通州事件を取材させ、残虐性を強調した報道写真を掲載させた。また、外務省は通州事件で殺害された日本居留民の写真を載せたパンフレットを作成し、在外公館で配布した。

この通州事件の報道写真を利用した日本の国内外に向けた反中プロパガンダは、日本国内に対しては中国膺懲熱を高めることに寄与した。一方、国外に対しては、充分か効果があげられず、中国の反日プロパガンダを打ち破ることができなかった。

その後、通州事件の報道写真は犠牲者を悼む慰霊の様子を報じることで、反中プロパガンダとして利用された。

注

(1)「通州虐殺の惨状を語る　生き残り邦人現地座談会」、『話』昭和一二年一〇月号、文藝春秋社、一九三七年一〇月、一六頁。
(2) 同右。
(3) 前掲『蘆溝橋事件』、三七〇頁。
(4)「北平陸軍機関業務日誌　自昭和十二年七月八日至同年七月三十一日」、臼井勝美・稲葉正夫編『現代史資料38　太平洋戦争4』、みすず書房、一九七二年、五八七頁。
(5) 前掲『陰謀・暗殺・軍刀』、一二八頁。
(6) 前掲「冀東保安隊通県反正始末記」、『天津文史資料選輯』第二一輯、一〇二〜一〇八頁。
(7) 前掲『北国鋤奸』、三五四〜三五五頁。
(8) 前掲『冀東日偽政権』、一六頁。
(9)「通州事変的経過」、同右、四九〜五〇頁。
(10) 同右、五三頁。

(11) 梁湘漢・趙庚奇整理「張克俠同志談参加革命二十九軍抗日的経過」、『北京史研究資料叢書　北京地区抗戦史料』、紫禁城出版社、一九八六年、三〇頁。
(12) 前掲「陣中日誌」、七月三〇日。
(13) 同右、八月三日。
(14) 同右、八月五日。以下、協議の経過についてはこの記録に依る。
(15) 同右、八月一日。
(16) 通州区地方誌編纂委員会『通県誌』、北京出版社、二〇〇三年、一〇六頁。約一万人とされる避難住民の数は、アメリカ人宣教師の報告によるものであって、実数は定かでない。ちなみに、一九三六年時点で総人口が約一二〇万人にまで達していた天津市では、盧溝橋事件後の日中両軍の戦闘により三〇万から四〇万人の避難民が発生していた（『申報』、一九三七年八月二日。李竟能主編『天津人口史』、南開大学出版社、一九九〇年、九〇頁）。通州の事例と天津の事例とを単純に比較はできないが、仮に人口数に占める避難住民の割合で考えると、一万人という通州事件による避難民の数は、決してあり得ない数ではない。史料上の問題もあるため、本報告では、差し当たって宣教師の報告を正しいものとして検討を進める。
(17) 前掲「陣中日誌」、八月六日。
(18) 同右、八月一〇日。
(19) 同右、八月一二日。
(20) 「通州兵站司令部旬報第三号」、同右。
(21) 「通州兵站司令部旬報第四号」、同右。
(22) 同右、八月二七日。
(23) 前掲「通州兵站司令部旬報第四号」、同右。
(24) 『読売新聞』一九三七年八月一日。
(25) 前掲『陰謀・暗殺・軍刀』、一二九頁。

(26)　井竿富雄「尼港事件と日本社会、一九二〇年」、『山口県立大学学術情報』第二号、山口県立大学、二〇〇九年三月、二一～五頁。
(27)　前掲『冀東から中華新政権へ』、一五五頁。
(28)「冀東政府池長官より森島参事官宛書簡」、同右、一五三頁。
(29)「通州慰霊塔建設ノ為陸軍大臣ノ寄附ニ関スル件」、陸軍省記録「陸支受大日記（普）第九号2／2」、防衛省防衛研究所所蔵、JACAR、Ref: C07091281100。
(30)　同右。
(31)　小林元裕『近代中国の日本居留民と阿片』、吉川弘文館、二〇一二年、一五九頁。
(32)　外務省亜細亜局第一課「北支密輸問題の経緯」、一九三六年四月、前掲『現代史資料8』、一六四頁。
(33)　曾禰益「北支特貿易の現状（訂正稿）」、同右、一七七頁。
(34)　青島日本商工会議所「冀東沿海よりの密輸入に関する調査並其及ぼす影響に就ての考察」、同右、一六九頁。
(35)　前掲「華北工作と国交調整」、『太平洋戦争への道』三、一七六頁。
(36)「外務省警察史　在山海関領事館　第二（二冊ノ内）山海関第二」、『外務省警察史』第三七巻、不二出版、二〇〇〇年、二四二頁。
(37)　岡田芳政「阿片戦争と私の体験」、『続・現代史資料月報　第六回配本（12）阿片問題付録』、みすず書房、一九八六年六月、四～五頁。
(38)　熊野三平『「阪田機関」出動ス　知られざる対支諜報工作の内幕』、展転社、一九八九年、二四八～二五二頁。
(39)　山内三郎「麻薬と戦争――日中戦争の秘密兵器――」、岡田芳政・多田井喜生・高橋正衛編『続・現代史資料12　阿片問題』、みすず書房、一九八六年、xlv頁。
(40)　同右、xlvi頁。
(41)　同右、xlvii頁。

（42）前掲『日中戦争史』、一一二頁。
（43）小林元裕「通州事件の語られ方」、『環日本海研究年報』第一九号、新潟大学大学院現代社会文化研究科環日本海研究室、二〇一二年、五七～六八頁。
（44）内川芳美「解題　昭和前期マス・メディア統制の法と機構」、内川芳美編『現代史資料41　マス・メディア統制2』、みすず書房、一九七五年、xii～xiii頁。
（45）五十嵐智友『歴史の瞬間とジャーナリストたち　朝日新聞にみる20世紀』、朝日新聞社、一九九九年、一八八頁。たとえば、東京日日新聞は、一九一二年一二月四日、「西園寺内閣総辞職」と題する社説を発表し、同内閣が掲げる行財政整理や減税政策に反対する陸軍を批判した（毎日新聞百年史刊行委員会編『毎日新聞百年史』、毎日新聞社、一九七二年、一一四頁）。また、読売新聞は一九一五年、大隈内閣が中華民国の袁世凱政権に対華二十一ヶ条を要求したことを非難し、このとき芽生えてきた日本人の大国意識と中国蔑視の風潮を戒めた（読売新聞１００年史編集委員会編『読売新聞１００年史』、読売新聞社、一九七六年、二五八頁）。しかし、当時経営に行き詰っていた同紙は、陸軍から資金援助を受ける代わりに、国民の間で批判が高まっていたシベリア出兵を擁護する社説を出した（岡野敏成編『読売新聞八十年史』、読売新聞社、一九五五年、二三〇頁）。
（46）前掲『歴史の瞬間とジャーナリストたち』、一九〇頁。
（47）山本武利『朝日新聞の中国侵略』、文藝春秋、二〇一一年、一一頁。
（48）一九三一年の東京日日と東京朝日の二紙の発行部数は、それぞれ九三万二〇七七部、五二万一一二八部であったのに対し、読売新聞は二七万八一七部と、二紙の半分またはそれ以下に甘んじていた。その後、読売新聞は積極的な販売戦略により急速に発行部数を伸ばし、一九三七年の発行部数は、東京日日一四三万二一八五部、東京朝日一〇四万二一八八部と一九三一年と比べて約一・五倍から二倍に増やしたのに対し、読売新聞は八八万五四六九部と三倍以上となった（「毎日新聞発行部数表（一月一日現在）」、社史編纂委員会編『毎日新聞七十年』、毎日新聞社、一九五二年、六一三頁。朝日新聞百年史編修委員会編『朝日新聞社史　資料編　明治12年（１８７９年）～昭和64年（１９８９年）』、朝日新聞社、三二〇～三二一頁。

「伸びゆく発行部数」、読売新聞100年史編集委員会編『読売新聞100年史　別冊　資料・年表』、読売新聞社、一九七六年、附図)。
(49) 木村愛二『読売新聞・歴史検証』、汐文社、一九九六年、二九一頁。
(50) 同右、二九二～二九三頁。
(51) 前掲『日中戦争史』、二三四頁。
(52) 前掲『歴史の瞬間とジャーナリストたち』、二三四頁。
(53) 前掲「通州事件の住民問題」、二二九頁。
(54) 『東京日日新聞』一九三七年八月五日号。
(55) 前掲「通州事件の語られ方」、六一～六二頁。
(56) 西井一夫ら編『毎日新聞秘蔵　不許可写真1』、毎日新聞社、一九九八年、一七八頁。
(57) 上海大使館附武官発次官次長宛秘(A作)第一〇〇号、一九三七年八月二日、「陸支密大日記　第十一号」、一九三七年、防衛省防衛研究所所蔵、JACAR、Ref: C04120102000。
(58) 「日軍四出縦火殺戮民衆」、『申報』一九三七年七月三一日。
(59) 「津日軍撃傷法兵」、『申報』一九三七年八月一日。
(60) 馬光仁『中国近代新聞法制史』、上海社会科学院出版社、二〇〇七年、一五六頁。
(61) 同右、一八五～一八六頁。
(62) 中田崇「日中戦争期における中国国民党の対外宣伝活動(Ⅱ)」、『月刊　政治経済史学』第四三一号、政治経済史学会、二〇〇二年、二七～二八頁。
(63) 西岡香織『報道戦線から見た「日中戦争」――陸軍報道部長　馬淵逸雄の足跡――』、芙蓉書房出版、一九九九年、五〇頁。
(64) 前掲「解題　昭和前期マス・メディア統制の法と機構」、『現代史資料41』、xix～xxi頁。
(65) 「事変初期陸軍関係記事取締状況(昭和十二年七月)」、内川芳美編『現代史資料40　マス・メディア統制1』、みすず書房、一九七六年、六〜七頁。

(66)「新聞紙法第二十七条に基く軍事に関する記事掲載制限（陸軍大臣・昭和十二年七月）」、同右、一頁。

(67) 春原昭彦『三訂　日本新聞通史』、新泉社、一九八七年、二〇四頁。

(68) The Foreign Affairs Association of Japan, *What Happened at Tungchow?*, Kenkyusha Press, 1937. なお、一九三八年九月に外務省情報部が作成した「支那事変ニ於ケル情報宣伝工作概要」によると、同書は外務省情報部が監修し、日本外事協会が発行したとある。（外務省情報部「支那事変ニ於ケル情報宣伝工作概要」、一九三八年九月、四七頁、「支那事変一件輿論並新聞論調」、外務省外交史料館所蔵、JACAR、Ref: B02030585100）。

(69) Peter O'Conner, *Japanese Propaganda Pamphlets in the Modern Period: the Struggle for Influence in East Asia*, in Peter O'Conner, ed., *Japanese Propaganda: Selected Readings Series2: pamphlets, 1891-1939 a Collection in 10 volumes*, Global oriental ltd, 2005, p. 29.

(70) 同盟ニュースを発行していた同盟通信社は、一九三六年一月、非公式情報委員会が対外プロパガンダの強化を目的に、日本の民間ニュース通信社の新聞聯合（聯合）と電通を合併して設立した国策通信会社をいう（前掲「解題　昭和前期マス・メディア統制の法と機構」、『現代史資料41』、xxi頁）。

(71) 前掲「支那事変ニ於ケル情報宣伝工作概要」、四七頁。

(72) 神近市子「通州事件について」、『読売新聞』一九三七年八月七日。

(73) 文化情報局『外国新聞記者北支・満洲国視察旅行報告書』、文化情報局、一九三八年、一四頁。

(74) 前掲『報道戦線から見た「日中戦争」』、九三〜九四頁。

(75)『読売新聞』一九三七年八月二四日。

(76)『読売新聞』一九三七年八月二五日。

(77) 都築久義「戦時体制下の文学者——ペン部隊を中心に——」、『愛知淑徳大学論集　文学研究科・文学部篇』第五号、愛知淑徳大学国文学会、一九八〇年一月、一三〇頁。

(78) 吉屋信子「戦禍の北支現地を行く」、『主婦之友』第二一巻第一〇号、主婦之友社、一九三七年一〇月、四八三〜四九四頁。
(79) 『東京朝日新聞』一九三八年七月七日。
(80) 『東京朝日新聞』一九三八年七月三〇日。
(81) たとえば、上木清次郎『私の見た北支』、中央芸苑社、一九三八年、八二〜八四頁。高木実「通州を弔ふ」、『樺太』第一〇巻第一〇号、樺太社、六六〜七〇頁。

おわりに

本書は、一九三〇年代半ばの日中関係に大きな影響を与えたといわれる冀東政権について、その成立から主要な政策、そして、通州事件を経て政権解消に至るまでをたどる。本論の考察を次の四点にまとめる。

第一に、冀東政権は日本の中国侵略の末に成立したという日中二国間で起きた問題でなかった。冀東政権が成立した理由は何であったのかさかのぼると、はじめに板垣ら日本陸軍の一部の「支那通」軍人の中国という国家、ならびに中国人に対する偏見、中国を統一した国民政府への不信があった。一九三四年末に板垣が関東軍参謀副長に就くと、その考え方が関東軍内で擡頭していった。そして、一九三五年のコミンテルン第七回大会以後、関東軍は共産勢力が満洲国を包囲すると警戒し、満洲国と隣接する冀東地区の分離を本格化させた。

関東軍にとって幸いであったことは、日本と近い関係にあった殷汝耕が冀東地区を支配していたことである。日中両勢力に挟まれたなかで、殷汝耕は日本側に協力すること選択した。

このように、冀東政権が成立するまでには、満洲と華北をめぐる日・満と中・ソの国際的な対立、そこに係わった人物の動向と判断が複雑に入り混じっていた。

第二に、冀東政権の主要な政策は、一九三〇年代半ばの日中関係だけでなく、そのほかの国々との関係にも悪影響を及ぼした。

たとえば、冀東政権の外交政策では、日中両政府が冀東政権解消問題を議論しているさなかに、冀東政権が満洲国と修好条約を結んだり、名古屋で開かれた汎太博に参加して国交関係のない日本に友好をアピールしたりと、日中両国の関係を損なう行動に及んだ。一方、国民政府は、冀東政権が成立した事情をイギリスに伝えることで、この問題を日中二国間に留めず、国際的な関心事にしようとした。

冀東政権の財政政策では、国民政府の海関税収入に打撃を与えた冀東密貿易が、海関税を中国に対する外債の担保としていたイギリスなどから反発を受けていた。

冀東政権の思想政策、特にその柱であった防共政策については、教育に対する思想統制の一環として、反ユダヤ思想を用いて共産主義を批判した『防共要義』を作成し、各学校へ配布した。『防共要義』の存在がいったいどこまで知られていたのかは今回明らかにできなかったが、かりに欧米諸国がこれを知ったとしたら、冀東政権は国際的に強い批判を浴びていたことだろう。

第三に、冀東政権は対日協力政権ともいわれているが、その政策の一部は、日本に協力どころか足を引っ張っていた。

たとえば、冀東政権は財源を確保するため、支那駐屯軍の指導に従い、満洲国に範をとったアヘン専売制度を実施した。希東政権は卸売人となったアヘン商を通して、満洲国から密輸入したアヘンをアヘン中毒者の救済と称して販売した。しかし、実態はアヘン密売を盛んにさせ、アヘン商に利益が流れた。日本政府は冀東政権のアヘン専売が支那駐屯軍の主導で行われたことが国民政府に知られると、冀東政権解消問題の解決に支障がでるおそれがあると考え、支那駐屯軍側に中止するよう要求した。

日本と満洲国が互いに推し進めていた灤河水力発電所計画では、建設方法をめぐって、日本側の興中公司と満洲国が対立した。さらに、冀東政権が灤河の「水利権」を満洲興業銀行に譲渡していたため、興中公司の灤河水力発電所計画は実現不可能となり、日本の華北経済進出の出鼻をくじく結果となった。

第四に、通州事件は、冀東政権の崩壊を招いただけでなく、日中戦争を長期化させる要因となった。満洲事変以後、国民政府の反日プロパガンダに頭を悩ましていた日本陸軍は、その対抗策として、日本の報道機関に通州事件を大々的に報じさせることで、国内外の反中感情を高めようとした。そして、国外に向けてのプロパガンダは失敗したが、日本国内に対しては、新聞各紙が中国人の残虐性を煽った報道をしたことで、日本国民の反中感情に火をつけ、日中戦争支持の世論を作り上げた。

総じていうと、冀東政権に関する様々な問題は、一九三〇年代なかばの日中関係の悪化の主因となっただけでなく、華北をめぐる国際関係にも悪影響を与え、さらには、日中戦争が泥沼化していくきっかけをも作った。これら点からして、冀東政権を単なる傀儡政権とするこれまでの見方では不充分であり、一九三〇年代全体の華北を舞台にした国際関係を左右した存在として冀東政権を評価できよう。以上が本論の考察を通して導いた結論である。

本書は、冀東政権の実像について多角的視点から捉えて論じたこれまでにない試みであったが、史料の制約と、筆者の力不足により多くの課題が残った。ここでは以下の三点をあげる。

第一に、冀東政権の政策がどのようなプロセスをへて決定されたのかということである。保安隊が通州事件を起こしたように、冀東政権の中国側関係者がすべて親日派であったわけではなく、ひとりひとりの日本との関係の濃淡も異なる。対日協力政権と一方で評されているにも拘らず、なぜ日本に協力的でない政策が生まれたのか。そこに日本人がどのように関与したのか。さらに、冀東政権内部の構造に迫らなければ、その真の実像が見えてこない。

第二に、第一と関連するが、冀東政権の政策について、それを受けた民衆がそれをどのように受け入れたのか、反対にどう抵抗したのかということである。それらが明らかにできることで、冀東政権の統治の実情をみていくことができる。

第三に、冀東政権の存在は国際的にも問題となったと指摘したが、実際に諸外国が冀東政権をどうみていたのかという点の解明が不充分であった。この諸外国からの視点は、冀東政権だけの問題ではなく、それ以外の傀儡政権の研究でも同じ問題を抱えている。日本の傀儡政権研究の質を高めるには、日中二国間だけの視点ではなく、第三国も交えた複眼的視点が必要となろう。本書でそれができなかったことを大いに反省し、さらなる史料調査と課題の究明に努めていきたい。

参考文献一覧

凡例

- 配列は著者の五〇音順。編著者名がない場合は書名のそれに従う。
- 中国人と韓国人の著者名は便宜上日本語読みに従う。
- 同一著者の論著の配列は発表年月順とする。
- 資料館で史料綴の中に収蔵されている史料、ならびに史料集に収録されている史料（解題含む）については史料綴名、史料集名のみ掲げた。
- 論文のページ数は省略した。

日本語

資料館所蔵史料

- 安藤利男「虐殺の巷通州を脱出して」、外務省外交史料館所蔵
- 外務省情報部「支那事変ニ於ケル情報宣伝工作概要」、一九三八年九月、外務省外交史料館所蔵
- 外務省記録「支那南北衝突事変関係一件　各地状況（四川省）」、一九一三年八月〜、外務省外交史料館所蔵
- 外務省記録「各国内政関係雑纂　支那之部（地方）十九」、一九一八年五月一五日〜九月二三日、外務省外交史料館所蔵
- 外務省記録「支那ニ於ケル棉業関係雑件」、一九一九年三月〜、外務省外交史料館所蔵
- 外務省記録「中国ニ於ケル労働争議関係雑纂（罷業怠業ヲ含ム）天津ノ部」、一九二七年一月〜、外務省外交史料館所蔵

- 外務省記録「満州事変議会調書」第三巻、一九三四年一二月、外務省外交史料館所蔵
- 外務省紀録「満洲事変　華北問題　松本紀録」第七巻、一九三五年一〇月～一一月、外務省外交史料館所蔵、松 A.1.1.0.21-27
- 外務省記録「郭松齢背反事件関係一件　殷汝耕等新民府分館へ避難並脱出関係」、外務省外交史料館所蔵
- 外務省記録「帝国ノ対支外交政策関係一件」第六巻、外務省外交史料館所蔵
- 「最近支那関係諸問題摘要（第六十九特別議会用）」、外務省外交史料館所蔵
- 軍令部第六課「灤州事件関係綴」、防衛省防衛研究所図書館所蔵
- 在天津日本総領事館北平警察署通州分署「在通州居留民（内地人）人名簿」、一九三七年七月二九日～八月五日、防衛省防衛研究所図書館所蔵
- 在天津日本総領事館北平警察署通州分署「通州居留民関係書類綴」、一九三七年七月二九日～八月五日、防衛省防衛研究所図書館所蔵
- 朝鮮総督府外事部「昭和十四年通州事件遭難者見舞金関係綴」、大韓民国国家記録院所蔵
- 通州兵站司令部「陣中日誌」、防衛省防衛研究所図書館所蔵
- 「毛里英於菟文書」、国立国会図書館憲政資料室所蔵
- 陸軍省記録「陸満密綴　第十七号」、一九三四年九月一三日～一〇月一一日、防衛省防衛研究所図書館所蔵、JACAR、Ref. C01003021900
- 陸軍省記録「密受大日記（密）十一冊ノ内其二」、一九三五年、国立公文書館所蔵
- 陸軍省記録「陸支受大日記（普）第九号2／2」、防衛省防衛研究所所蔵
- 陸軍省記録「密大日記　六冊ノ内第六冊」、防衛省防衛研究所図書館所蔵、一九二六年
- 陸軍省記録「陸満密綴　第五号」、一九三六年五月四日～五月一八日、防衛省防衛研究所図書館所蔵
- 陸軍省記録「陸満密綴　第十号」、一九三六年八月二六日～九月一六日、防衛省防衛研究所図書館所蔵
- 陸軍省記録「満受大日記（密）」、一九三七年、防衛省防衛研究所図書館所蔵

- 陸軍省記録「密大日記　第六冊」、一九三八年、防衛省防衛研究所図書館所蔵
- 陸軍省記録「陸支密大日記　第十一号」、一九三七年、防衛省防衛研究所図書館所蔵

未公刊史料

- 株式会社興中公司「興中公司関係会社概要」、一九三九年七月
- 株式会社興中公司「電気事業引継書（其六）『添附書類』事業完了又ハ中絶セルモノ内重要事業報告書」、一九三八年八月
- 支那駐屯軍司令部乙嘱託班「北支・産業調査書類　第一編第一巻　乙嘱託班調査概要」、一九三七年
- 支那駐屯軍司令部乙嘱託班「北支・産業調査書類　第六編第三巻　灤河及潮河水力発電調査報告」、一九三七年四月
- 専売公署「鴉片制度梗概　附鴉片法及其附属法令集」、専売公署、発行年不明
- 南満洲鉄道株式会社天津事務所調査課『北支経済資料　第十八輯　第三十三期旅行誌編纂委員会編『南月空北調』、第三十三期旅行誌編纂委員会、一九三七年
- 南満洲鉄道株式会社調査部「支那・立案調査書類　第二編第一巻其二　支那経済開発方策並調査資料」、一九三七年
- 南満洲鉄道株式会社調査部「支那・立案調査書類　第五編第六巻第三号　冀東電気事業統制並調査資料」、一九三七年一二月
- 南満洲鉄道株式会社調査部「支那・立案調査書類　第五編第六巻第四号　北支水力発電計画並調査資料」、一九三七年一二月
- 南満洲鉄道株式会社調査部「支那・立案調査書類　第五編第六巻第五号　支那電気事業調査資料（除天津、北京、冀東地区）」、一九三七年一二月

史料集・日記

- 伊藤隆・佐々木隆・季武嘉也・照沼康孝編『真崎甚三郎日記　昭和七・八・九年一月～昭和十年二月』、山川出版社、一九八一年
- 稲葉正夫・小林龍夫・島田俊彦編『現代史資料11　続満洲事変』、みすず書房、一九六七年

・稲葉正夫・小林龍夫・島田俊彦・角田順編『太平洋戦争への道　開戦外交史（新装版）別巻　資料編』、朝日新聞社、一九八八年
・臼井勝美・稲葉正夫編『現代史資料9　日中戦争2』、みすず書房、一九七六年
・臼井勝美・稲葉正夫編『現代史資料38　太平洋戦争4』、みすず書房、一九七二年
・内川芳美編『現代史資料41　マス・メディア統制2』、みすず書房、一九七五年
・江口圭一編著『資料日中戦争期阿片政策――蒙疆政権資料を中心に』、岩波書店、一九八五年
・岡田芳政・多田井喜生・高橋正衛編『続・現代史資料12　阿片戦争』、みすず書房、一九八六年
・『外務省警察史』第二九巻、不二出版、一九九九年
・『外務省警察史』第三七巻、不二出版、二〇〇〇年
・外務省編『日本外交年表並主要文書』下、原書房、一九六九年
・外務省編『日本外交文書　大正十四年第二冊』下巻、外務省、一九八四年
・外務省編『外務省執務報告　東亜局　第一巻　昭和十一年（1）』、クレス出版、一九九三年
・外務省編『日本外交文書　昭和Ⅱ第一部第五巻上（昭和十一―十二年七月対中国関係）』、外務省、二〇〇八年
・河合和男・金早雪・羽鳥敬彦・松永達『国策会社・東拓の研究』、不二出版、二〇〇〇年
・黒瀬郁二監修『東洋拓殖株式会社三十年史　東洋拓殖株式会社社史集』第三巻、丹精社、二〇〇一年
・小林龍夫・島田俊彦編『現代史資料7　満洲事変』、みすず書房、一九七五年
・佐藤尚子・蔭山雅博・一見真理子・橋本学編『中国近現代教育文献資料集Ⅰ　日中両国間の教育文化交流　第一巻　中華留学生教育小史　中国人日本留学史稿』、日本図書センター、二〇〇五年
・島田俊彦・稲葉正夫編『現代史資料8　日中戦争1』、みすず書房、一九六四年
・角田順編『石原莞爾資料――国防論策篇――』、原書房、一九六七年
・角田順編『石原莞爾資料――戦争史論――』、原書房、一九六八年

・東亜研究所編『20世紀日本のアジア関係重要研究資料1　東亜研究所刊行物復刻版（第4版）49　英国ノ対支鉄道権益（一）未定稿――英国ノ対支鉄道借款ニ就テ――』、龍渓書舎、二〇〇二年
・東亜人文研究所編『冀東』、東亜人文研究所、一九三七年
・新田満夫編『極東国際軍事裁判速記録　第一巻　自第一号至第六二号』、雄松堂書店、一九六八年
・日本近代史料研究会『日満財政経済研究会資料　第一巻――泉山三六氏旧蔵――』、日本近代史料研究会、一九七〇年
・日本国際問題研究所編『中国共産党史資料集』第七巻、勁草書房、一九七三年
・「満洲国」教育史研究会監修『「満洲国」教育資料集成Ⅲ期　「満洲・満洲国」教育資料集成第9巻　教育内容・方法Ⅰ』、エムティ出版、一九九三年
・南満州鉄道株式会社天津事務所調査課『北支経済資料　第五輯　冀東区域の貿易概況と関税事情』、南満州鉄道株式会社天津事務所、一九三六年
・南満洲鉄道株式会社天津事務所調査課『北支経済資料　第十八輯　冀東特殊貿易の実情』、南満洲鉄道株式会社天津事務所、一九三六年

著書

・赤沢史朗、粟谷憲太郎、豊下楢彦、森武麿、吉田裕編『総力戦・ファシズムと現代史　年報・日本現代史　第三号』、現代史料出版、一九九七年
・秋草勲『北支の河川』、常盤書房、一九四三年
・朝日新聞百年史編修委員会編『朝日新聞社史　資料編　明治12年（1879年）～昭和64年（1989年）』、朝日新聞社、一九九〇年
・荒牧純介「痛々しい通州虐殺事変」、私家版、一九八一年
・伊香俊哉『戦争の日本史22　満州事変から日中全面戦争へ』、吉川弘文館、二〇〇七年

- 五十嵐智友『歴史の瞬間とジャーナリストたち　朝日新聞にみる20世紀』、朝日新聞社、一九九九年
- 板垣征四郎刊行会『秘録　板垣征四郎』、芙蓉書房、一九八九年
- 井上寿一『危機のなかの協調外交　日中戦争に至る対外政策の形成と展開』、山川出版社、一九九四年
- 今井武夫『支那事変の回想』、みすず書房、一九六四年
- 今村均『私記・一軍人六十年の哀歓』、芙蓉書房、一九七〇年
- 今岡豊『石原莞爾の悲劇』、芙蓉書房、一九八一年
- 井村哲郎編『満鉄調査部――関係者の証言――』、アジア経済研究所、一九九六年
- 上木清次郎『私の見た北支』、中央芸苑社、一九三八年
- 臼井勝美『新版　日中戦争』、中央公論社、二〇〇〇年
- 内田尚孝『華北事変の研究――塘沽停戦協定と華北危機下の日中関係一九三三～一九三五年』、汲古書院、二〇〇六年
- 江口圭一『日本帝国主義史論』、青木書店、一九七五年
- 江口圭一『十五年戦争小史』、青木書店、一九八六年
- 江口圭一『日中アヘン戦争』、岩波書店、一九八八年
- 江口圭一『大系日本の歴史14　二つの戦争』、小学館、一九八九年
- ＮＨＫ取材班・臼井勝美『張学良の昭和史最後の証言』、角川書店、二〇〇一年
- 大塚令三『編訳彙報　第六十六輯　浙江省平陽県の明礬石』、中支建設資料整備事務所、一九四一年
- 岡野敏成編『読売新聞八十年史』、読売新聞社、一九五五年
- 岡部牧夫『十五年戦争史論　原因と結果と責任と』、青木書店、一九九九年
- 岡部牧夫『満洲国』、講談社、二〇〇七年
- 奥野信太郎『随筆北京』、平凡社、一九九〇年
- 海光寺会編『支那駐屯歩兵第二聯隊誌』、私家版、一九七七年

・加藤聖文『満鉄全史 「国策会社」の全貌』、講談社、二〇〇六年
・加藤陽子『シリーズ日本近現代史5 満洲事変から日中戦争へ』、岩波書店、二〇〇七年
・北村稔『第一次国共合作の研究――現代中国を形成した二大勢力の出現――』、岩波書店、一九九八年
・木村愛二『読売新聞・歴史検証』、汐文社、一九九六年
・熊野三平『「阪田機関」出動ス 知られざる対支諜報工作の内幕』、展転社、一九八九年
・黒羽清隆『十五年戦争史序説』、三省堂、一九七九年
・軍事史学会編『再考・満州事変』、錦正社、二〇〇一年
・軍事史学会編『日中戦争再論』、錦正社、二〇〇八年
・児玉謙次『中国回想録』、日本通報社、一九五二年
・小島晋治、丸山松幸『中国近現代史』、岩波書店、一九九九年
・小林英夫『増補版「大東亜共栄圏」の形成と崩壊』、御茶の水書房、二〇〇六年
・小林英夫『満鉄調査部の軌跡 1907―1945』、藤原書店、二〇〇七年
・小林英夫『〈満洲〉の歴史』、講談社、二〇〇八年
・小林元裕『近代中国の日本居留民と阿片』、吉川弘文館、二〇一二年
・駒井徳三『大陸への悲願』、大日本雄弁会講談社、一九五二年
・嵯峨隆『戴季陶の対日観と中国革命』、東方書店、二〇〇三年
・重光葵『昭和の動乱』上、中央公論新社、二〇〇一年
・渋谷由里『馬賊で見る「満洲」』、講談社、二〇〇四年
・清水安三『朝陽門外』、朝日新聞社、一九三九年
・社史編纂委員会編『毎日新聞七十年』、毎日新聞社、一九五二年
・上海撤兵区域接管委員会編『上海撤兵区域接管実録』、商務印書館、一九三二年

・戦前期官僚制度研究会編・秦郁彦著『戦前期日本官僚制の制度・組織・人事』東京大学出版会、一九八一年
・曾仰豊著、吉村正訳『支那塩政史』、大東出版社、一九四一年
・第三十三期旅行誌編纂委員会編『南腔北調』、第三十三期旅行誌委員会、一九三七年
・高木翔之助『冀東政府の正体』、北支那社、一九三七年
・高木翔之助『冀東から中華新政権へ』、北支那社、一九三八年
・段瑞総『蔣介石と新生活運動』、慶應義塾大学出版会、二〇〇六年
・地学団体研究会・新版地学事典編集委員会編『新版　地学事典』、平凡社、一九九七年
・寺平忠輔『蘆溝橋事件――日本の悲劇――』、読売新聞社、一九七〇年
・電気事業講座編集委員会編『電気事業講座第3巻　電気事業発達史』、エネルギーフォーラム、二〇〇七年
・電気事業講座編集委員会編『電気事業講座第8巻　電気設備』、エネルギーフォーラム、二〇〇七年
・土肥原賢二刊行会編『日中友好の捨石　秘録土肥原賢二』、芙蓉書房、一九七三年
・東洋事情研究会編『冀東綜覧』、東洋事情研究会、一九三六年
・戸部良一『日本陸軍と中国』、講談社、二〇〇一年
・ドムチョクドンロプ著・森久男訳『徳王自伝』、岩波書店、一九九四年
・永田鉄山刊行会編『秘録　永田鉄山』、芙蓉書房、一九七四年
・中村隆英『戦時日本の華北経済支配』、山川出版社、一九八三年
・梨本祐平『中国のなかの日本人』、同成社、一九六九年
・七高史研究会『七高造士館で学んだ人々（名簿編）』、七高史研究会、二〇〇〇年
・成田乾一・成田千枝『動乱を驢馬に乗って――大陸十五年の回想――』、私家版
・西岡香織『報道戦線から見た「日中戦争」――陸軍報道部長　馬淵逸雄の足跡――』、芙蓉書房出版、一九九九年
・西井一夫ら編『毎日新聞秘蔵　不許可写真1』、毎日新聞社、一九九八年

・西村ひろ編「北京・ロックフェラーの夏」、私家版、二〇〇〇年
・日本近代史料研究会『日満財政経済研究会資料　第一巻――泉山三六氏旧蔵――』、日本近代史料研究会、一九七〇年
・日本国際政治学会太平洋戦争原因研究部『太平洋戦争への道　第三巻　日中戦争〈上〉』、朝日新聞社、一九六二年
・日本国際学会太平洋戦争原因研究部『太平洋戦争への道　第四巻　日中戦争〈下〉』、朝日新聞社、一九六三年
・秦郁彦『日中戦争史』、河出書房新社、一九六一年
・秦郁彦『盧溝橋事件の研究』、東京大学出版会、一九九六年
・秦郁彦編『日本近現代人物履歴事典』、東京大学出版会、二〇〇二年
・秦郁彦編『日本陸海軍総合事典（第二版）』、東京大学出版会、二〇〇五年
・馬場明『日中関係と外政機構の研究――大正・昭和期――』、原書房、一九八三年
・原田勝正『満鉄』、岩波書店、一九八一年
・春原昭彦『三訂　日本新聞通史』、新泉社、一九八七年
・姫田光義・阿部治平・笠原十九司・小島淑男・高橋孝助・前田利昭『中国近現代史』上巻、一九九五年
・姫野徳一編著『最新対華経済資料』第三輯、日支問題研究会、一九三七年
・広中一成『日中和平工作の記録――今井武夫・汪兆銘・蔣介石』、彩流社、二〇一三年
・文化情報局『外国新聞記者北支・満洲国視察旅行報告書』、文化情報局、一九三八年
・北条秀一『十河信二と大陸』、北条秀一事務所、一九七一年
・朴橿著・許東粲訳『日本の中国侵略とアヘン』、第一書房、一九九四年
・毎日新聞百年史刊行委員会編『毎日新聞百年史』、毎日新聞社、一九七二年
・松村秀逸『三宅坂――軍閥は如何にして生れたか――』、東光書房、一九五二年
・満洲航空史話編纂委員会編『満洲航空史話』、満洲航空史話編纂委員会、一九七二年
・満洲国史編纂刊行会編『満洲国史　総論』、満蒙同胞援護会、一九七〇年

・満洲国史編纂刊行会編『満洲国史　各論』、満蒙同胞援護会、一九七一年
・三苫亥吉編『対日感情の偽らざる告白　西伯利出兵の総勘定』、読売新聞社、一九二一年
・南満洲鉄道株式会社地方部商工課『満蒙ニ於ケル電力資源ト其経済的考察』、南満洲鉄道株式会社地方部商工課、一九三一年
・南満洲鉄道株式会社編『南満洲鉄道株式会社第三次十年史』(上)、龍渓書舎、一九七六年
・南満洲鉄道株式会社編『南満洲鉄道株式会社第三次十年史』(下)、龍渓書舎、一九七六年
・無戮会『通州事件の回顧』、無戮会、一九七一年
・森島守人『陰謀・暗殺・軍刀――一外交官の回想――』、岩波書店、一九五〇年
・森久男『日本陸軍と内蒙工作　関東軍はなぜ独走したか』、講談社、二〇〇九年
・山田豪一『満洲国の阿片専売』、汲古書院、二〇〇二年
・山本武利『朝日新聞の中国侵略』、文藝春秋、二〇一一年
・横山臣平『秘録・石原莞爾』、芙蓉書房、一九七一年
・横山宏章『中華民国史』、三一書房、一九九六年
・依田憙家『戦前の中国と日本』、三省堂、一九七六年
・吉村道男監修『日本外交史人物叢書　第一七巻　回想八十年』、ゆまに書房、二〇〇二年
・読売新聞100年史編集委員会編『読売新聞100年史　別冊　資料・年表』、読売新聞社、一九七六年
・劉傑『日中戦争下の外交』、吉川弘文館、一九九五年

雑誌論文・記事

・井竿富雄「尼港事件と日本社会、一九二〇年」、『山口県立大学学術情報』第二号、山口県立大学、二〇〇九年三月
・今井駿「いわゆる「冀東密輸」についての一考察――抗日民族統一戦線の視角から――」、『歴史学研究』第四三八号、青木書店、一九七六年一一月

・内田尚孝「冀察政務委員会の対日交渉と現地日本軍――「防共協定」締結問題と「冀東防共自治政府」解消問題を中心に――」、『近きに在りて』第五一号、汲古書院、二〇〇七年六月
・老松信一「嘉納治五郎と中国人留学生教育」、『講道館柔道科学研究会紀要』第五輯、講道館、一九七八年
・岡田芳政「阿片戦争と私の体験」、『続・現代史資料月報』第六回配本（12）阿片問題付録」、みすず書房、一九八六年六月
・岡野篤夫「惨・通州事件　二人の立役者」、『自由』平成元年八月号、一九八九年八月
・金京鎬「冀東の阿片密輸に関する一考察」、『東亜経済研究』第一六七号、山口大学東亜経済学会、一九八六年一〇月
・楠本実隆「北支の時局に就て」、『支那』第二六巻第七号、東亜同文会研究編纂部、一九三五年七月
・小林元裕「通州事件の語られ方」、『環日本海研究年報』第一九号、新潟大学大学院現代社会文化研究科環日本海研究室、二〇一二年
・柴田善雅「華北における興中公司の活動」、『東洋研究』第一三八号、大東文化大学東洋研究所、二〇〇〇年一二月
・柴田善雅「陸軍軍命商社の活動――昭和通商株式会社覚書――」、『中国研究月報』第六七五号、中国研究所、二〇〇四年八月
・支那駐屯萱島部隊「古田少佐の俤」、『偕行社記事』第七五三号、偕行社、一九三七年六月
・砂山幸雄「『支那排日教科書』批判の系譜」、『中国研究月報』第六八六号、中国研究所、二〇〇五年四月
・専田盛寿「親日華北政権樹立の夢崩る！――土肥原工作の失敗――」、『別冊知性5　秘められた昭和史』、河出書房、一九五六年一二月
・高木実「通州を弔ふ」、『樺太』第一〇巻第一〇号、樺太社
・土田哲夫「郭松齢事件と国民革命」、『近きに在りて』第四号、汲古書院、一九八三年九月
・都築久義「戦時体制下の文学者――ペン部隊を中心に――」、『愛知淑徳大学論集　文学研究科・文学部篇』第五号、愛知淑徳大学国文学会、一九八〇年一月
・内藤熊喜「電力開発の私案」、『経済雑誌　ダイヤモンド』、ダイヤモンド社、一九三七年一一月
・中田崇「日中戦争期における中国国民党の対外宣伝活動（Ⅱ）」、『月刊　政治経済史学』第四三一号、政治経済史学会、二〇〇

二年
・西尾林太郎「国際博覧会としての名古屋汎太平洋平和博覧会――その光と影――」、『雲雀野』第二三号、豊橋科学技術大学、二〇〇一年三月
・服部ゆり子「我が姉「殷汝耕夫人」を語る――北支自治の盟主殷汝耕のよき内助者としての姉民慧――」、『話』第四巻第二号、文藝春秋社、一九三六年二月
・林正和「郭松齢事件と――日本人――守田福松医師の手記「郭ヲ諌メテ」について――」、『駿台史学』第三七号、駿台史学会、一九七五年九月
・藤枝賢治「『佐藤外交』の特質――華北政策を中心に――」、『駒澤大学史学論集』第三四号、駒澤大学大学院史学会、二〇〇四年四月
・藤枝賢治「冀東政府の対冀察合流をめぐる陸軍の動向」、『日本歴史』第七〇九号、吉川弘文館、二〇〇七年六月
・堀和生「『満洲国』における電力業と統制政策」、『歴史学研究』第五六四号、歴史学研究会、一九八七年二月
・本多勝一「貧困なる精神「ヒロシマ」は通州事件ではないのか　日本人であることの重荷」、『朝日ジャーナル』一九九〇年九月号、朝日新聞社、一九九〇年九月
・山中恒「通州事件の謎――戦争の歴史と事実――」、『神奈川大学評論』第二八号、一九九七年一一月
・吉屋信子「戦禍の北支現地を行く」、『主婦之友』第二一巻第一〇号、主婦之友社、一九三七年一〇月
・「通州虐殺の惨状を語る　生き残り邦人現地座談会」、『話』昭和一二年一〇月号、文藝春秋社、一九三七年一〇月

新聞

・『大阪毎日新聞』
・『東京朝日新聞』
・『東京日日新聞』

・『読売新聞』

中国語

史料集・日記録

・何応欽上将九五寿誕叢書編輯委員会編『何応欽上将九五紀事長編』上冊、何応欽上将九五寿誕叢書編輯委員会、一九八四年
・上海撤兵区域接管委員会編『上海撤兵区域接管実録』、商務印書館、一九三二年
・中華民国重要資料初編編輯委員会編『中華民国重要史料初編――対日抗戦時期　第六巻　傀儡組織』(二)、中国国民党中央委員会党史委員会、一九八一年
・中共中央北方局資料叢書編審委員会編『中共中央北方局　土地革命戦争時期巻』上、中共党史出版社、二〇〇〇年
・中国文化大学中華学術院先総統蔣公全集編纂委員会編『先総統蔣公全集』第一冊、中国文化大学出版部、一九八四年
・中国歴史博物館編『鄭孝胥日記』第五冊、中華書局、一九九三年
・沈雲龍編『黄膺白先生年譜長編』下冊、聯経出版、一九七六年
・沈雲龍主編『近代中国史料叢刊続編』第五〇輯、文海出版社、一九七八年
・陳学恂・田正平編『中国近代教育史資料匯編』、上海教育出版社、一九九一年
・南開大学馬列主義教研室中共党史教研組編『華北事変資料選輯』、河南人民出版社、一九八三年
・南開大学歴史系・唐山市檔案館合編『冀東日偽政権』、檔案出版社、一九九二年
・南京市檔案館編『審訊汪偽漢奸単録』下、鳳凰出版社、二〇〇四年
・馬模貞主編『中国禁毒史資料』、天津人民出版社、一九九八年
・符璋・劉紹寛編『浙江省　平陽県誌』第二巻、成文出版社、一九七〇年
・符璋・劉紹寛編『浙江省　平陽県誌』第三巻、成文出版社、一九七〇年

著書

・王宏斌『鴉片――日本侵華毒品政策五十年（1895―1945）』、河北人民出版社、二〇〇五年
・王士立、鐘群荘、趙競存、李宗国編著『唐山文史資料　第21輯　二十世紀三十年代的冀東陰雲――偽〝冀東防共自治政府〟史略』、河北省唐山市政協文史資料委員会、一九九九年
・王文清主編『楽亭県誌』、中国大百科全書出版社、一九九四年
・王方中『中国経済通史』第九巻、湖南人民出版社、二〇〇二年
・郭貴儒・張同楽・封漢章『華北偽政権史稿――従〝臨時政府〟到〝華北政務委員会〟』、社会科学文献出版社、二〇〇七年
・河北省水利庁水利誌編輯辧公室『河北省水利誌』、河北人民出版社、一九九六年
・華北水利委員会編『華北水利建設概況』、華北水利委員会、一九三四年
・魏宏運・左志遠主編『華北抗日根拠地史』、檔案出版社、一九九〇年
・冀東教育庁『防共要義』、冀東教育庁、一九三六年
・居之芬・張利民主編『日本在華北経済統制略奪史』、天津古籍出版社、一九九七年
・虞宝棠編著『国民政府与民国経済』、華東師範大学出版社、一九九八年
・軍事科学院軍事歴史研究部『中国抗日戦争史』上巻、解放軍出版社、一九九一年
・呉家瑩『中華民国教育政策発展史　国民政府時期（一九二五～一九四〇）』、五南図書出版、一九九〇年
・斉紅深主編『日本侵華教育史』、人民教育出版社、二〇〇二年
・謝俊美主編『建国方略』、中州古籍出版社、一九九八年
・章伯峰、李宗一主編『北洋軍閥（1912―1928）』第6巻、武漢出版社、一九九〇年
・邵雍『日本近代販毒史』、福建人民出版社、二〇〇四年
・沈雲龍・林泉・林忠勝『中央研究院近代史研究所口述歴史叢書（25）斉世英先生訪問記録』、中央研究院近代史研究所、一九九〇年

- 沈百先、章光彩等編著『中華水利史』、台湾商務印書館、一九七九年
- 薛毅『国民政府資源委員会研究』、社会科学文献出版社、二〇〇五年
- 臧運祜『七七事変前的日本対華政策』、社会科学文献出版社、二〇〇〇年
- 孫準植『戦前日本在華北的走私活動（1933—1937）』、国史館、一九九七年
- 中共中央党史研究室編『中国共産党歴史大事期（1919.5～2005.12）』、中共党史出版社、二〇〇六年
- 中共中央北方局資料叢書編審委員会編『中共中央北方局　総合巻』、中共党史出版社、二〇〇二年
- 中共唐山市委党史研究室編『冀東革命史』、中共党史出版社、一九九三年
- 中国水力発電史編輯委員会編『中国水力発電史（1904～2000）』、中国電力出版社、二〇〇五年
- 陳恭澍『伝記文学叢刊之六十一　北国鋤奸』、伝記文学出版社、一九八一年
- 通州区地方誌編纂委員会『通県誌』、北京出版社、二〇〇三年
- 田保国『民国時期中蘇関係（1917—1949）』、済南出版社、一九九九年
- 馬光仁『中国近代新聞法制史』、上海社会科学院出版社、二〇〇七年
- 樊吉厚、李茂盛、楊建中編『華北抗日戦争史』中巻、山西人民出版社、二〇〇五年
- 武月星、林治波、林華、劉友于『盧溝橋事変風雲篇』、中国人民出版社、一九八七年
- 熊沛彪『近現代日本覇権戦略』、社会科学文献出版社、二〇〇五年
- 灤県誌編纂委員会編『灤県誌』、河北人民出版社、一九九三年
- 李雲漢『伝記文学叢刊之三十　宋哲元与七七抗戦』、伝記文学出版社、一九七三年
- 李竟能主編『天津人口史』、南開大学出版社、一九九〇年
- 楊樹標・楊菁『蔣介石伝（1887—1949）』、浙江大学出版社、二〇〇八年
- 劉吉主編『中国共産党七十年』、上海人民出版社、一九九一年
- 劉熙明『偽軍——強権競逐下的卒子（1937—1949）』、稲郷出版社、一九九二年

・梁敬錞『伝記文学叢刊八十四　日本侵略華北史述』、伝記文学出版社、一九八四年

・完顔紹元『王正廷伝』、河北人民出版社、一九九九年

雑誌論文・記事

・紀文白「殷汝耕組織偽冀東防共自治政府始末」、中国人民政治協商会議全国委員会文史資料委員会編『文史資料存稿選編　日偽政権』、中国文史出版社、二〇〇二年

・厳家理「記老牌漢奸殷汝耕」、中国人民政治協商会議福建省委員会文史資料編纂室編『福建文史資料』第一四号、福建人民出版社、一九八六年

・邵雲瑞・李文栄「偽〝冀東防共自治政府〟成立経過」、中国人民政治協商会議河北省委員会文史資料研究委員会編『河北文史資料選輯』第九輯、河北人民出版社、一九八三年

・曹大臣「日本侵華毒化機構——華中宏済善堂——」、『抗日戦争研究』第五一期、近代史研究雑誌社、二〇〇四年二月

・張永「従〝十八星旗〟到〝五色旗〟——辛亥革命時期従漢族国家到五族協和国家的建設模式転変——」、『北京大学学報（哲学社会科学版）』第三九巻第二期、北京人民出版社、二〇〇二年三月

・張慶余「冀東保安隊通県反正始末記」、中国人民政治協商会議天津市委員会文史資料研究委員会編『天津文史資料選輯』第二一輯、天津人民出版社、一九八二年

・張同楽「日偽的毒品政策与蒙疆煙毒」『史学月刊』第二七五号、河南人民出版社、二〇〇三年九月

・張炳如「冀東保安隊瑣聞」、中国人民政治協商会議全国委員会文史資料研究委員会七七事変編審組編『七七事変』、中国文史出版社、一九八七年

・陳暁清「殷汝耕」、中国社会科学院近代史研究所編『中華民国史資料叢稿　中国人物伝』、第一一巻、中華書局、二〇〇二年

・陳正卿「日本華中〝毒化〟和汪偽政権」、『抗日戦争研究』第三一期、近代史研究雑誌社、一九九九年二月

・鄭則民「黄郛」、中国社会科学院近代史研究所編『中華民国史資料叢稿　民国人物伝』第一巻、中華書局、一九七八年

・鄭則民「王正廷」、中国社会科学院近代史研究所編『中華民国史資料叢稿　民国人物伝』第七巻、中華書局、一九九三年
・任松・武育文「郭松齢」、中国人民政治協商会議遼寧省委員会文史資料研究委員会編『遼寧文史資料　第一六輯　郭松齢友奉』、遼寧人民出版社、一九八六年
・李雲漢「宋哲元主持華北危局的一段経歴　一九三五―一九三七」、同編『中国現代史史料選輯　抗戦前華北政局史料』、正中書局、一九八二年
・李恩涵「日本在華北的販毒活動（1910～1945）」、『中央研究院近代史研究所集刊』第二七期、中央研究院近代史研究所、一九九七年六月
・梁湘漢・趙庚奇整理「張克俠同志談参加革命二十九軍抗日的経過」、『北京史研究資料叢書　北京地区抗戦史料』、紫禁城出版社、一九八六年
・鹿鳴「冀東通訊　日寇漢奸統治下的冀東人民」、『解放』第一巻第九期、解放週刊社、一九三七年七月

新聞

・『益世報』
・『冀東日報』
・『申報』
・『新民報』
・『天津大公報』

公報

・『冀東政府公報』

英　語

著書

- John Hunter Boyle, *China and Japan at War 1937–1945,* Stanford University Press, 1972.
- John Hunter Boyle, *Japan's Puppet Regimes in China, 1937–1940,* Unversity Microfilms International, 1969.
- Marjorie Dryburgh, *North China and Japanese Expansion 1933–1937,* Curzon Press.
- The Foreign Affairs Association of Japan, *What Happened at Tungchow?,* Kenkyusha Press, 1937.
- Timothy Brook *Collaboration: Japanese Agents and Local Elites in wartime China,* Harvard University Press, 2000.
- Timothy Brook and Bob Tadashi Wakabayashi, *Opium Regimes: China, Britain, and Japan, 1839–1952,* University of California Press, 2000.
- Parks M Coble, Jr., *The Shanghai Capitalists and the Nationalist Government, 1927–1937,* Cambridge: Harvard University Press, 1980.
- Peter O'Conner, ed., *Japanese Propaganda: Selected Readings Series2: pamphlets, 1891–1939 a Collection in 10 volumes,* Global oriental ltd, 2005.

あとがき

本書は、二〇一二年度愛知大学大学院中国研究科に提出した博士論文「冀東政権と日中関係――１９３０年代半ば華北をめぐる日中対立の要因――」を加筆修正したものである。該博士論文の半数は未発表論文で、第三章、第四章、第七章はすでに筆者が発表した論文がもととなっている。第八章は、もともと博士論文には含まれていない。博士論文提出後、第五章は加筆訂正を加えたうえで本書刊行前に発表し、第七章と第八章は、再構成をして書籍にまとめた。

第一章　「華北分離工作と板垣征四郎」（未発表）
第二章　「殷汝耕と日本」（未発表）
第三章　「冀東政権の対日満外交」（初出：「冀東防共自治政府の対日満「外交」――冀東政府解消問題の対応をめぐって――」、『中国21　Vol. 31　帝国の周辺――対日協力政権・植民地・同盟国』、東方書店、二〇〇九年五月、一〇九～一二八頁）
第四章　「冀東政権の財政とアヘン専売制度」（初出：「冀東政権の財政と阿片専売制度」、『現代中国研究』第二八号、中国現代史研究会、二〇一一年三月、七一～九一頁）
第五章　「華北経済開発と灤河水力発電所建設計画（１９３１～１９３７）」（博士論文提出時は未発表。「１９３０年代中期華北における日本の電力開発――灤河水力発電所建設計画を例に」、愛知大学国際問題研究所編『対日協力政権とその

周辺――自主・協力・抵抗』、あるむ、二〇一七年、一一一～一四〇頁）
第六章　「冀東政権の防共政策」（未発表）
第七章　「通州事件と冀東政権の解消」（「通州事件の住民問題――日本居留民保護と中国人救済――」、軍事史学会編『日中戦争再論』、錦正社、二〇〇八年、一二〇～一三八頁）
第八章　「通州事件に残る疑問」（初出：「報道写真からみた通州事件　日中戦争初期における日本の反中プロパガンダ」、朴美貞・長谷川怜編『日本帝国の表象　生成・記憶・継承』、えにし書房、二〇一六年、九三～一一七頁。第七章の一部と合わせて再構成し、『通州事件　日中戦争泥沼化への道』（星海社、二〇一六年）として刊行した）

私が本書テーマに関心を持ったのは、大学院修士一年のときであった。以前から日中戦争の歴史に興味があり、また、中国史を研究する場合も、できるだけ日本と関係のあることをテーマに選びたいとも思っていた。そのような考えのもと、いくつかの研究書をあたるうちに、目に止まったのが傀儡政権であった。指導教官の三好章教授が汪兆銘政権を研究していたことも、このテーマに特に注目した理由であった。

傀儡政権のなかでも、冀東政権はまだほとんど研究が手つかずで、研究のやりがいがあると思い、テーマに選んだ。しかし、研究が手つかずということは、先行研究が少ないことを意味した。さらに、冀東政権に関する一次史料の少なさも、研究が進まなかった大きな要因であった。

私はそのことに一切気づくことなく、冀東政権を研究テーマに決めてしまったため、手探りのなかで研究を始めた。そして、私の力不足も重なり、修士課程を終えるのに四年かかってしまった。

博士課程に進み、テーマ変更も考えたが、力不足とはいえ、せっかく続けてきた研究を止めることも忍びなかったため、気持ちを入れ直して取り組んだ。

博士二年目の二〇〇六年九月から約二年間、天津の南開大学に国費留学をした。そのときに、いくつかの檔案館で、冀東政権の一次史料を探し回った。残念ながら、それら史料は非公開であったり、公開されていても断片的な部分しかなかった。しかし、この経験は、冀東政権研究の新たなテーマを想起するよい機会になった。

また、通州事件発生から七〇年目にあたる、二〇〇七年七月二九日に通州を訪問し、当時の地図を見ながら事件の跡地をたどったことで、私のなかの通州事件に対する関心を大きく高め、二〇一六年に『通州事件　日中戦争泥沼化への道』（星海社）を刊行するきっかけとなった。

中国留学を終えてから、私は遅々として進めることのできなかった冀東政権の研究への苛立ちを抑えるため、少し違う分野に目を向けようと思い、日中戦争の体験者やその遺族への聞き取り調査、ならびに彼らが遺した写真史料の収集を行った。そして、その成果を『「華中特務工作」秘蔵写真帖――陸軍曹長梶野渡の日中戦争』（彩流社、二〇一一年）、『日中和平工作の「記録」――今井武夫と汪兆銘・蔣介石』（今井貞夫資料提供・特集執筆、彩流社、二〇一三年）、『語り継ぐ戦争――中国・シベリア・南方・本土「東三河8人の証言」』（えにし書房、二〇一四年）として発表した。

その一方で、冀東政権だけでなく、中国の傀儡政権全体を俯瞰した研究の必要性も感じ、その実験的成果として、『ニセチャイナ　中国傀儡政権　満洲・蒙疆・冀東・臨時・維新・南京』（社会評論社、二〇一三年）を発表した。

このように、私が冀東政権の研究から少し離れている間に、中国で傀儡政権の研究が進み、冀東政権についても言及されるようになった。それら研究状況の変化もあり、私は再び冀東政権の研究に本腰を入れ、博士論文としてまとめ上げた。

博士論文の作成にあたっては、博論審査主査でもあった三好章教授の厳しい叱咤激励なくしては完成することができなかった。また、同副査の愛知大学の馬場毅教授と森久男教授には、大学院進学後からご指導いただいた。特に森教授には、講義以外の場でも傀儡政権、特に蒙疆政権についてきわめて意義深いお話をうかがうことができた。

満洲国のアヘン問題や従軍慰安婦の研究で著名な倉橋正直愛知県立大学名誉教授には、私が冀東政権の研究を始めた頃に研究室におじゃましたとき、「満洲国のアヘン研究は、私が研究を始めた当初、歴史研究の隅にあって誰も目にしなかった。しかし、根気よく長く続けたおかげで、みんなが関心を持つようになり、隅から真ん中に来た。あなたも冀東政権の研究を続けなさい。いまその研究は隅にあったとしても、成果を出せば、いつかは真ん中に来る」と、励ましていただいた。このことばは、いまでも心に強烈に残っている。私の成果だけでは、隅にある冀東政権研究を真ん中に持ってくることは無理なことであるが、半歩でも真ん中に進んだのであれば幸いである。倉橋先生のことばをいつかは実現させたい。

京都大学の太田出教授には、研究に拘らずさまざまな面で助けていただいた。とりわけ、本書出版にあたっては、太田教授のお力添えなくしては実現できなかった。汲古書院の三井社長、編集の小林様には、出版までにいろいろとご迷惑をおかけした。

また、堀井弘一郎先生をはじめ、傀儡政権を専門テーマとする研究者の方々にも、交流のなかで多くのご指導をいただいた。この場を借りて、厚く御礼申し上げる。

二〇一七年一二月吉日

広　中　一　成

索　引

索引は、いずれも原則として日本語読み、単漢字50音順で配列した。本書全体で頻出する単語（冀東政権、殷汝耕など）は煩雑を避けるため省いた。

人名索引

文献索引

語彙索引

タ行

ナ行

ハ行

マ行

ラ行

The Ji-Dong Regime and Sino-Japanese Relations

by

Issei HIRONAKA

2017

KYUKO-SHOIN
TOKYO

著者略歴

広中　一成（ひろなか　いっせい）
1978年、愛知県生まれ。
2012年、愛知大学大学院中国研究科博士後期課程修了。博士（中国研究）。
現在愛知大学国際コミュニケーション学部非常勤講師。専門は中国近現代史。

著書

『通州事件　日中戦争泥沼化への道』（星海社、2016年）、『語り継ぐ戦争——中国・シベリア・南方・本土「東三河8人の証言」』（えにし書房、2014年）、『ニセチャイナ　満洲・蒙疆・冀東・臨時・維新・南京』（社会評論社、2013年）、『日中和平工作の記録——今井武夫と汪兆銘・蔣介石』（彩流社、2013年）など。

冀東政権と日中関係

二〇一七年十二月八日　発行

著　者　広　中　一　成
発行者　三　井　久　人
製版印刷　㈱　デ　ィ　グ
発行所　汲　古　書　院
〒102-0072東京都千代田区飯田橋二-五-四
電　話　〇三（三二六五）九七六四
FAX　〇三（三二二二）一八四五

ISBN978-4-7629-6606-4　C3020